¡Apúntate!

Nueva edición

Lehrerfassung

1

Cornelsen

Wir erklären euch kurz, wie **¡Apúntate!** funktioniert:

Unidad 2
En mi casa

Jede **Unidad** behandelt ein neues Thema: mein Zuhause, meine Freunde, meine Familie, meine Schule, … Sie besteht aus mehreren Teilen: **¡Acércate!**, **Texto A**, **Texto B**, **Punto final** und **Resumen**.

Auf der ersten Seite von **¡Acércate!**, **Texto A**, **Texto B** und der **Module** findet ihr einen Überblick über das, was ihr in diesem Kapitel lernen werdet. So habt ihr eine gute Orientierung auf eurem Weg zum Ziel.

Hier lernst du:
- zu sagen, was jemandem gefällt,
- jemandem zum Geburtstag zu gratulieren.

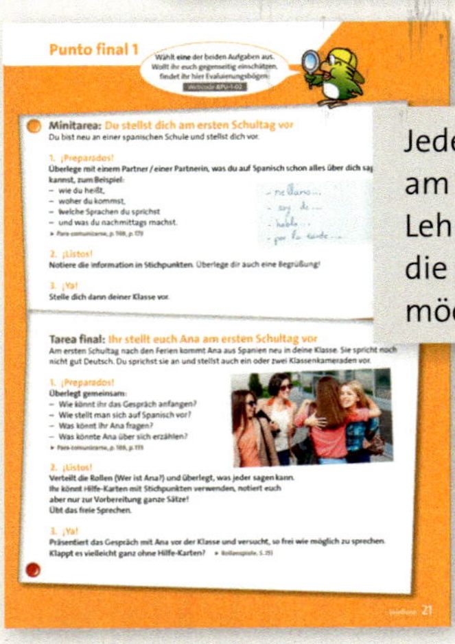

Jede **Unidad** bereitet euch auf die Lernaufgaben am Ende der Lektion vor. Gemeinsam mit eurem Lehrer / eurer Lehrerin wählt ihr aus, ob ihr die **Minitarea** oder die **Tarea final** bearbeiten möchtet.

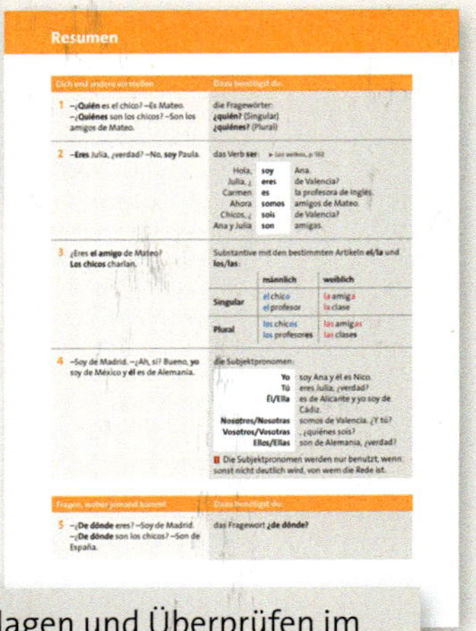

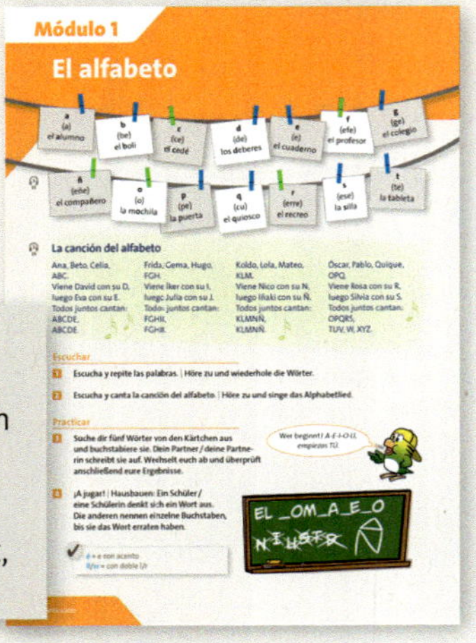

Fünf **Module** behandeln auf einer Doppelseite kurz und knapp wichtige Themen. Die Module 2, 3 und 4 können chronologisch oder nach Unidad 2 bearbeitet werden. Euer Lehrer / eure Lehrerin entscheidet, wann ihr sie im Unterricht bearbeitet.

Nachschlagen und Überprüfen im **Resumen**: hier findet ihr einen Überblick über die Grammatik der **Unidad** und weitere Übungen dazu.

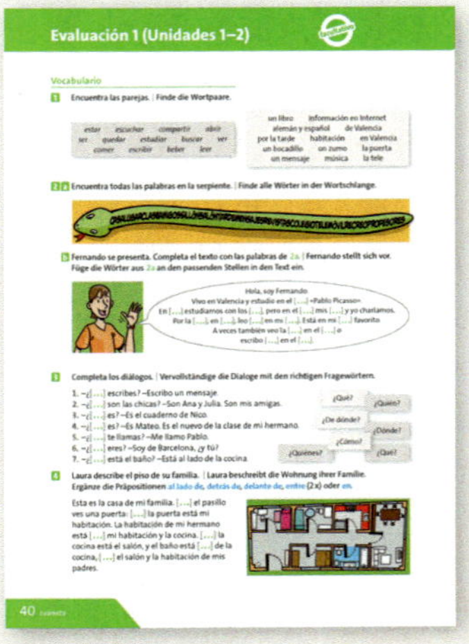

Die grün markierten Seiten nach Unidad 2, 4 und 7 sind fakultativ.
Die **¡Anímate!**-Seiten bieten Lieder, Gedichte, Lesetexte und vieles mehr.
Auf den Seiten der **Evaluación** könnt ihr euer Wissen überprüfen.

Viel Spaß und Erfolg beim Spanischlernen!

¡Apúntate!

Inhaltsverzeichnis

Symbole und Verweise

- Partnerarbeit
- Gruppenarbeit
- Hörverstehen/Tracknummern
- DVD
- Schreiben
- Sprachmittlung
- Differenzierungsaufgabe (leicht) ↗● p.134
- Differenzierungsaufgabe (schwer) ↗⊙ p.134
- ¡Tú eliges! – Aufgabe zur Neigungsdifferenzierung
- ▸ Algo ... p. 134 – Verweis auf Zusatzaufgabe im Anhang
- ▸ Wort ..., S. 146 – Verweis auf Methodenanhang
- Interkulturelles Wissen

Legende zur Lehrerfassung

- soy – neue grammatische Struktur
- cama – Lernwortschatz
- ▸M – methodischer Schwerpunkt
- PF – Vorbereitung auf die Lernaufgabe
- *Mateo* – Namen der Hauptfiguren
- ↗ 13/1 – Seiten und Aufgaben im Cuaderno de ejercicios
- ▸KV1 – Kopiervorlagen (Handreichungen)
- ▸F1 – Folien
- ▸GH 7/1 – Seiten und Kapitel im Grammatikheft
- ▸KV1 DVD – Kopiervorlagen DVD (Handreichungen)
- webcode APU-1-01 – Die Eingabe dieser Webcodes unter www.cornelsen.de/webcodes führt zu den jeweiligen Materialien.

¡Hola!

Hier lernst du:

- zu sagen, wie du heißt.
- zu sagen, woher du kommst.

▶ F1
▶ F2
▶ KV1

1 a Höre zu, was Mateo, Julia, Ana und Nico sagen, und sprich leise nach.

b Woher kommen Mateo, Julia und Ana? Suche die Städte und Länder in den Karten im Bucheinband. ▶ Umschlagseiten

5/1 5/3 ▶ KV1 DVD

2 Stelle dich deinem Partner / deiner Partnerin vor. ▶ Los países y las lenguas, p. 164

PF

A: Hola, | me llamo [...]. / soy [...].
Soy de [...] ¿Y tú?

B: Soy [...] | y soy de [...]. / y también soy de [...].

▶ KV2

3 a Höre noch einmal, was Mateo, Julia, Ana und Nico sagen, und lies mit. Welche Buchstaben werden im Spanischen anders als im Deutschen ausgesprochen? ▶ Aussprache, S. 159

5/2

b Suche in den Sprechblasen die Buchstaben und Satzzeichen heraus, die es im Deutschen nicht gibt.

¿Qué tal?

¡Acércate!

1/3

Julia und ihre Freundin begrüßen sich mit einem Küsschen rechts und links, was in Spanien und in vielen Ländern in Lateinamerika so üblich ist. Wie begrüßt ihr euch?

Comprender el texto

PF ↗ 6/2

1 Busca las expresiones en los diálogos. | Suche die Redewendungen in den Dialogen.
Wie kannst du auf Spanisch:
- jemanden begrüßen?
- jemanden fragen, wie es ihm/ihr geht?
- jemandem sagen, dass es dir gut/mittelmäßig geht?
- dich verabschieden?

Hier lernst du:

- jemanden zu begrüßen und dich zu verabschieden.
- zu fragen, wie es jemandem geht, und darauf zu antworten.

1

Escuchar

1 4 ▸M ↗ 6/1

2 Mira los dibujos y escucha a los chicos. | Sieh dir die Bilder an und höre den Jugendlichen zu. In welcher Reihenfolge sprechen die Jugendlichen?

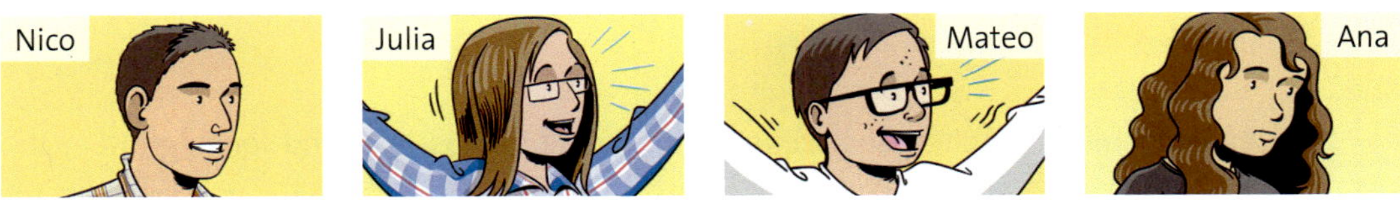

Hablar

▶ KV 3 **3 a** ¿Qué dicen las personas? | Was sagen die Personen?

PF ▶ M ↗ 6/3

b Ahora tú. | Frage deinen Mitschüler / deine Mitschülerin, wie es ihm/ihr geht.

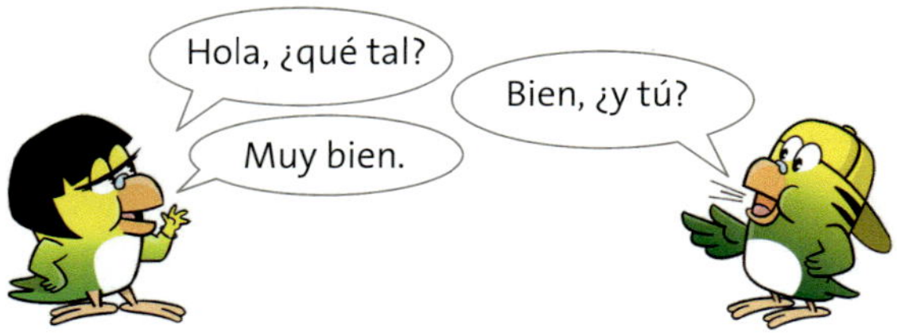

☺	😐	☹
(Muy) bien. Fenomenal.	Regular. Más o menos.	(Muy) mal. Fatal.

Aprender mejor

webcode APU-1-01

4 a Lerne dein Spanischbuch kennen

Blättere in deinem Spanischbuch und finde Folgendes heraus:
- Wo siehst du, was du in jeder *Unidad* lernst?
- Du verstehst nicht, was „*Contesta las preguntas.*" bedeutet. Wo schaust du nach? Was bedeutet es?
- Du weißt nicht, was „*der Vater*" auf Spanisch heißt. Wo schaust du nach? Was heißt es?
- Du möchtest für einen Test die Grammatik der *Unidad 1* wiederholen. Wo schlägst du nach?
- Du möchtest etwas über Madrid erfahren. Wo kannst du nachschauen?
- Du möchtest wissen, wie du Vokabeln besser lernen kannst. Wo findest du Tipps dazu?

b Vergleiche deine Ergebnisse mit deinem Partner / deiner Partnerin.

Ya lo sé

PF ▶ M

5 Der erste Schultag. Bereitet eine Szene vor und spielt sie anschließend vor. Begrüßt euch, fragt, wie ihr heißt, woher ihr seid, wie es euch geht, und verabschiedet euch. ▶ Rollenspiele, S. 153

A En el recreo

Hier lernst du:

- zu fragen, woher jemand kommt.
- dich und andere vorzustellen.

1 5

¡Venga! benutzen die Spanier oft in Ausrufen. Es bedeutet so viel wie *Los!*

Comprender el texto

↗ 7/1 ▶ GH 6/1 ▶ KV 4

1 Lee el texto y encuentra las respuestas correctas. | Lies den Text und finde die richtigen Antworten.

1. ¿Quién es Mateo?
2. ¿Quién es Carmen?
3. ¿Quién es Ana?
4. ¿Quién es Nico?

a. Es la profesora de Inglés.
b. Es la amiga de Julia y Nico.
c. Es el chico de Alemania.
d. Es el nuevo.

Comprensión audiovisual

▸ M
▸ KV 2 DVD

2 Mira la escena 1 del DVD. | Schau dir die Szene 1 der DVD an. Wo befinden sich die Personen? Begründe deine Vermutung und beschreibe, was du siehst. ▸ Hör-Sehverstehen, S. 151

Modelo para hablar

1 6

3 a Escucha, lee y repite. | Höre zu, lies mit und sprich nach.

Wer bist du und woher kommst du?

Nico: [...] el amigo de Julia, ¿verdad?
Mateo: Sí, [...]. ¿Y tú?
Nico: Soy Nico.
Mateo: ¿[...]?
Nico: [...] Alemania.
Mateo: ¿[...] español?
Nico: Sí, [...] español, alemán e inglés.

b Presentad el diálogo. | Zwei Jugendliche lernen sich kennen. Spielt zu zweit den Dialog.

persona A:			persona B:	
Tú eres	Mateo, Julia, el nuevo, la nueva, el amigo de Ana, la amiga de Ana,	¿verdad?		
		→	Sí,	¿y tú? soy [...]. ¿Y tú?
Soy [...].		←		
		→	¿De dónde eres?	
Soy de	Madrid. Valencia Alemania. México. España.	←		
		→	¿Hablas	alemán? español?
Sí, hablo	alemán. español. alemán, español e inglés.	←		

Pronunciar

1 7

4 a Escucha y repite. | Höre zu und sprich nach. Achte auf die Aussprache des **v**.

1. Julia es de **V**alencia.
2. Mateo es el nue**v**o, ¿**v**erdad?

b Lee los nombres. | Lies die Namen vor. ▸ Aussprache, S. 159

Vega – **V**aleria – I**v**án – Gusta**v**o – Sal**v**ador – Ja**v**ier – Nie**v**es – Ál**v**aro – **V**ictoria

▸ Algo más, p. 134

Hablar

PF ▶ M ▶ F3

5 a Presenta a los chicos del texto. | Stelle die Jugendlichen aus dem Text vor.

Este es [...]. Es el amigo de [...].

Esta es [...]. Es la amiga de [...].

1

b Ahora presenta a un chico / una chica de la clase. | Stelle nun einen Mitschüler / eine Mitschülerin vor.

Ejemplo: Esta es Leni. Es la amiga de Marie.

PF ↗ 7/2

6 a Presenta a las personas a tu compañero / tu compañera. | Stelle die Personen deinem Partner / deiner Partnerin vor.

↗ p. 134

¿Quién es?

Este es [...]. Es de [...] y habla [...]. Y él/ella, ¿quién es?

1	2	3	4	5
Mateo/Madrid/ español	Nico / Alemania / español y alemán	Ana/México/ español	Julia/Valencia/ español	Carmen/Valencia/ español e inglés

b Tú eres una de las personas del ejercicio 6a. Preséntate. | Du bist eine der Personen aus Aufgabe 6a. Stelle dich vor.

Soy [...]. Soy de [...] y hablo [...].

Descubrir

▶ GH 7–8/3

7 a Wann wird das Pronomen verwendet? ▶ Resumen, p. 22/4

b Lies die Sätze und entscheide, ob du die Pronomen einsetzen musst, oder nicht.

1. [Yo] Soy Mateo.
2. [Yo] Hablo español.
3. [Tú] Eres Ana y [ella] es Julia, ¿verdad?
4. ¿[Tú] Hablas español?
5. [Él] Es Nico y [ella] es Julia.
6. [Él] Habla español y alemán y [ella] habla español.
7. –Y él, ¿quién es? –[Él] Es Pablo.

Practicar

7/3 8/4 ▶ GH 7/2

8 Ana, Julia y Nico hablan con Mateo. Completa el diálogo con el verbo ser. | Vervollständige den Dialog mit dem Verb ser. ▶ Resumen, p. 22/2

1. **Julia:** Hola, [...] Julia.
2. **Ana:** Y yo [...] Ana.
3. **Mateo:** Hola, [...] Mateo.
4. **Ana:** [...] de Madrid, ¿verdad?
5. **Mateo:** Sí. Y tú, ¿[...] de Valencia?
6. **Ana:** No, [...] de México. Pero Julia [...] de Valencia.
7. **Mateo:** Y él, ¿quién [...]?
8. **Julia:** [...] Nico.
9. **Mateo:** Hola Nico. [...] Mateo.
10. **Nico:** Hola Mateo. ¿De dónde [...]?
11. **Mateo:** [...] de Madrid. Y tú, ¿[...] de Valencia?
12. **Nico:** No, [...] de Alemania.

9 ¡Tú eliges! Busca tres compañeros y elige a o b.

a Presentad la escena del ejercicio 8. | Stellt die Szene aus Aufgabe 8 dar.

b Dibujad un comic. | Zeichnet aus dem Dialog aus Aufgabe 8 einen Comic mit Sprechblasen.

8/5 9/6 ▶ GH 8/4

10 Relaciona. | Was passt zusammen? Es gibt mehrere Möglichkeiten. ▶ Resumen, p. 23/6

[Yo] [Tú] Ana Nico	habl-	o as a	con Julia. con Mateo, Julia y Ana. español. español y alemán. alemán.

Escuchar

1 8 ▶ M

11 Escucha y apunta el orden correcto de los dibujos. | Höre gut zu und notiere die richtige Reihenfolge der Bilder.

1 9

9/7 9/8

12 Hablas con un chico de España. Escucha y contesta. | Du sprichst mit einem Jungen aus Spanien. Höre zu und antworte in den Pausen. p. 134

B Los amigos de Mateo

Hier lernst du:

- zu erzählen, was du nachmittags machst.

Aprender mejor

▶ KV 5 **1 Die Bedeutung von unbekannten Wörtern herausfinden**

Diese Wörter kommen im Text vor. Warum verstehst du sie? Überlege, ob du ähnliche Wörter in einer anderen Sprache kennst. ▶ Andere Sprachen nutzen, S. 146

la cafetería | el parque | la información | el vídeo | la música

1/10

Comprender el texto

10/1
10/2

2 Lee el texto y busca la respuesta correcta. | Lies den Text und finde die richtige Antwort. Manchmal gibt es mehrere Möglichkeiten.

1. Julia, Ana y Nico a veces ...
- **a.** quedan en casa de Nico.
- **b.** quedan en casa de Ana.
- **c.** quedan en casa de Julia.

2. Los chicos a veces ...
- **a.** quedan en el parque.
- **b.** estudian, buscan información en Internet o escuchan música.
- **c.** charlan en la cafetería.

3. Por la tarde Mateo a veces ...
- **a.** escucha música.
- **b.** chatea con los amigos.
- **c.** busca vídeos en Internet.

4. Hoy por la tarde los chicos ...
- **a.** estudian.
- **b.** quedan en casa de Mateo.
- **c.** buscan información en Internet.

▶ Algo más, p. 134

Escuchar

11
▶ M

3 Mateo y Ana hablan por teléfono. ¿Qué dicen? Escucha y elige el dibujo correcto. | Mateo und Ana telefonieren. Höre zu und wähle das richtige Bild aus.

1

2

Pronunciar

12
▶ KV 6

4 a Escucha y repite. | Höre zu und sprich nach. Wann wird das c wie ein k ausgesprochen?

a veces   los chicos   la casa   Valencia   escuchar

▶ Aussprache, S. 159

13

b Escucha y practica el trabalenguas. | Höre und übe den Zungenbrecher.

Cinco[1] chicos celebran[2] el carnaval[3] de Cádiz,
en Cádiz celebran el carnaval cinco chicos.

1 cinco *fünf*
2 celebrar *feiern*
3 el carnaval *der Karneval*

Modelo para hablar

14

5 a Escucha, lee y repite. | Höre zu, lies mit und sprich nach.

<u>**Was macht ihr nachmittags?**</u>
Mateo: ¿[...]?
Ana: Pues, a veces [...] y [...]. Y tú, ¿[...]?
Mateo: Bueno, [...], [...] o [...].

12/11 GY12/12

b Presentad el diálogo. | Mateo unterhält sich mit einem seiner Freunde. Spielt zu zweit den Dialog.

Mateo:

¿Qué hacéis por la tarde?

Ana/Julia/Nico:

Pues, a veces Bueno,	charlamos. estudiamos. chateamos con los amigos. quedamos en el parque. quedamos en casa de [...]. buscamos información en Internet. buscamos vídeos en Internet. escuchamos música.

Y tú, ¿qué haces por la tarde?

Mateo:

Pues, a veces Bueno,	estudio. chateo con los amigos de Madrid. escucho música. busco vídeos en Internet. busco información en Internet.

Descubrir

6 a Erstelle eine Tabelle wie im Beispiel und ordne die Sätze dort ein. ▸ Resumen, p. 23/6

▸ GH 8–9/4
▸ KV 7

Chicos, ¿habláis alemán?
Hablo español y alemán.
Julia habla con Mateo.
En el recreo hablamos con Mateo.
Nico y Mateo hablan en la cafetería.
Nico, ¿hablas español?

	-ar
1. [yo]	Hablo español y alemán.
2. [tú]	[...]
3. [él/ella]	[...]
4. [nosotros/nosotras]	[...]
5. [vosotros/vosotras]	[...]
6. [ellos/ellas]	[...]

b Markiere in deiner Tabelle die Endungen der Verben farbig.

c ¿Qué dicen los chicos? | Was sagen die Jugendlichen? Bilde Sätze mit den Verben auf -ar. Achte auf den Akzent in der Endung der 2. Person Plural!

1. ¿Qué (*escuchar*/vosotras)?
2. –¿Qué haces? –(*buscar*/yo) información en Internet.
3. ¿Por la tarde siempre (*chatear*/ellos) con los amigos?
4. –¿Qué hacéis? –(*charlar*/nosotros) en el parque.
5. ¿Qué música (*escuchar*/ella)?
6. ¿Qué (*buscar*/tú)?

Practicar

10/4 11/5 11/8 12/9 ▶ GH 8/4

7 ¡A jugar! | Notiere die neuen Verben auf Kärtchen und lege sie in einen „bolso de los verbos". **A** nimmt ein Verb aus dem „bolso de los verbos". **B** würfelt und nennt die richtige Verbform. Wechselt euch ab. ▶ Resumen, p. 23/6

↗ p. 134

buscar *charlar*
chatear *escuchar*
estudiar *hablar*
quedar

⚀ = [yo] ⚃ = [nosotros/nosotras]
⚁ = [tú] ⚄ = [vosotros/vosotras]
⚂ = [él/ella] ⚅ = [ellos/ellas]

11/6 11/7 ▶ GH 7/2 ▶ KV 8

8 Escribe frases con ser en tu cuaderno. | Schreibe Sätze mit ser in dein Heft. ▶ Resumen, p. 22/2

1. Eres
2. Somos
3. Soy
4. Es
5. ¿Son
6. ¿Sois

a. los amigos de Ana?
b. Julia. ¿Y tú?
c. la amiga de Julia.
d. de Valencia.
e. las amigas de Mateo?
f. el nuevo, ¿verdad?

▶ GH 6/1

9 a Completa la tabla en tu cuaderno con los sustantivos y los artículos. | Erstelle eine Tabelle in deinem Heft und ordne die Substantive mit den bestimmten Artikeln in die richtige Spalte ein. ▶ Resumen, p. 22/3

amiga nuevo profesora amigo
profesor chica nueva chico

männlich	weiblich
el [...]	la [...]

b Bilde den Plural der Wörter.

Hablar

PF 10/3 12/10 ▶ GH 9/5

10 ¿Quién es? ¿Quiénes son? | Wer ist das? Du zeigst auf ein Bild und fragst. Dein Partner / deine Partnerin antwortet. Wechselt euch ab. ▶ Resumen, p. 22/1

Ejemplo:
Y él, **¿quién es?**
Es Nico, el amigo de Julia.
Y ellas, **¿quiénes son?**
Son las profesoras de los chicos.

1 Nico / el amigo de Julia

2 las amigas de Ana y Julia

3 Juan y Miguel / los amigos de Nico

4 los chicos de la clase

5 las profesoras de los chicos

6 Carmen / la profesora de Inglés

7 Julia / la amiga de Ana

8 Mateo / el nuevo

Punto final 1

Wählt **eine** der beiden Aufgaben aus.
Wollt ihr euch gegenseitig einschätzen,
findet ihr hier Evaluierungsbögen:
Webcode APU-1-02

Minitarea: Du stellst dich am ersten Schultag vor

Du bist neu an einer spanischen Schule und stellst dich vor.

1. ¡Preparados!

Überlege mit einem Partner / einer Partnerin, was du auf Spanisch schon alles über dich sagen kannst, zum Beispiel:

- wie du heißt,
- woher du kommst,
- welche Sprachen du sprichst
- und was du nachmittags machst.

▶ **Para comunicarse, p. 169, p. 172**

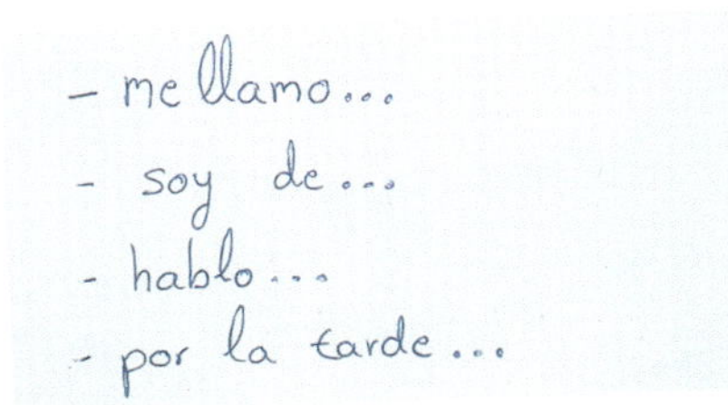

2. ¡Listos!

Notiere die Information in Stichpunkten. Überlege dir auch eine Begrüßung!

3. ¡Ya!

Stelle dich dann deiner Klasse vor.

Tarea final: Ihr stellt euch Ana am ersten Schultag vor

Am ersten Schultag nach den Ferien kommt Ana aus Spanien neu in deine Klasse. Sie spricht noch nicht gut Deutsch. Du sprichst sie an und stellst auch ein oder zwei Klassenkameraden vor.

1. ¡Preparados!

Überlegt gemeinsam:

- Wie könnt ihr das Gespräch anfangen?
- Wie stellt man sich auf Spanisch vor?
- Was könnt ihr Ana fragen?
- Was könnte Ana über sich erzählen?

▶ **Para comunicarse, p. 169, p. 172**

2. ¡Listos!

Verteilt die Rollen (Wer ist Ana?) und überlegt, was jeder sagen kann.
Ihr könnt Hilfe-Karten mit Stichpunkten verwenden, notiert euch aber nur zur Vorbereitung ganze Sätze!
Übt das freie Sprechen.

3. ¡Ya!

Präsentiert das Gespräch mit Ana vor der Klasse und versucht, so frei wie möglich zu sprechen.
Klappt es vielleicht ganz ohne Hilfe-Karten? ▶ **Rollenspiele, S. 153**

Resumen

Dich und andere vorstellen	Dazu benötigst du:
1 –¿**Quién** es el chico? –Es Mateo. –¿**Quiénes** son los chicos? –Son los amigos de Mateo.	die Fragewörter: ▸ GH 9/5 **¿quién?** (Singular) **¿quiénes?** (Plural)
2 –**Eres** Julia, ¿verdad? –No, **soy** Paula.	das Verb **ser**: ▸ Los verbos, p. 162 ▸ GH 7/2
3 ¿Eres **el amigo** de Mateo? **Los chicos** charlan.	Substantive mit den bestimmten Artikeln **el**/**la** und **los**/**las**: ▸ GH 6/1
4	die Subjektpronomen: ▸ GH 7/3

Hola,	**soy**	Ana.
Julia, ¿	**eres**	de Valencia?
Carmen	**es**	la profesora de Inglés.
Ahora	**somos**	amigos de Mateo.
Chicos, ¿	**sois**	de Valencia?
Ana y Julia	**son**	amigas.

	männlich	weiblich
Singular	el chico el profesor	la chica la profesora
Plural	los chicos los profesores	las chicas las profesoras

Yo	soy Ana y él es Nico.
Tú	eres Julia, ¿verdad?
Él/Ella	es de Alicante y yo soy de Cádiz.
Nosotros/Nosotras	somos de Valencia. ¿Y tú?
Vosotros/Vosotras	, ¿quiénes sois?
Ellos/Ellas	son de Alemania, ¿verdad?

! Die Subjektpronomen werden nur benutzt, wenn besonders betont werden soll, von wem die Rede ist.

Fragen, woher jemand kommt	Dazu benötigst du:
5 –¿**De dónde** eres? –Soy de Madrid. –¿**De dónde** son los chicos? –Son de España.	das Fragewort **¿de dónde?** ▸ GH 9/5

Sagen, was jemand nachmittags macht	Dazu benötigst du:

6

die Verben auf **-ar**, z. B. **buscar**: ▸ Los verbos, p. 162
▸ GH 8/4

[Yo]	busc**o**	la cafetería.
¿Qué	busc**as**	?
Juan	busc**a**	un vídeo.
[Nosotros]	busc**amos**	el parque.
Y vosotros, ¿qué	busc**áis**	?
Los chicos	busc**an**	información.

Teste deine Grammatikkenntnisse ▸ Soluciones, p. 167

facultativo

1 Vervollständige die folgenden Dialoge mit ¿quién? und ¿quiénes? ▸ GH 9/5

1. –¿[...] es ella? –Es Carmen, la profesora de Inglés.
2. –¿[...] sois vosotras? –Yo soy Marisol y ella es Luisa.
3. –Chicos, ¿[...] de vosotros es Pablo? –Soy yo.
4. –Hola, soy Nico y este es Gustavo. –Ah, ¿y [...] es la chica?

2 Setze die richtige Form von ser ein. ▸ GH 7/2

1. Ana y Julia (*ser*) amigas.
2. ¿(*ser*/vosotras) las nuevas de la clase?
3. José (*ser*) el profesor de Español.
4. ¿Los chicos (*ser*) de Valencia o de Madrid?
5. ¿Tú (*ser*) el amigo de Nico?
6. También (*ser*/nosotros) de Valencia.

3 Bilde den Plural der Substantive und ihrer Artikel. ▸ GH 6/1

1. la cafetería
2. el recreo
3. la clase
4. el parque
5. la casa
6. el vídeo
7. la profesora
8. la tarde

4 Bilde die männliche Form der Substantive und schreibe sie mit ihrem Artikel auf. ▸ GH 6/1

1. la profesora
2. las chicas
3. las amigas
4. la nueva

5 Bilde die korrekte Verbform. ▸ GH 8/4

1. *escuchar* [tú]
2. *chatear* [nosotras]
3. *hablar* [ellos]
4. *buscar* [yo]
5. *quedar* [vosotras]
6. *charlar* [él]
7. *estudiar* [nosotros]
8. *charlar* [ellas]
9. *chatear* [yo]
10. *escuchar* [vosotros]
11. *quedar* [ella]
12. *estudiar* [vosotras]
13. *hablar* [tú]
14. *buscar* [ellos]
15. *charlar* [tú]
16. *escuchar* [nosotros]
17. *estudiar* [él]
18. *charlar* [nosotros]

Teste, was du jetzt sagen kannst ▸ Para comunicarse, p. 169, p. 172

– Sage, wie du heißt und woher du kommst, und frage jemanden anderen danach.
– Begrüße deine Freunde und frage, wie es ihnen geht.
  Sage auch, wie es dir geht und verabschiede dich.
– Stelle deinen Freunden jemanden vor.

El alfabeto

a (a) el alumno
b (be) el boli
c (ce) el cedé
d (de) los deberes
e (e) el cuaderno
f (efe) el profesor
g (ge) el colegio

15 ▸KV 9

ñ (eñe) el compañero
o (o) la mochila
p (pe) la puerta
q (cu) el quiosco
r (erre) el recreo
s (ese) la silla
t (te) la tableta

16

La canción del alfabeto

Ana, Beto, Celia,
ABC.
Viene David con su D,
luego Eva con su E.
Todos juntos cantan:
ABCDE,
ABCDE.

Frida, Gema, Hugo,
FGH.
Viene Íker con su I,
luego Julia con su J.
Todos juntos cantan:
FGHIJ,
FGHIJ.

Koldo, Lola, Mateo,
KLM.
Viene Nico con su N,
luego Iñaki con su Ñ.
Todos juntos cantan:
KLMNÑ,
KLMNÑ.

Óscar, Pablo, Quique,
OPQ.
Viene Rosa con su R,
luego Silvia con su S.
Todos juntos cantan:
OPQRS,
TUV, W, XYZ.

Escuchar

15 **1** Escucha y repite las palabras. | Höre zu und wiederhole die Wörter.

16 **2** Escucha y canta la canción del alfabeto. | Höre zu und singe das Alphabetlied.

15/4 15/5

Practicar

14/1 14/2 15/3 ▸KV 10

3 Suche dir fünf Wörter von den Kärtchen aus und buchstabiere sie. Dein Partner / deine Partnerin schreibt sie auf. Wechselt euch ab und überprüft anschließend eure Ergebnisse.

4 ¡A jugar! | Hausbauen: Ein Schüler / eine Schülerin denkt sich ein Wort aus. Die anderen nennen einzelne Buchstaben, bis sie das Wort erraten haben.

✓ é = e con acento
ll/rr = con doble l/r

Hier lernst du:

- zu buchstabieren.
- zu fragen, was ein Wort auf Spanisch bedeutet.

h (hache) el horario
i (i) la pizarra
j (jota) el ejercicio
k (ka) el kilo
l (ele) el libro
m (eme) la mesa
n (ene) el ordenador

u (u) el estuche
v (uve) la ventana
w (uve doble) la página web
x (equis) el examen
y (i griega) el desayuno
z (zeta) el lápiz

M1

5 Pregunta y contesta. | Frage nach Gegenständen im Klassenzimmer wie die beiden Schüler auf dem Bild. Dein Partner / deine Partnerin antwortet.

Unidad 2

En mi casa

¡Acércate!

Comprender el texto

1 ¿Qué hay en el lugar favorito de Ana y de Mateo?

1. En el lugar favorito de Ana hay ...
   a. una cama. **b.** un escritorio. **c.** una estantería. **d.** una tableta.

Hier lernst du:

- dein Zimmer vorzustellen.

2

2. En el lugar favorito de Mateo hay ...
a. una ventana. **b.** un sillón. **c.** un póster. **d.** una lámpara.

2 a Describe la habitación de Mateo. | Beschreibe Mateos Zimmer. ↗ p. 135

En la habitación de Mateo hay	un	sillón. […].
	una	lámpara. […].

↗ 16/1, 16/2, 16/3
▶ GH 11/6,7

b Describe la habitación de Ana. ▶ Resumen, p. 38/1, 2

Comprensión audiovisual

▶ KV 3 DVD

3 Mira la escena 4 del DVD. | Schaue dir die Filmsequenz 4 an.
Was macht Mateo in seinem Zimmer? ▶ Hör-Seh-Verstehen, S. 151

Hablar

PF
▶ M

4 a ¿Qué hay en tu habitación? Menciona cinco objetos. |
Nenne fünf Gegenstände in deinem Zimmer. ↗ p. 135

En mi habitación hay	un	ordenador, sillón, armario, escritorio.
	una	lámpara, puerta, ventana, estantería, cama, consola de videojuegos.
		libros, revistas, pósteres, cedés.

b Fragt euch gegenseitig, was ihr an eurem Lieblingsplatz macht.

¿Qué haces en tu lugar favorito?

chatear con amigos

escuchar música

estudiar

charlar

buscar información/vídeos

En mi lugar favorito siempre escucho música. ¡Es genial!

▶ M
▶ KV 11

5 ¡A jugar! | Spielt ein Spiel nach dem Muster: „Ich packe meinen Koffer …"

En mi habitación hay una puerta.

En mi habitación hay una puerta y una ventana.

Ya lo sé

PF

6 Presenta tu lugar favorito. | Fotografiere oder zeichne ihn und beschrifte die Einrichtungsgegenstände. Stelle deinen Mitschülern deinen Lieblingsplatz vor. ▶ Lista cronológica, p. 174
▶ En casa, p. 164

A ¿Dónde están mis revistas?

Hier lernst du:

- zu sagen, wo sich jemand/etwas befindet.
- die Zimmer einer Wohnung zu benennen.

1
18
▸ F 4
▸ KV 4
DVD

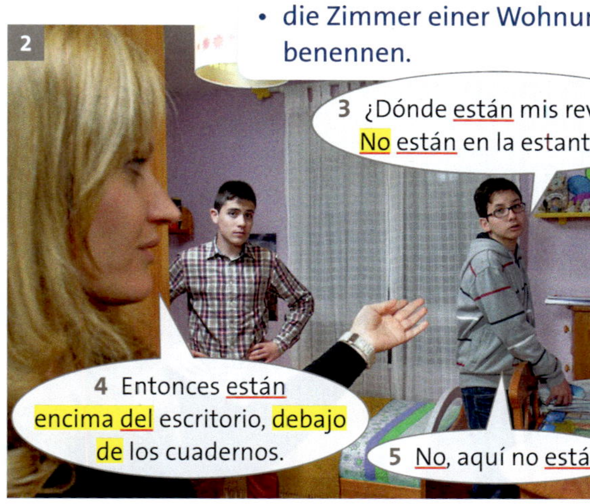

2

Estamos en la plaza, delante de la heladería. Vosotros, ¿dónde estáis? ¿Quedamos? Ana y Julia

Comprender el texto

17/1
17/2 (a, b)

1 ¿Dónde está? ¿Dónde están? Busca la información en el texto.

1. Mateo y Nico están [...].
2. La madre de Mateo está [...].
3. Las revistas de Mateo no están [...].
4. Las revistas están [...].
5. El baño está [...].
6. Ana y Julia están [...].

Aprender mejor

PF 20/12 (a, b) ▶ KV 12

2 **Vokabeln leichter behalten** ▶ Wörter in einer Mindmap ordnen, S. 149

Suche im ¡Acércate! und im Texto A alle Wörter, die zum Thema „Wohnung“ gehören. Ordne die Wörter in einer Mindmap.

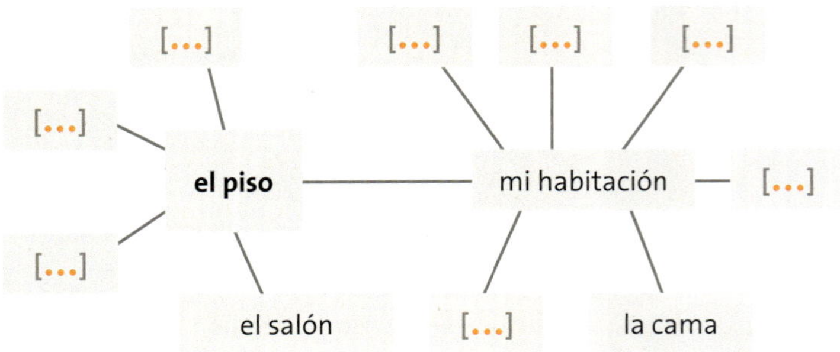

✔ Schreibe die Substantive immer mit dem bestimmten Artikel auf.

Modelo para hablar

19 17/3 18/4

3 **a** Escucha, lee y repite. | Höre zu, lies mit und sprich nach.

Wo ist mein Handy?

Mateo: Mamá, ¿[...] mi móvil?
Madre: [...] en el salón.
Mateo: Sí, pero ... ¿dónde? [...] allí.
Madre: Ay, Mateo, siempre lo mismo. [...] en la cocina.
Mateo: Ah, sí, [...].

20/11

b Lili busca algo. | Anas kleine Schwester Lili sucht etwas. Spielt zu zweit den Dialog.

Lili:	**Ana:**
Ana, ¿dónde está mi libro? / mi revista? / mi móvil? →	
	Seguro que está en la habitación.
← Sí, pero ... ¿dónde? No está encima del escritorio. / encima de la cama. →	
	¡Ay, Lili! Siempre lo mismo. Entonces seguro que está en el salón. / el pasillo. / el baño. / la cocina.
← No, aquí no está. →	
	¿No está allí en la estantería? / al lado del armario? / debajo de las revistas? / al lado de la cama? / debajo de la cama?
← Ah, sí, ¡aquí está!	

Pronunciar

20

4 a Escucha y repite. | Höre zu und sprich nach.

Gabriel	amigo
Guatemala	Argentina
genial	colegio

b Schaue dir die Wörter von 4 a an: Vor welchen Buchstaben wird das g wie das ch in Nacht ausgesprochen?

21

c Escucha y practica el trabalenguas. | Höre und übe den Zungenbrecher.

Gabriel, mi amigo del colegio, tiene fotos de Argentina, Guatemala y Hamburgo.

Practicar

▶ GH 12/8

5 ¿Dónde están? Completa con una forma del verbo estar. ▶ Resumen, p. 38/3 ▶ Algo más, p. 135

2

1. –Chicos, ¿dónde [...]? –[...] en casa de Nico.
2. ¿Dónde [...] mis revistas? Ah, [...] aquí.
3. ¿Dónde [...] la heladería?
4. –Julia, ¿[...] en casa? –No, no [...] en casa, ¡[...] en la plaza!

▶ GH 12/8 13/10, 11

6 a ¿Dónde están las cosas? | Wo sind die Gegenstände? Fragt euch gegenseitig. ▶ Resumen, p. 38/3, 4

↗ p. 135

Ejemplo: –¿Dónde está el ordenador?
–Está encima de la cama.

Los libros Las revistas La lámpara El sillón El ordenador [...]	está están	al lado encima debajo delante	del [...]. de la [...]. de los [...]. de las [...].
		en	el [...]. la [...].

↗ 19/9 (a, b) 20/10

b ¡A jugar! | Lege eine deiner Schulsachen irgendwo im Klassenraum hin und frage wie im Beispiel. Dein Partner / deine Partnerin antwortet.

▶ GH 15/15

7 A zeigt auf einen Gegenstand im Klassenraum und benennt ihn richtig oder falsch. B stimmt zu oder korrigiert A. Wechselt euch ab. ▶ Resumen, p. 38/5

A: Es una mesa.

B: Sí, es una mesa. / No, no es una mesa. Es una pizarra.

Escuchar

1 22 ▶ M

8 ¡Escucha bien! ¿Qué frase escuchas? | Welchen Satz hörst du?

1. a. No, está en la cocina.
b. No está en la cocina.

2. a. No está en la habitación.
b. ¿No está en la habitación?

1 23

9 a ¡Escucha bien! | Höre die drei Dialoge an und notiere jeweils den ersten Satz, den du hörst.

1 23

b Escucha los tres diálogos. | Höre die drei Dialoge an und ordne sie den Bildern zu. Ein Dialog passt nicht.

Hablar

▶ M

10 Describe tu habitación a tu compañero / tu compañera. | Er/sie stellt dir Fragen und zeichnet dein Zimmer.

¿Dónde está el escritorio?

El escritorio está delante de la ventana.

¿Dónde está la lámpara?

La lámpara está en el escritorio.

▶ M

11 Du (A) packst deinen Rucksack und suchst deine Schulsachen. B hilft dir beim Suchen. Bereitet eure Rollen vor und spielt den Dialog der Klasse vor. A beginnt. ▶ B, S. 136

A

- Du suchst einen Gegenstand und fragst B, wo er ist.
- Dort ist der Gegenstand nicht.
- Dort ist der Gegenstand auch nicht.
- Ja, der Gegenstand liegt dort. Du bedankst dich.

B Compartir habitación... ¡uf!

Hier lernst du:

- zu sagen, was du nach der Schule machst.
- Fragen zu stellen.

1 24/25

Vivo en Valencia y comparto habitación con mi hermana Lili.

A veces es un problema: mis amigas y yo ya no quedamos en mi casa. Ahora después del colegio quedamos en casa de Julia. Allí tomamos la merienda, comemos bocadillos y bebemos zumo. También escuchamos música. ¡Es genial!

Pero con Lili y mis amigas en casa no es lo mismo. Ella abre la puerta y pregunta: «¿Qué escribís?», «¿Qué leéis?», «¿Qué coméis?» ¡Uf!

Además, Lili esconde mis cosas detrás de la estantería y entonces discutimos. Ahora escondo mi diario entre el escritorio y la cama. Mis hermanos también comparten habitación, pero no discuten.

2

La merienda
Viele Kinder in Spanien essen nachmittags ein belegtes Brötchen und trinken Saft, Milch oder Kakao dazu. Tut ihr das auch?

Comprender el texto

1 a Lee el texto y presenta a las chicas. | Lies den Text und stelle die Mädchen vor.

Lili y Ana	Ana y Julia

comen bocadillos. · beben zumo. · son hermanas. · discuten. · quedan después del colegio. · son amigas. · comparten habitación.

PF

21/1 (a)
Y 21/1 (b)
KV 13

b Suche im Text, wie du ...

- einen Vorschlag ablehnst.
- einem Vorschlag zustimmst.
- sagst, dass etwas toll ist.
- deine Freunde fragst, was sie machen.
- sagst, dass deine Geschwister sich nicht streiten.

Pronunciar

1 26 **2 a** Escucha y repite. | Höre zu und sprich nach. Achte auf die Aussprache von **ll**.

1. –Mira, la chica a**ll**í: ¿cómo se **ll**ama[1]? –¿E**ll**a? Se **ll**ama Julia.
2. –¿Dónde está la si**ll**a? –A**ll**í, al lado del si**ll**ón.
3. En el pasi**ll**o hay cosas de Mateo.

1 se llama *er/sie heißt*

1 27 **b** Lee las palabras. | Lies die Wörter vor.

la ga**ll**ina

la estre**ll**a

el caba**ll**o

el casti**ll**o

la bote**ll**a

1 28 **c** Escucha y practica el trabalenguas. | Höre und übe den Zungenbrecher.

La gallina se llama Estrella y vive con un caballo en un castillo de Sevilla.

Descubrir

▶ GH 14/13
▶ KV 14

3 a Welche Formen der Verben **comer** und **esconder** findest du im Text (S. 33)? Übertrage die Tabelle in dein Heft und sortiere die Formen darin ein.

b Welche Formen der Verben **escribir** und **discutir** findest du im Text? Trage sie ebenfalls in die Tabelle ein.

	-er	-ir
1. [yo]	[...]	[...]
2. [tú]	[...]	[...]
3. [él/ella]	[...]	[...]
4. [nosotros/nosotras]	[...]	[...]
5. [vosotros/vosotras]	[...]	[...]
6. [ellos/ellas]	[...]	[...]

c Schaue ins Resumen und ergänze die fehlenden Formen. Vergleiche dann die Endungen der Verben auf **-er** und **-ir**: Welche unterscheiden sich? ▶ **Resumen, p. 39/6**

Practicar

21/2 21/3 22/4 22/5
▶ GH 14/13

4 a ¡A jugar! | Notiere die neuen Verben auf Kärtchen und lege sie zu den anderen in deinen „bolso de los verbos". **A** nimmt ein Verb aus dem **bolso**. **B** würfelt und nennt die richtige Verbform. Wechselt euch ab.

beber *comer*
esconder *leer*
abrir *discutir*
escribir *compartir*
vivir

⚀ = [yo]
⚁ = [tú]
⚂ = [él/ella]
⚃ = [nosotros/nosotras]
⚄ = [vosotros/vosotras]
⚅ = [ellos/ellas]

▶ GH 15/14

b Encuentra las formas del verbo ver.

voe | vne | vse | vsei | ev | vmseo

↗ 22/6 ▶ GH 14/13 15/14

5 Contesta: ¿Qué hacen los chicos? ¿Y tú? | Was machen die Jugendlichen? Und du?

1. En mi habitación [yo]	*leer*	libros.
2. Por la tarde los chicos	*escribir*	la tele.
3. En mi casa [yo]	*comer*	bocadillos.
4. En la plaza los chicos	*vivir*	un diario.
5. Ana	*ver*	en Valencia.
6. Nico y Mateo	*beber*	vídeos.
7. Chicos, ¿qué		en la cafetería.
8. [Tú]		¿verdad?
9. Lili y yo		?
10. Lili y Ana		

✔ Denke daran, die Verben zu konjugieren!

2

▶ KV 15

6 Lili pregunta a Julia. | Lili stellt Julia viele Fragen.
Finde zu jeder Frage von Lili die passende Antwort von Julia.

1. ¿Dónde vives?
2. ¿Qué lees?
3. ¿Qué cedé escuchas?
4. ¿Qué hay en la habitación?
5. ¿Dónde está mi hermana?
6. ¿Compartimos mi bocadillo?
7. ¿También tienes[1] una hermana?
8. ¿Compartes habitación?

a. No, no comparto habitación.
b. Hay libros y un escritorio.
c. Está en el baño.
d. Escucho un cedé de Bebé.
e. Leo una revista.
f. Bueno. Gracias, Lili.
g. Vivo al lado del colegio.
h. No, no tengo[2].

1 tienes *du hast*
2 no tengo *hier: ich habe keine*

Escuchar

1 29 ▶ M

7 Escucha a los chicos y elige. | Höre zu und wähle die richtige Antwort aus.

Diálogo 1

1. Mateo
   a. chatea.
   b. estudia.
   c. lee.
   d. ve la tele.

2. Nico y Mateo quedan con
   a. Julia.
   b. Ana.
   c. Julia y Ana.
   d. Lili y Julia.

3. Quedan
   a. en la plaza.
   b. en el parque.
   c. en el colegio.
   d. en casa de Julia.

Diálogo 2

4. Ana busca
   a. un móvil.
   b. un diario.
   c. una mochila.
   d. un libro.

5. Ana busca
   a. en la cocina.
   b. en la habitación.
   c. en el lugar favorito.
   d. en la mochila.

6. Ana
   a. queda con Julia.
   b. no queda con Julia.
   c. queda con Julia, Mateo y Nico.
   d. queda con Mateo y Nico.

Vocabulario

↗ 23/8a, b 23/9

8 a Relaciona. | Was passt zusammen?

abrir *escuchar* *leer* *escribir* *discutir* *ver* *comer* *beber*

música libros la puerta con mi hermana una revista un diario la tele bocadillos zumo un cedé

b ¡A jugar! | Spielt zu zweit Pantomime. **A** spielt eine Aktivität aus 8 a vor und **B** errät sie.

c Utiliza los verbos de 8 a y escribe cinco frases en tu cuaderno: ¿Qué hace Lili después del colegio? | Was macht Lilli nach der Schule? Schreibe fünf Sätze mit den Verben aus 8 a in dein Heft.

9 ¡Tú eliges! Elige a o b.

a Formula frases. | Welche der Wörter kommen im Text (S. 33) vor? Schreibe mit diesen Wörtern jeweils einen Satz.

la habitación la foto la música la casa el colegio el problema el móvil

b Prepara un mapa mental con las actividades de Ana. | Erstelle eine Mindmap mit Anas Aktivitäten.

[...] [...] **Ana** queda en casa de Julia [...] [...] [...]

Hablar

10 ¿Qué (no) hacéis por la tarde? Preparad el diálogo y presentadlo en clase. ↗ p. 136

▶ M

☺ Vale, vale. Sí. ¡Claro! ¡Vale! Entonces ...

☹ No, ahora no. No, siempre lo mismo.

¿Charlamos?

No, ahora no.

11 ¿Qué hacéis después del colegio? | Erzählt euch gegenseitig, was ihr nach der Schule macht. ↗ p. 136

▶ M ↗ 23/7

Después del colegio siempre escucho música en mi habitación, [...]

a veces siempre por la tarde ¡Es genial! también

Punto final 2

Wählt **eine** der beiden Aufgaben aus. Wollt ihr euch gegenseitig einschätzen, findet ihr hier Evaluierungsbögen:
Webcode **APU-1-02**

Minitarea: Du stellst deinen Lieblingsplatz vor

Dein spanischer Brieffreund Julio möchte wissen, wie dein Lieblingsplatz aussieht und was du dort machst.

1. ¡Preparados!

Überlege, was du sagen kannst, z. B.:
- was es an deinem Lieblingsplatz gibt,
- in welchem Zimmer er sich befindet,
- was du dort machst.

▶ En casa, p. 164

2. ¡Listos!

Notiere dir Stichpunkte für deine Präsentation und übe sie.
Achte auf deine Aussprache und die Betonung.

3. ¡Ya!

Stelle nun deinen Lieblingsplatz vor.

2

Tarea final: Du zeigst deine Wohnung

Ana und Mateo kommen dich besuchen. Du zeigst ihnen deine Wohnung.

1. ¡Preparados!

Überlegt gemeinsam:
- was kannst du Ana und Mateo zeigen?
- was können sie dich fragen?
- was kannst du sie über ihre Wohnung fragen?
- wie können sie reagieren, wenn sie etwas toll finden?

▶ En casa, p. 164

MI PISO
¿Dónde está ...?
Está en ... [el salón, la cocina, mi habitación, el pasillo]
(Preposiciones)
encima de
debajo de
al lado de
entre ... y ...

2. ¡Listos!

Verteilt die Rollen und überlegt euch, was jede/jeder sagt. Verwendet Hilfe-Karten mit Stichpunkten wenn nötig.

Übt das freie Sprechen. ▶ Rollenspiele, S. 153

3. ¡Ya!

Präsentiert das Gespräch vor der Klasse und versucht, so frei wie möglich zu sprechen.

Resumen

Eine Wohnung / ein Zimmer beschreiben	Dazu benötigst du:
1 ¿Qué **hay** en la habitación? En mi habitación **hay** una estantería y un escritorio.	die Verbform **hay**. ▸ GH 11/7 **!** Die Verbform **hay** wird nie mit dem bestimmten Artikel verwendet.
2 En mi habitación hay **un** escritorio, **una** cama y **un** armario.	den unbestimmten Artikel **un/una**: ▸ GH 11/6

männlich	weiblich
un libro	una cama
un salón	una habitación
un estuche	una tele

3 –¿**Dónde** estás?
–Ahora **estoy** en mi lugar favorito.

das Verb **estar**: ▸ Los verbos, p. 162 ▸ GH 12/8

Ahora	**estoy**	en el colegio.
Laura, ¿	**estás**	en casa?
Mi móvil	**está**	en mi mochila.
No	**estamos**	en la plaza.
Ahora	**estáis**	en la cafetería.
Aquí	**están**	mis amigos.

4 La estantería está **al lado de la** ventana.
Mi mochila está **debajo del** escritorio.

die Präpositionen: ▸ GH 13/11

al lado encima debajo detrás delante	del de la de los de las	+ *Substantiv*
entre en	el la	+ *Substantiv*

! **de + el = del**

Etwas verneinen	Dazu benötigst du:
5 Los chicos **no** escuchan música, buscan información en Internet. –¿Tú eres Jaime? –No, **no** soy Jaime, soy Javier.	das Verneinungswort **no**. ▸ GH 15/15 **!** **No** kann auf Deutsch sowohl *nein* als auch *nicht* oder *kein* bedeuten.

Sagen, was du nach der Schule machst | Dazu benötigst du:

6

die Verben auf **-er** und **-ir**: ▶ Los verbos, p. 162 ▶ GH 14/13

	comer	
Hoy no	com**o**	en casa.
¿Qué	com**es**	?
Lili	com**e**	en la habitación.
Julia y yo	com**emos**	bocadillos.
¿Dónde	com**éis**	hoy?
Ana y Nico	com**en**	en la cafetería.

	vivir	
Ahora	viv**o**	en Valencia.
¿Dónde	viv**es**	?
Nico no	viv**e**	en Alemania.
Lili y yo	viv**imos**	en España.
¿También	viv**ís**	en España?
¿Quiénes	viv**en**	allí?

das Verb **ver**. ▶ Los verbos, p. 163 ▶ GH 15/14

2

facultativo

Teste deine Grammatikkenntnisse ▶ Soluciones, p. 167

1 Ergänze den passenden bestimmten oder unbestimmten Artikel. ▶ GH 11/6

1. –¿Dónde está [...] revista? –Mira, encima de [...] mesa hay [...] revista.
2. Detrás de [...] casas hay [...] parque. En [...] parque quedo con Nico.
3. Al lado de [...] puerta hay [...] póster y [...] estantería.

2 Setze die richtige Form von estar ein. ▶ GH 12/8

1. Mamá, ¿dónde (*estar*)?
2. (*estar*/yo) aquí, en la cocina.
3. Las revistas de Mateo (*estar*) en el salón.
4. Ana y Julia, ¿dónde (*estar*)?
5. (*estar*/nosotras) en la plaza.
6. ¿Dónde (*estar*) mi móvil?

3 Bilde die korrekte Verbform. ▶ GH 14/13 ▶ GH 15/14

1. *discutir* [tú]
2. *beber* [nosotros]
3. *comer* [él]
4. *escribir* [vosotros]
5. *vivir* [ellos]
6. *leer* [él]
7. *ver* [yo]
8. *abrir* [tú]
9. *beber* [ella]
10. *ver* [nosotros]
11. *leer* [vosotros]
12. *comer* [ellos]

4 Verneine die Sätze. ▶ GH 15/15

1. Julia es de Valencia.
2. Escribes un mensaje.
3. Los hermanos de Ana discuten.
4. El baño está al lado de la cocina.
5. Mateo busca el diario.
6. Ana habla alemán.

Teste, was du jetzt sagen kannst ▶ Para comunicarse, p. 176

- Beschreibe dein Zimmer und stelle deinen Lieblingsplatz vor.
- Sage, was du nach der Schule machst.

Evaluación 1 (Unidades 1–2)

facultativo

Vocabulario

1 Encuentra las parejas. | Finde die Wortpaare.

estar *escuchar* *compartir* *abrir*
ser *quedar* *estudiar* *buscar* *ver*
comer *escribir* *beber* *leer*

un libro — información en Internet
alemán y español — de Valencia
por la tarde — habitación — en Valencia
un bocadillo — un zumo — la puerta
un mensaje — música — la tele

2 a Encuentra todas las palabras en la serpiente. | Finde alle Wörter in der Wortschlange.

b Fernando se presenta. Completa el texto con las palabras de 2a. | Fernando stellt sich vor. Füge die Wörter aus 2a an den passenden Stellen in den Text ein.

Hola, soy Fernando.
Vivo en Valencia y estudio en el [...] «Pablo Picasso».
En [...] estudiamos con los [...], pero en el [...] mis [...] y yo charlamos.
Por la [...], en [...], leo [...] en mi [...]. Está en mi [...] favorito.
A veces también veo la [...] en el [...] o
escribo [...] en el [...].

3 Completa las preguntas de los chicos. | Vervollständige die Fragen mit den richtigen Fragewörtern.

1. –¿[...] escribes? –Escribo un mensaje.
2. –¿[...] son las chicas? –Son Ana y Julia. Son mis amigas.
3. –¿[...] es? –Es el cuaderno de Nico.
4. –¿[...] es? –Es Mateo. Es el nuevo de la clase de mi hermano.
5. –¿[...] te llamas? –Me llamo Pablo.
6. –¿[...] eres? –Soy de Barcelona, ¿y tú?
7. –¿[...] está el baño? –Está al lado de la cocina.

¿Qué? ¿Quién? ¿De dónde? ¿Dónde? ¿Cómo? ¿Quiénes? ¿Qué?

4 Laura describe el piso de su familia. | Laura beschreibt die Wohnung ihrer Familie. Ergänze die Präpositionen al lado de, detrás de, delante de, entre (2x) oder en.

Esta es la casa de mi familia. [...] el pasillo ves una puerta: [...] la puerta está mi habitación. La habitación de mi hermano está [...] mi habitación y la cocina. [...] la cocina está el salón, y el baño está [...] la cocina, [...] el salón y la habitación de mis padres.

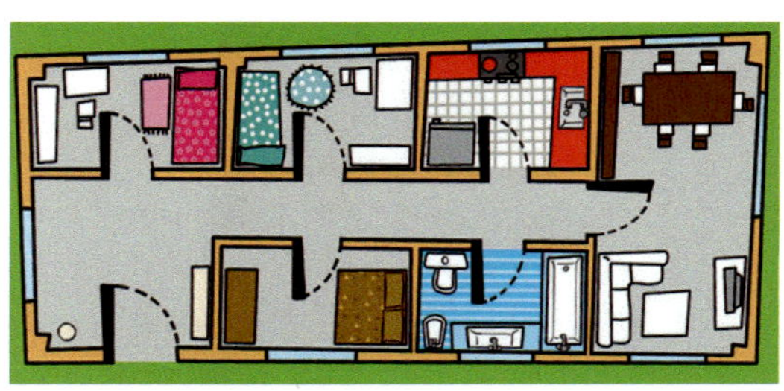

Hier kannst du überprüfen,
was du in den Lektionen 1 und 2
gelernt hast: **Webcode APU-1-03**

Gramática

5 Los artículos el/la, los/las y los sustantivos: Encuentra los sustantivos. | Finde die Substantive wieder und schreibe sie mit dem bestimmten Artikel auf.

1 rcreeo **2** aimogs **3** porfseroa **4** prqaue
5 cfeaetraís **6** msicúa **7** veídos **8** chacis
9 esntaetría **10** aarrmio **11** hlaeríedas **12** slilón

6 Los artículos el/la, los/las, un/una: Elena describe una plaza en su barrio. Elige el artículo correcto. | Elena beschreibt einen Platz in ihrem Stadtviertel. Wähle den richtigen Artikel aus.

1. Aquí ves la plaza. Es [la/una] Plaza San José. En [la/una] plaza están [las/–] casas de mis amigas Pili, Eva y Ana.
2. También hay [la/una] cafetería y [el/un] quiosco.
3. En [la/una] cafetería a veces bebemos [el/un] zumo y comemos [los/–] bocadillos.
4. Delante de [la/una] cafetería hay [el/un] colegio (no es mi colegio), y detrás [del / de un] colegio hay [el/un] parque.
5. Por la tarde, [los/–] chicos [del / de un] colegio quedan allí en [el/un] parque.

7 Los verbos en -ar, -er, -ir: ¿Qué hacen las personas en el recreo? Completa las frases. | Was machen die Personen in der Pause? Vervollständige die Sätze.

buscar *comer* *estudiar* *leer*
abrir *discutir* *charlar* *beber*
escuchar *escribir*

1. Ana [...] un bocadillo y [...] un zumo.
2. Julia [...] un mensaje y [...] la ventana.
3. Mateo y Jorge [...] inglés.
4. Nico [...] una revista y [...] música.
5. Sergio [...] un libro.
6. Carmen [...] con los profesores.
7. Lucía [...] con las chicas.

8 El verbo ser: Ana y Julia hablan con Mateo. ¿Qué dicen? Completa el diálogo con el verbo ser. | Vervollständige den Dialog mit den Formen des Verbs ser.

Ana: Hola, nosotras [...] Ana y Julia.
Julia: Tú [...] de Madrid, ¿verdad?
Mateo: Sí. Y vosotras, ¿[...] de Valencia?
Ana: Bueno, yo [...] de México y ella [...] de Valencia.
Mateo: Y ellas, ¿quiénes [...]?
Julia: [...] Carmen y María José, las profesoras de Inglés.

9 a El verbo estar: Nico y Mateo hablan por teléfono con Ana. Completa con el verbo estar. | Vervollständige den Text mit den Formen des Verbs estar.

Ana [...] en casa. «¡*Ring, ring!*»
Nico: Hola, Ana. ¿Dónde [...]?
Ana: [...] en casa. Y vosotros, ¿dónde [...]?
Nico: [...] en el parque. Pablo y Julia [...] aquí también. ¿Quedamos?
Ana: ¡Vale!

b Hay y estar: Nico describe su habitación. ¿Qué hay? ¿Dónde está? Completa las frases con hay o estar. | Nico beschreibt sein Zimmer. Vervollständige mit hay oder einer Form des Verbs estar.

En mi habitación [...] un escritorio, un armario y una cama. También [...] una estantería. [...] al lado de la ventana. Pero mis libros [...] siempre en el escritorio o debajo de la cama. Es un desastre... También [...] un sillón para leer. Y delante de la cama [...] mi consola de videojuegos. Yo y mis amigos [...] siempre aquí y charlamos y escuchamos música...

10 La negación con no: ¿Qué dicen los chicos? | Was sagen die Jugendlichen? Entscheide, an welcher Stelle im Satz no stehen muss.

1. [...] somos [...] los hermanos de Laura.
2. No, la heladería [...] está [...] en el parque. Está en la plaza.
3. [...] comparto habitación [...] con mi hermana.
4. Mateo [...] come [...] en casa.
5. No, Ana [...] habla [...] alemán.
6. Los chicos [...] son [...] de Alicante.

Comprensión auditiva

1 30 **11** Escucha. ¿Cómo se llaman las tres personas y de dónde son? Apunta en tu cuaderno. | Wie heißen die drei Personen und woher sind sie? Notiere die Informationen in deinem Heft.

▸ Selektives Hörverstehen, S. 150

1 31 **12** Juan describe su habitación. Escucha y elige el dibujo correcto. | Höre zu und wähle das richtige Bild aus.

Comprensión lectora

13 Schaue dir den Umschlag der Jugendzeitschrift an. Lies dann, was die Jugendlichen sagen. Was denkst du: wer würde die Zeitschrift kaufen? Warum? ▸ **Detailliertes Leseverstehen, S. 152**

1 ¡Hola! Soy Luca.
Comparto habitación con mi hermana...¡uf!
Por la tarde siempre quedo con mis amigos en mi casa.
Mi hermana está en la habitación y nosotros en el salón.
Allí escuchamos música, vemos la tele
y tomamos la merienda.

2 ¿Qué tal? Me llamo Irene.
Después del colegio siempre quedo con mis amigos en la plaza o en el parque. ¿Y qué hacemos?
Charlamos, jugamos al fútbol y al bádminton.
A veces también jugamos al tenis,
pero yo y el tenis... ¡No, no!

3 Hola, soy Marta.
Mi habitación es mi lugar favorito. ¡Es genial!
Por la tarde estoy allí y escucho música o chateo con mis amigas. Pero también leo cómics.
¡Tengo 100 en mi habitación!

Expresión escrita

14 Prepara tu ficha. | Du suchst einen spanischen Brieffreund / eine spanische Brieffreundin. Erstelle dafür einen Steckbrief von dir selbst.

Me llamo: [...]
Vivo en: [...]
Hablo: [...]
En mi lugar favorito hay: [...]
Después del colegio: [...]

Expresión oral

15 Presentad el diálogo. | Du lernst im Urlaub einen Jungen / ein Mädchen kennen. Ihr merkt, dass ihr beide ein bisschen Spanisch sprecht und unterhaltet euch. Spielt den Dialog. **A** beginnt. ▸ **B, S. 136**

A

- Du heißt [...]. Du fragst, ob **B** Spanisch oder Englisch spricht.
- Du fragst, wie es **B** geht.
- Dir geht es auch sehr gut. Du fragst, woher **B** kommt.
- Du kommst aus [...]. Du fragst, was **B** heute Nachmittag macht.
- Ja. Du fragst, ob ihr euch vor der Eisdiele trefft.
- Du verabschiedest dich.

¡Anímate! 1

facultativo

la ola
el teléfono
la fiesta
el restaurante
el hospital
el café
la paella
la siesta
el tomate
el elefante
el maíz
la plaza
la cafetería
la guitarra
el chocolate
la botella

▸ KV 16
▸ KV 17
1 Diese spanischen Wörter verstehst du schon. Was bedeuten sie?

▸ KV 16
▸ KV 17
2 Ordne die Wörter den Bildern zu. Fünf Wörter haben kein Bild. Welche sind das?

Floritura musical

DO DO RE
Acércate.

RE RE MI
Hasta aquí.

MI MI FA
Dámela[1].

Dame la flor[2],
amor[3].

SOL SOL LA
Tómala[4].

LA LA SI
Para ti[5].

1 **Dámela.** *Gib sie mir.*
2 **la flor** *die Blume*
3 **el amor** hier: *der Liebling*
4 **Tómala.** *Nimm sie.*
5 **para ti** *für dich*

En mi ciudad[6]

En España hay una ciudad,
Valencia, es mi ciudad.
En mi ciudad hay una calle[7],
la calle de Colón.
Y en mi calle hay una casa,
la casa número dos[8].
Y en mi casa hay una habitación.
En mi habitación hay una cama.
Y en mi cama hay un libro.
Y en mi libro hay un poema[9]
«En España hay una ciudad…»

6 **en mi ciudad** *in meiner Stadt*
7 **la calle** *die Straße*
8 **el número dos** *die Nummer zwei*
9 **el poema** *das Gedicht*

3 Escucha y después lee el poema en voz alta y canta la canción.

4 En mi clase. | Schreibt zusammen ein Gedicht. Jeder schreibt die erste Zeile auf einen Zettel und gibt diesen dann an seinen Sitznachbarn / seine Sitznachbarin weiter. Dieser / Diese schreibt die zweite Zeile auf. Nach sieben Runden ist das Gedicht fertig.

KV 18

Los meses y los días de la semana

1 34

Ana: Nico, ¿cuándo es tu cumple?
Nico: Mi cumple es el 14 de junio.
Ana: ¿Y cuándo es el cumple de Mateo? Es en marzo, ¿verdad?
Nico: No, su cumple es el 8 de abril.

Comprender el texto

1 a Lee los nombres de los meses y de los días de la semana. | Lies die Namen der Monate und der Wochentage auf den Kalenderblättern. Welche verstehst du?

26/1
▶ KV 19

b Ordena los meses en tu cuaderno. | Sortiere die Monate in deinem Heft.

Escuchar

1 36

2 Escucha y canta la canción de cumpleaños. | Höre zu und singe das Geburtstagslied.

¡Cumpleaños feliz!
¡Cumpleaños feliz!
¡Cumpleaños feliz!
Te deseamos todos:
¡Cumpleaños feliz!

Fuente: popular

1 37
▶ KV 21

3 a Escucha los números del 1 al 31. | Höre die Zahlen von 1 bis 31 an und sprich sie leise nach.
▶ Los números, p. 164

27/7 a, b

b ¡A jugar! | Zählt abwechselnd von 1 bis 31. Jeder darf ein, zwei oder drei Zahlen nennen. Wer 31 sagen kann, gewinnt.

1 38
26/2
26/3
26/4
27/5
27/6
▶ KV 20

4 ¿Cuándo es el cumpleaños de las personas? Escucha y apunta en tu cuaderno. | Höre zu und notiere die Geburtstage der Personen in deinem Heft.

Mateo	Nico	Ana	Julia	Pablo	Lili
el 8 de abril	el 14 de junio				

Hier lernst du:

- zu zählen.
- das Datum anzugeben.
- zu fragen und zu sagen, wann jemand Geburtstag hat.

M2

1 35

Alberto: ¿Qué día es hoy?
María: Hoy es lunes, el 26 de enero.
Alberto: ¿Y cuándo es el cumpleaños de Juan? ¿No es hoy?
María: No, su cumpleaños es el 26 de mayo. Ya cumple 15 años...

Hablar

▸ KV 20

5 Pregunta a tu compañero / tu compañera. Utilizad vuestros apuntes del ejercicio 4. | Fragt euch gegenseitig, wann die Geburtstage der Personen sind. Nutzt eure Notizen aus Aufgabe 4.

¿Cuándo es el cumpleaños de Nico?

Su cumpleaños es el 14 de junio.

▸ KV 20

6 a Pregunta a cinco compañeros y apunta la fecha de su cumpleaños. | Frage fünf Mitschüler und notiere das Datum ihres Geburtstages.

1. ¿Cuándo es tu cumpleaños?

2. Mi cumple es el [...]. Y tú, ¿cuándo es tu cumple?

3. Es el [...].

code 1-04

b Haced el calendario de cumpleaños de la clase. | Gestaltet einen spanischen Geburtstags-kalender für eure Klasse.

Unidad 3

Mi familia

¡Acércate!

39–40
▸ F5
▸ KV 22

Comprender el texto

1 Lee el texto y corrige las frases. | Lies den Text und korrigiere die Sätze.

1. Julia mira mensajes.
2. Mercedes es la madre de Julia.
3. Los abuelos de Julia están en el pueblo de los padres.
4. Antonio es el padre de Julia.
5. Laura y Marisol son las tías de Mateo.
6. Juan es el perro de Mateo.
7. Rufo es el hermano de Mateo.

Hier lernst du:

- deine Familie vorzustellen.

3

Vocabulario

2 Busca en el texto las palabras sobre «la familia» y prepara un mapa mental. | Suche die Wörter zum Thema „Familie“ im Text und erstelle eine Mindmap.

PF

28/1

▶ **Wörter in einer Mindmap ordnen, S. 149**

[...] —— **la familia** —— los padres

[...] [...] [...] [...]

Escuchar

41 ▶ KV 23

3 a Pepe presenta a su familia. Escucha y apunta. | Pepe stellt seine Familie vor. Höre zu und notiere die Personen, von denen Pepe spricht. Über wen spricht er nicht?

▶ Selektives Hörverstehen, S. 150

42 PF ↗ 29/2

b Mira el dibujo, escucha y completa. | Schaue das Bild an, höre zu, was Pepe sagt, und ergänze mündlich die Lücken im Hörtext. ↗ p. 137

Hablar

↗ 29/3

4 Mirad las fotos y preguntad. | Schaut euch die Fotos an und fragt euch gegenseitig nach den Personen auf den Fotos.

¿Quién es?	Esta es la madre de Julia. Este es [...].
¿Quiénes son?	Estos son [...]. Estas son [...].

La familia de Julia

La familia de Mateo

▶ M ↗ 29/4

5 Habla con tu compañero / tu compañera sobre tu familia. | Sprich mit deinem Partner / deiner Partnerin über deine Familie. ▶ La familia, p. 165 ▶ Las mascotas, p. 165

¿Tienes	un hermano? una prima? una tía? abuelos? mascotas? un perro? [...]?	↗ Sí, tengo [...]. ¿Y tú?	→ Yo también. Tengo [...]. Yo no.
		↘ No. ¿Y tú?	→ Yo sí. Tengo [...]. No, yo tampoco.

PF **6** Haz tu árbol genealógico y presenta a tu familia. | Zeichne deinen Stammbaum (siehe 3a) und stelle deine Familie vor.

A ¿Cómo es tu familia?

Hier lernst du:

- deine Familie zu beschreiben.
- zu sagen, wie alt du bist.

Actividad de prelectura

1 Überfliege die Leserbriefe. Worum geht es? ▸ Globales Leseverstehen, S. 151

1 43–44

¿Cuántos años tienes? ¿Tienes hermanos? ¿Cómo son tus padres y tus abuelos?

1
Tengo 13 años y mi cumpleaños es el 14 de junio. Mi familia es pequeña pero es muy interesante: mi madre es de Alemania y mi padre es de España. No tengo hermanos ... ¡Qué aburrido! Pero mi primo Lukas es como mi hermano.
Nico

2
¿UNA familia? ¡Yo tengo DOS familias! Vivo en Valencia con mi madre y su compañero Pedro. Pedro es bastante tranquilo. Mi padre vive en Madrid con Nuria y Juan, el hijo de Nuria. ¡Juan es el payaso de la familia!
Mateo

3
Tengo una familia grande y vivimos en Valencia: mis padres, mis tres hermanos y yo. Lili, mi hermana, tiene ocho años. Es muy maja, pero a veces es un poco pesada. Mis hermanos, Carlos y Paco, son divertidos. Además, tenemos un perro muy inteligente: Héctor. ♥
Ana

4
Tengo 12 años y tengo un hermano: Antonio. Vivimos en Valencia pero mis abuelos tienen una granja en el pueblo. Mi abuela es bastante estricta, pero sus historias son muy interesantes. :-D
Julia

3

Comprender el texto

▸ KV 24 **2 a** Lee los textos y relaciona las palabras clave con los chicos. |
Lies die Texte und ordne die Schlüsselwörter den Jugendlichen zu.

una familia grande — una abuela estricta — un perro — una familia interesante — un hermano — tres hermanos — una familia pequeña — dos familias

Nico	Mateo	Ana	Julia
[...]	[...]	[...]	[...]

30/1 32/7

b Utiliza las palabras clave de 2 a y presenta a los chicos. |
Nutze die Schlüsselwörter von 2 a und stelle die Jugendlichen vor.

Ana tiene una familia grande y tiene [...].

Aprender mejor

ES DE ▸ M 32/8

3 **Einen spanischen Text auf Deutsch zusammenfassen** ▸ Sprachmittlung, S. 155
Dein Bruder kommt in dein Zimmer und sieht die Leserbriefe von Nico, Ana, Mateo und Julia. Erkläre ihm, was man über sie und ihre Familien erfährt.

✔ Wenn du einen spanischen Text auf Deutsch wiedergeben willst, musst du nicht Wort für Wort übersetzen, sondern nur das Wichtigste zusammenfassen.

Modelo para hablar

1/45

4 a Escucha, lee y repite.

Wie ist deine Familie?

Mateo: Tengo [...]. Mi hermano Juan [...]. ¿Y cómo es tu familia?

Ana: Pues mis padres [...] y mi hermana Lili [...], pero mis hermanos [...].

b ¿Cómo es tu familia? Habla con tu compañero / tu compañera. | Wie ist deine Familie? Sprich mit deinem Partner / deiner Partnerin. Tauscht anschließend die Rollen.

A:	Tengo una familia Mi familia es	grande. pequeña.		
	Mi	padre hermano primo abuelo	es	divertido. pesado. estricto. tranquilo.
		madre hermana prima abuela		divertida. pesada. estricta. tranquila.
	¿Y cómo es tu familia?			

B:	Pues, mis	padres hermanos abuelos	son	muy bastante	divertidos. estrictos. tranquilos.

Descubrir

▶ GH 20/20

5 a Vergleiche die Sätze. Worauf musst du bei den Endungen der Adjektive achten?

1 a Mi hermano es divertid**o**.
b Mi hermana es divertid**a**.

2 a El colegio es grand**e**.
b La familia es grand**e**.

b Completa la tabla en tu cuaderno. | Vervollständige die Tabelle in deinem Heft.

▶ Resumen, p. 60/2

	männlich	**weiblich**
Sg.	divertido grande	divertida grande
Pl.	[...] [...]	[...] [...]

↗ 31/4 31/5

c Encuentra para los sustantivos los adjetivos correspondientes. | Finde für die Substantive die passenden Adjektive.

una cafetería las amigas los amigos
un profesor las chicas los hermanos
un piso una plaza una revista un libro

tranquilas aburrido majas
estricto inteligentes interesante
pequeño divertidos aburrida
pequeña grande

Practicar

6 Ana describe a su perro Héctor. Completa el texto con las formas correctas de los adjetivos. | Ergänze im Text die richtigen Formen der Adjektive. ▶ Resumen, p. 60/2 ↗ p. 137

PF ↗ 30/2 31/3 ▶ GH 20/20

Tengo una mascota: mi perro Héctor. Es un perro [...]. Es bastante [...] pero es muy [...]. Yo no soy muy [...] con él, pero a veces esconde mis cosas...	pequeño/-a tranquilo/-a, inteligente estricto/-a
Por la tarde quedamos con mi amiga Tania y su perra Alba en el parque. Alba tiene un año pero es muy [...] y es muy [...]. Con Héctor y Alba las tardes no son [...].	grande divertido/-a, aburrido/-a

▶ GH 18/17

7 ¿Qué tienen las personas? Formula frases con el verbo tener.
▶ Resumen, p. 60/3 ▶ Algo más, p. 137

1. [Yo]	*tener*	12 años y 13 años.
2. ¿[Tú]		mascotas?
3. Mateo		dos primas.
4. [Nosotras]		dos familias.
5. ¿[Vosotros]		un perro?
6. Los chicos y las chicas		una tía. Se llama Teresa.

▶ GH 19/18

8 Ana y Nico miran fotos y Nico hace preguntas. Completa las frases con mi/s, tu/s y su/s. ▶ Resumen, p. 60/4 ▶ Algo más, p. 137

Nico: ¿Quiénes son? ¿Son [...] abuelos?
Ana: Sí, estos son [...] abuelos.
Nico: ¿Ella es [...] hermana?
Ana: No, esta no es [...] hermana. Es [...] prima.
Nico: ¿Son [...] amigas?
Ana: Sí, son [...] amigas.
Nico: ¿Este es el primo de Julia?

Ana: No, este no es [...] primo. Es [...] hermano.
Nico: ¿Ella es la mujer de tu tío?
Ana: Sí, es [...] mujer.
Nico: ¿Estas son las hermanas de Pablo?
Ana: No, son [...] primas.

3

Pronunciar

9 a ¡Escucha bien! | Höre zu. Wie oft hörst du das Wort perro im Text? (1/46)

b Escucha y practica el trabalenguas. | Höre und übe den Zungenbrecher. (1/47)

Un perro en el barro[1] con su rabo[2] barre[3].
Con su rabo barre un perro en el barro.

1 el barro *der Schlamm*
2 el rabo *der Schwanz*
3 barrer *fegen*

Escuchar

10 a Escucha el texto: ¿De qué hablan los chicos? | Höre den Text an. Worüber sprechen die Jugendlichen? (1/48) ▶ Globales Hörverstehen, S. 150

1. ihr Alter
2. ihre Familie
3. ihre Haustiere

1 48

b Escucha el texto otra vez y completa la tabla en tu cuaderno. | Höre den Text noch einmal an und vervollständige die Tabelle in deinem Heft.

▶ Selektives Hörverstehen, S. 150

nombre	edad
1. Antonio	13 años
2. [...]	12 años
3. Alba	[...]
4. [...]	15 años
5. Manuel	[...]
6. [...]	16 años
7. Carlos	[...]

c ¿Cuántos años tiene? | Fragt euch gegenseitig nach dem Alter der Personen.

¿Cuántos años tiene Antonio?

Antonio tiene trece años.

Hablar

11 ¡A jugar! | Jeder sucht sich eine Person aus. Fragt euch dann gegenseitig nach dem Alter und erratet eure Namen.

Vega, 12

Judith, 14

Leo, 13

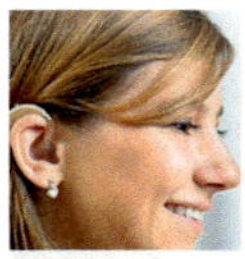
Lucía, 16

Puri, 14

Elena, 12

Daniel, 15

Manuel, 11

Marta, 16

Rafa, 11

José, 15

Said, 13

1. ¿Cuántos años tienes?

2. Tengo doce años.

3. ¿Eres Vega?

4. Sí, soy Vega. / No, no soy Vega.

▶ M
▶ KV 25

12 a Pregunta a dos compañeros y apunta en tu cuaderno. | Frage zwei Mitschüler und notiere die Informationen über sie in deinem Heft.

	¿Cuántos años tienes?	¿Cuándo es tu cumpleaños?	¿Cómo eres?
[yo]	Tengo [...] años.	Mi cumpleaños es el [...].	Soy [...].
alumno/-a A: ...	Tiene [...].	Su [...].	Es [...].
alumno/-a B: ...			

b Presenta a tus compañeros.

Ya lo sé

13 ¡Tú eliges! Elige a o b. ▶ La familia, p. 165

↗ p. 137

PF
▶ M

a Cuenta de tu familia a tu compañero / tu compañera. | Erzähle deinem Partner / deiner Partnerin von deiner Familie.

b Escribe un texto sobre tu familia. | Schreibe einen Text über deine Familie wie auf S. 51.

▶ Texte schreiben, S. 154

¿Cuántos años tienes?
¿Cómo es tu familia?
¿Tienes hermanos?
¿Cómo son tus padres, tus abuelos, ...?

B ¿Por qué no?

Hier lernst du:

- zu sagen, was du (nicht) möchtest.
- einen Grund zu erfragen und anzugeben.

1 49

3

Comprender el texto

33/1

1 Lee el texto, ordena las frases y cuenta la historia. | Lies den Text, ordne die Sätze und erzähle die Geschichte nach.

- Julia ve gatitos y quiere uno.
- Los abuelos tienen caballos, gallinas, conejos y conejillos de Indias.
- Julia, su familia y Nico están en el pueblo.
- Los padres de Julia no quieren gatos en casa.
- Además, los gatos quieren vivir en el campo.
- Los chicos quieren ver los animales.

Modelo para hablar

1 50

2 a Escucha, lee y repite.

Ich möchte ein Haustier

Julia: Mamá, [...].
Madre: Julia, ¡no! Siempre lo mismo...
Julia: ¿[...]?
Madre: Porque [...].
Julia: Ay, mamá, ¡por favor! [...].

b Julia quiere una mascota y habla con su madre. Presentad el diálogo. | Julia möchte ein Haustier und spricht mit ihrer Mutter darüber. Spielt zu zweit den Dialog. ▸ Las mascotas, p. 165

Julia:

Mamá, quiero un	gato. perro. conejillo de Indias. conejo. [...].

→

Madre:

Julia, ¡no! Siempre lo mismo ...

←

Julia:

¿Por qué no?

→

Madre:

Porque	tu padre y yo no queremos animales en casa. un animal no es un juguete. soy alérgica. un [...] en casa... es difícil. no es siempre fácil tener una mascota. los animales quieren vivir en el campo.

←

Julia:

Ay, mamá, ¡por favor!

Los gatos Los perros Los conejos Los conejillos de Indias	son (muy)	divertidos. cariñosos. preciosos. inteligentes. fieles. tranquilos.

Descubrir

▶ GH 17/16

3 a Suche im Text S. 55 die Formen von querer und ergänze die Tabelle in deinem Heft.
▶ **Resumen, p. 60/1**

	querer
1. [yo]	quiero
2. [tú]	[...]
3. [él/ella]	[...]
4. [nosotros/nosotras]	[...]
5. [vosotros/vosotras]	[...]
6. [ellos/ellas]	[...]

↗ 34/3 35/7 34/4 34/5

b ¿Qué quieren los chicos? Formula frases con querer.

Ejemplo: Quiero un conejillo de Indias.

1  [yo]

2  [tú]

3  Pablo

4  Antonio

5  [nosotros]

6  [vosotras]

7  Ana y Lili

8  las chicas

Practicar

↗ 35/6 ▶ GH 17/16 18/17

4 ¡A jugar! | **A** wählt ein Verb aus und würfelt, **B** formuliert mit der gewürfelten Verbform einen Satz. ▶ **Resumen, p. 60/1, 3**

querer	ver la tele estudiar por la tarde leer un libro escuchar música un gato un bocadillo	*tener*	12 años dos hermanos un perro un piso pequeño una familia grande una granja	⚀ = [yo] ⚁ = [tú] ⚂ = [él/ella] ⚃ = [nosotros/nosotras] ⚄ = [vosotros/vosotras] ⚅ = [ellos/ellas]

▶ GH 20/21

5 Lili es muy curiosa. ¿Qué pregunta ella? ¿Qué contesta Ana? | Lili ist sehr neugierig. Was fragt sie? Was antwortet Ana? ▶ **Resumen, p. 61/6**

Lili:

¿Por qué...
- Julia no (*tener*) mascotas?
- no (*querer*/tú) ver la tele?
- Nico (*hablar*) alemán?
- no (*estar*/tú) en casa de Nico?
- Mateo (*tener*) dos familias?
- Carlos y Paco (*estudiar*)?
- (*compartir*/nosotras) habitación?
- (*leer*/tú) libros?

Ana:

Porque...
- sus padres no (*querer*) animales en casa.
- (*querer*/yo) escuchar música.
- su madre (*ser*) de Alemania.
- Nico y Julia (*estar*) en el pueblo.
- su padre (*vivir*) en Madrid con Nuria y Juan.
- (*tener*/ellos) un examen.
- (*tener*/nosotros) un piso pequeño.
- (*ser*/ellos) muy interesantes.

Aprender mejor

▶ KV 5 DVD

6 Ein Video verstehen

a Schaue dir die Szene 6 der DVD ohne Ton an. Wovon handelt sie? Stelle Vermutungen an:

1. Was möchte Julia? **2.** Was denkt ihre Mutter darüber? **3.** Wie endet das Gespräch?

b Schaue dir nun die Szene mit Ton an und überprüfe deine Vermutungen.

▶ Hör-Seh-Verstehen, S. 151

Vocabulario

↗ 33/2 ▶ KV 26

7 Repasad juntos el vocabulario de la *unidad 3.* | Wiederholt gemeinsam den Wortschatz der *Lektion 3.*

¿Cómo se dice «treu» en español?

Se dice «fiel».

Hablar

8 a ¿Cómo son los animales? Formula frases. ▶ Algo más, p. 138

Beispiel: Los perros son divertidos.

inteligente | cariñoso/-a | tranquilo/-a | grande | divertido/-a | fiel

PF ▶ M

b Y tú, ¿tienes una mascota o quieres una? | Hast du ein Haustier oder möchtest du gern eines haben? Erzähle deinem Partner / deiner Partnerin davon. ▶ Las mascotas, p. 165 ↗ p. 138

1. ¿Tienes una mascota?

2. Sí, tengo un perro. Se llama Héctor. Tiene tres años y es muy inteligente. ¿Y tú?

3. No, no tengo mascotas. Pero quiero un gato porque los gatos son muy cariñosos.

9 Tú (**A**) quieres un perro, pero tu madre / tu padre (**B**) no. Presentad el diálogo. | Du möchtest einen Hund haben, aber deine Mutter / dein Vater nicht. Spielt den Dialog. **A** beginnt. ▶ B, S. 138

A
- Du möchtest einen kleinen Hund haben.
- Alle deine Cousins haben Haustiere. Und Hunde sind sehr lustig und intelligent.
- Ja, warum nicht? Du willst dein Zimmer mit dem Hund teilen. Außerdem sind Hunde sehr liebevoll.
- Du bittest noch einmal darum.

Escuchar

51

10 a Mira los dibujos y escucha el texto. ¿Quién habla: Paula o Inés? Justifica tu respuesta. | Begründe deine Antwort.

↗ 35/8 35/9

b Tú eres la otra chica. Describe a tu familia.

Paula

Inés

Punto final 3

Wählt **eine** der beiden Aufgaben aus.
Wollt ihr euch gegenseitig einschätzen,
findet ihr hier Evaluierungsbögen:
Webcode **APU-1-02**

Minitarea: Du stellst dein Haustier vor

Eure Klasse nimmt an einem Fremdsprachenwettbewerb teil.
Jeder stellt mit einem Foto oder einer Zeichnung sein (Wunsch-)Haustier vor.

1. ¡Preparados!

Überlege, welches Tier du vorstellen und was du darüber sagen möchtest, z. B.:

– wie es heißt,
– wie alt es ist,
– wie es ist.

▶ Las mascotas, p. 165

2. ¡Listos!

Male oder fotografiere dein (Wunsch-)Haustier. Du kannst einen Text mit allen wichtigen Informationen dazu schreiben oder nur Stichpunkte für einen Steckbrief notieren.
Kontrolliere deinen Text auf Fehler. ▶ Fehler korrigieren, S. 154

3. ¡Ya!

Stelle dein Haustier in der Klasse vor. ▶ Einen Kurzvortrag halten, S. 152
Sprich langsam und lies deinen Text nicht vor!

3

Tarea final: Du stellst deine Familie vor

Für einen Schüleraustausch mit einer Schule in Valencia werden Gastfamilien gesucht.
Du stellst deine Familie vor.

1. ¡Preparados!

Fertige eine Collage deiner Familie an und stelle sie vor.
Überlege dir, wen du vorstellen und was du über die einzelnen Personen sagen möchtest, z. B.:

– wie sie heißen,
– wie alt sie sind,
– wo sie wohnen,
– wie sie sind.

▶ La familia, p. 165 ▶ Para comunicarse, p. 180

2. ¡Listos!

Schreibe zu jeder Person drei Sätze. Auch dein Haustier kannst du vorstellen!
Kontrolliere deinen Text auf Fehler. ▶ Fehler korrigieren, S. 154

3. ¡Ya!

Stelle nun nacheinander die Personen deiner Familie vor.
▶ Einen Kurzvortrag halten, S. 152

✔ Sprich langsam und deutlich und schaue deine Mitschüler an.

Resumen

Sagen, was du (nicht) möchtest	Dazu benötigst du:

1

das Verb **querer**: ▸ Los verbos, p. 163 ▸ GH 17/16

[Yo]	qu**ie**ro	un conejo.
¿Por qué no	qu**ie**res	un perro?
Eva no	qu**ie**re	estudiar ahora.
Nico y yo	queremos	ver los animales.
Chicos, ¿	queréis	escuchar música?
Mis padres no	qu**ie**ren	animales en casa.

Deine Familie vorstellen und beschreiben	Dazu benötigst du:

2 Vivimos en un pueblo **pequeño**.
Tengo una familia **pequeña**.
Mis padres son **divertidos**.
Mis hermanas son **divertidas**.
Su familia es muy **grande.**
Los perros son **fieles**.

die Adjektive: ▸ GH 20/20

	männlich		weiblich	
Sg.	un perro	pequeño grande fiel	una familia	pequeña grande genial
Pl.	perros	divertidos grandes fieles	familias	divertidas grandes geniales

3

das Verb **tener**: ▸ Los verbos, p. 163 ▸ GH 18/17

Yo no	**tengo**	una familia grande.
¿Tú	t**ie**nes	hermanos?
Marco	t**ie**ne	13 años.
Sí,	tenemos	un perro.
Y vosotros, ¿	tenéis	una mascota?
Mis abuelos	t**ie**nen	una granja.

4 **Mis** padres, **mi** hermano y yo vivimos en un piso pequeño.
Paco e Isa son **tus** abuelos, ¿verdad?
Estas son **mi** prima y **sus** amigas.

die Possessivbegleiter **mi/s**, **tu/s** und **su/s**: ▸ GH 19/18

	männlich		weiblich	
Sg.	**mi** **tu** **su**	libro	**mi** **tu** **su**	revista
Pl.	**mis** **tus** **sus**	libros	**mis** **tus** **sus**	revistas

5 Tengo un hermano y **también** tengo una hermana. **No** tengo tíos y **tampoco** tengo primos.	die Adverbien **también** und **tampoco**. ▸ GH 19/19

Einen Grund erfragen und angeben	Dazu benötigst du:
6 –¿**Por qué** no tienes un perro? –**Porque** nuestro piso es pequeño.	das Fragewort **¿por qué?** und die Konjunktion **porque**. ▸ GH 20/21

facultativo

Teste deine Grammatikkenntnisse: ▸ Soluciones, p. 167

1 Bilde die korrekte Verbform. ▸ GH 17/16 ▸ GH 18/17

1. *tener* [tú]
2. *querer* [yo]
3. *querer* [ellos]
4. *tener* [ella]
5. *querer* [él]
6. *tener* [ellas]
7. *querer* [nosotros]
8. *querer* [vosotras]
9. *tener* [nosotras]
10. *tener* [yo]
11. *querer* [tú]
12. *tener* [vosotros]

2 Nenne die richtigen Possessivbegleiter ▸ GH 19/18

1. (mi/mis) hermanas
2. (tu/tus) gato
3. (su/sus) libros
4. (tu/tus) primos
5. (su/sus) tía
6. (tu/tus) abuelas
7. (mi/mis) tíos
8. (tu/tus) prima
9. (su/sus) padre
10. (mi/mis) amigas
11. (mi/mis) abuelo
12. (su/sus) mascotas

3 Vervollständige mit den korrekten Formen der Adjektive. ▸ GH 20/20

1. Mis primos son (divertido/-a).
2. Mi abuela tiene una granja (pequeño/-a) y (tranquilo/-a).
3. Mis hermanos son muy (inteligente).
4. Las fotos de mi familia son (interesante), ¿verdad?
5. Mi perro es muy (fiel).
6. Los ejercicios son muy (fácil).
7. Hoy tenemos deberes (difícil).
8. Nuestra familia es (genial).

4 Vervollständige die Sätze mit también oder tampoco. ▸ GH 19/20

1. Tengo un perro y [...] un gato.
2. La ciudad es grande y [...] es interesante.
3. No quiero leer y [...] quiero ver la tele.
4. –Mis padres no quieren animales en casa. –Mis padres [...].
5. Nico no tiene hermanos y [...] tiene mascotas.
6. –Quiero escuchar música. –Yo [...].

Teste, was du jetzt sagen kannst ▸ Para comunicarse, p. 180

– Sage, wie alt du bist.
– Stelle jemanden aus deiner Familie vor und beschreibe ihn oder sie.
– Nenne etwas, das du gerne tun möchtest, und sage, warum.

3

Módulo 3

La hora

Son las ocho en punto.

Son las diez y diez.

Son las nueve y cuarto.

Son las tres y media.

Es la una menos veinte.

Son las tres menos cuarto.

¿Qué hora **es**?
Es la una.
Son las dos.

Escuchar

1 52

1 Escucha y repite. | Höre dir die Uhrzeiten an und sprich leise nach. (1 54)

2 ¿Qué hora es? | Höre zu und wähle die richtige Uhrzeit aus. (1 55)

1.	2.	3.	4.	5.	6.
a. 8:05	a. 13:15	a. 11:30	a. 16:07	a. 2:00	a. 3:30
b. 8:25	b. 12:45	b. 12:30	b. 7:04	b. 12:00	b. 3:13

Practicar

38/1a ▶ GH 23/25 ▶ F 6 ▶ KV 27

3 a ¿Qué hora es? | Wie sagt ihr diese Uhrzeiten auf Spanisch?

¿Qué hora es?
8:00
8:45
8:30
8:15

38/2 ▶ KV 28

b ¿Qué hora es? Pregunta a tus compañeros. | Zeichne eine Uhr mit einer Uhrzeit. Frage dann deine Mitschüler, wie spät es auf deiner Uhr ist.

38/3 38/4 39/5 39/6

4 **A** escribe un número del 1 al 60. **B** lee el número en voz alta. Cambiad después y repasad los números.

Hier lernst du ...

- die Uhrzeit anzugeben.
- die Tageszeit anzugeben.

✔ Die Tageszeit wird wie folgt angegeben:
de la mañana *vormittags*
de la tarde *mittags, nachmittags*
de la noche *abends, nachts*

1 53

Hablar

▶ GH 24/26
▶ F 6

5 ¿A qué hora empiezan o terminan las actividades? Pregunta a tu compañero / tu compañera. | Frage deinen Partner / deine Partnerin, um wie viel Uhr die Veranstaltungen beginnen oder enden.

¿A qué hora empieza el concierto?

Empieza a las siete y media de la tarde.

6 Ahora cuenta tú. ¿Qué haces y a qué hora? | Notiere dir, was du zu welcher Uhrzeit machst. Erzähle es anschließend deiner Klasse oder deinem Partner / deiner Partnerin.

comer en el colegio / en casa *estudiar* *quedar* con amigos
escuchar música *ver* la tele *chatear* [...]

Escuchar

1 56

7 a Escucha el diálogo. ¿Qué horas escuchas? Apunta. | Welche Uhrzeiten hörst du? Notiere sie.

1 56

b Escucha otra vez. ¿A qué hora quedan Ana y Julia? | Höre den Dialog noch einmal an. Um wie viel Uhr sind Ana und Julia verabredet? Wähle die richtige Uhrzeit aus.

Ana y Julia quedan ...

a. ... a las ocho de la mañana.
b. ... a las ocho en punto.
c. ... a las siete y media.
d. ... a las seis y media.

Unidad 4

En nuestro colegio

¡Acércate!

Mateo presenta el colegio de los chicos.

In Spanien werden viele Schulen kurz nach Unterrichtsbeginn abgeschlossen. Wie ist es in deiner Schule?

57–58

1

¡Hola! Nuestro colegio se llama Pablo Picasso.
Esta es la portería y este es Juanjo, nuestro conserje.
A las nueve cierra las puertas.

2

Aquí tenéis nuestra aula de Lengua.

3

Esta es nuestra cafetería.

4

Y esta es nuestra biblioteca. Además de libros, tenemos películas. ¿Qué hay en vuestra biblioteca?

Comprender el texto

1 A describe una foto. B adivina qué lugar es. | A beschreibt ein Foto. B rät, welcher Ort gemeint ist.

A:

En la foto	hay	alumnos/alumnas/profesores/[...]. una mochila / una mesa / [...].
	está están	Mateo/Juanjo/Sonsoles/Fernando/ [...].

B:

Es	la dirección. la cafetería. el gimnasio. la portería. la biblioteca. el laboratorio. el teatro. el aula de Lengua.

Hier lernst du:

- deine Schule zu beschreiben.

5

Fernando es nuestro profesor de Educación Física. Con él corremos mucho en el gimnasio, ¡uf!

6

Ahora tenemos Naturales y estamos en el laboratorio. Y este soy yo, Mateo. Soy un poco despistado. ¿Vuestros compañeros también son así?

7

También hay un teatro. Aquí ensaya nuestro grupo de teatro.

8

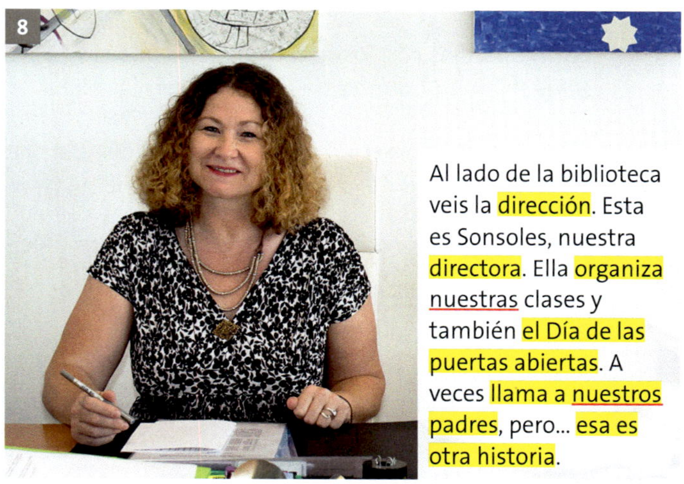

Al lado de la biblioteca veis la dirección. Esta es Sonsoles, nuestra directora. Ella organiza nuestras clases y también el Día de las puertas abiertas. A veces llama a nuestros padres, pero... esa es otra historia.

4

Aprender mejor

59

2 Globales Hörverstehen

a Escucha: ¿dónde están los chicos? ▶ Globales Hörverstehen, S. 150

59 ▶ M ↗ 40/2

b Escucha otra vez: ¿Quiénes hablan? | Höre noch einmal: Wer spricht?

✓ Achte beim ersten Hören auf Geräusche und auf den Tonfall der Sprecher.

Comprensión audiovisual

PF ↗ 40/1 ▶ KV 6 DVD

3 Mira la escena 8 del DVD. ¿Dónde están los chicos? ¿Qué hay en el colegio? Apunta en tu cuaderno. ▶ Hör-Seh-Verstehen, S. 151

Vocabulario

4 a Busca las parejas.

Ejemplo: el conserje – la portería

40/3
▶ KV 29

b Utiliza las parejas de 4 a y cuenta algo de tu colegio.

Ejemplo: el conserje – la portería → Juanjo es el conserje y está en la portería.

Practicar

▶ GH 22/24

5 a Forma parejas con los determinantes posesivos. ¿Qué combinaciones encuentras? | Bilde Paare mit den Possessivbegleitern. Welche Kombinationen findest du? ▶ Resumen, p. 76/1

nuestras nuestros
nuestro nuestra

clase profesora mochilas cafetería conserje cuadernos
libros amigas laboratorio teatro sillas profesores

▶ KV 30

b Presenta tu clase de Español. Utiliza una forma de nuestro/nuestra.

1. [...] colegio se llama ....
2. [...] clase es la clase ....
3. En [...] clase somos ... alumnos.
4. [...] profesor / [...] profesora de Español se llama ....
5. [...] libro de Español se llama ....
6. En [...] aula hay diccionarios.
7. [...] clases empiezan a las ....

▶ Algo más, p. 139

Mediación

ES DE

6 Dein Bruder sieht sich die Fotos (S. 64/65) an. Beantworte seine Fragen.

Wer ist denn der Mann auf dem Foto 1? Was macht er?

Und wer ist die Frau auf dem Foto 8? Was macht sie?

Ya lo sé

PF

7 Presentad vuestro colegio.

Ihr könnt einen Plan von eurer Schule zeichnen und ein Plakat erstellen. Beschriftet einige Räume und schreibt einen Satz dazu.

A Mis días en el cole

Hier lernst du:

- über deinen Schulalltag zu sprechen.
- eine E-Mail zu schreiben.

1 60–61

Por la mañana Ana desayuna con sus padres y luego sale de casa. A las nueve empieza su clase de Lengua. Después del recreo tiene Matemáticas e Inglés. ¿De qué hablan en la clase? ¡Ni idea! Ana está en las nubes.

Hoy es lunes. Es el día favorito de Ana, Lili, Carlos y Paco porque los lunes su padre está en casa. Por la tarde los cinco comen y luego salen con Héctor, su perro. Carlos y Paco hablan de sus clases. Pero Ana no habla mucho. Piensa en el Día de las puertas abiertas.

Por la noche lee un poco y después escribe un e-mail.

es_mail | enviar | insertar | ortografía | opciones | cancelar

Querida abuela:

¿Qué tal? Yo regular. Tengo un problema. El viernes es el Día de las puertas abiertas en el cole. Mañana formamos los grupos. Hay dos grupos interesantes: Ciencias Naturales y Música. Naturales es mi asignatura favorita pero prefiero participar en el grupo de Música. Ahora tengo un problema: ¡me da corte cantar en el concierto!
¿Canto o no canto? ¿Participo en Naturales? ¡Qué difícil!
Y tú, ¿qué tal abuela? Después del Día de las puertas abiertas, ¿hablamos?
El fin de semana no, porque salgo con mis padres.
Y de lunes a viernes tengo clase desde las nueve hasta la una y media. Pero los martes por la tarde estoy en casa. ¿Entonces hablamos por teléfono?

Un abrazo,

Ana

In den spanischen Schulen fängt der Unterricht meist um 9 Uhr an.
Wann beginnt dein Unterricht?

Comprender el texto

PF ↗ 42/1

1 a Was schreibst du am Anfang und am Ende einer E-Mail? Suche die Stellen in Anas E-Mail.

b Contesta las preguntas sobre el texto. ↗ p. 139

1. ¿Qué día es?
2. ¿A qué hora empieza la clase de Lengua?
3. ¿Por qué es el día favorito de Ana y sus hermanos?
4. ¿Quién es Héctor?
5. ¿Qué hace[1] Ana por la tarde?
6. ¿En qué grupo prefiere participar Ana?
7. ¿Cuándo habla por teléfono con su abuela?

1 hace *er/sie macht*

2 a Busca en el texto (p. 67) las asignaturas que faltan en el horario de Ana. | Suche im Text (S. 67) die Schulfächer, die in Anas Stundenplan fehlen.

	Lunes	Martes	Miércoles	Jueves	Viernes
9:00 – 9:45	[...]	Matemáticas	Inglés	Lengua	Educación Física
9:50 – 10:35	Educación Física	Música	Matemáticas	Educación Física	Inglés
10:35 – 11:00	Recreo				
11:00 – 11:45	[...]	Ciencias Naturales	Ciencias Sociales	Ciencias Naturales	Religión
11:50 – 12:35	Religión	Alemán	Lengua	Matemáticas	Lengua
12:40 – 13:25	[...]	Lengua	Valenciano	Artes Plásticas	Ciencias Sociales

▸ F1
▸ F2

b Welche Fächer erkennst du? Welche gibt es auch an deiner Schule?

▸ Andere Sprachen nutzen, S. 146

▸ F7

c Escribe tu horario en español. ▸ Algo más, p. 139

In Valencia werden zwei Sprachen gesprochen: Spanisch und Valencianisch. Deswegen gibt es an der Schule das Fach *Valenciano*.

Vocabulario

↗ 42/2

3 a Encuentra las parejas. | Finde die Paare.

cerrar *estar* *ser* *pensar en* *llamar a* *organizar* *hablar* *salir* *participar en*

de casa valenciano despistado, despistada la puerta el fin de semana en las nubes una fiesta mi abuela un grupo

b Formula con cada pareja una frase. | Formuliere mit jedem Paar einen Satz. ▸ Algo más, p. 139

Modelo para hablar

1 62

4 a Escucha, lee y repite.

<u>**Was machst du montags?**</u>

Julia: ¿[...]?

Pablo: [...], [...]. Por la tarde estudio un poco. Y tú, ¿[...]?

Julia: [...] y [...]. [...].

b Pablo y Julia hablan de su día en el colegio. Presentad el diálogo. | Pablo und Julia sprechen über ihren Schulalltag. Spielt zu zweit den Dialog.

Pablo:

¿Qué haces los	lunes? martes? miércoles? jueves? viernes?

→

Julia:

Por la mañana Por la tarde Por la noche Después	desayuno. salgo de casa. estudio un poco. tomo la merienda. veo la tele.

Y tú, ¿qué haces?

←

Pablo:

Por la mañana Por la tarde Por la noche A veces Luego	tengo clases. salgo con el perro. como con mi familia. leo un poco. escribo e-mails.

Practicar

5 Haz propuestas. Tu compañero / tu compañera contesta como en el ejemplo.

▸ Resumen, p. 76/3

▸ GH 24/26

↗ p. 40

Ejemplo: –Oye, ¿organizamos el Día de las puertas abiertas el lunes?
–No, los lunes siempre ensaya nuestro grupo de teatro.

vemos una película en casa después del cole
quedamos con Mateo y Nico
escuchamos música
estudiamos para el examen de Inglés
tomamos la merienda en mi casa

jueves
martes
sábado
lunes
viernes
miércoles
domingo

ensaya nuestro grupo de teatro
tengo clase de guitarra
como en casa de mi abuela
salgo con el perro
chateo con mis amigos en [...]
estoy en casa de mis abuelos

Hablar

6 Habla con un amigo / una amiga de España (B) sobre el colegio. | Unterhalte dich mit einem spanischen Freund / einer spanischen Freundin (B) über die Schule. A beginnt.

▸ B, S. 140

PF ▸ M

- Deine Schule heißt [...].
  Du fragst **B**, wie seine/ihre Schule heißt.
- Dein Unterricht (= *clases*) beginnt um [...] und endet um [...]. Du fragst **B**, wann sein/ihr Unterricht anfängt und wann er endet.
- Du hast Englisch, Mathe, [...].
  Du fragst **B**, welche Fächer er/sie hat.
- Dein Lieblingsfach ist [...].
  Du fragst **B**, ob er/sie ein Lieblingsfach hat.

A

Practicar

↗ 44/7 ▶ GH 22/24

7 Presenta a Ana y Mateo. Utiliza su o sus. ▶ Resumen, p. 76/1

1. [...] colegio se llama ....
2. [...] profesor de Educación Física se llama ....
3. [...] amigos son ....
4. [...] profesora de Inglés se llama ....
5. [...] cafetería es muy grande.
6. En [...] colegio hay ....

↗ 42/3 43/4 43/5 44/8 43/6

8 Los chicos hablan en el recreo. Completa las frases con una forma de querer [1] o de preferir [2].

Ejemplo: Ana quiere escuchar música, pero Julia prefiere quedar con los amigos.

1. Ana [1] escuchar música, pero Julia [2] quedar con los amigos.
2. Yo [1] cantar en un coro, pero mi amigo [2] participar en un grupo de teatro.
3. [1/nosotros] organizar una fiesta en el cole, pero los profes [2] organizar un Día de las puertas abiertas.
4. –¿Por qué no [1/tú] ensayar con el grupo de teatro? –Porque [2/yo] leer.
5. –¿[1/vosotros] correr en el gimnasio? –No, [2/nosotros] empezar con el partido.
6. Sonsoles no [1] llamar a mis padres, [2/ella] hablar con ellos.
7. –¿[1/tú] beber un zumo? –No, [2/yo] comer un bocadillo.

Escuchar

1 63 ▶ M ↗ 44/9 44/10

9 a Así es el día de Mateo. Escucha y ordena las frases. | Höre zu. Wann macht Mateo die folgenden Aktivitäten? Bringe die Sätze in die richtige Reihenfolge. ↗ p. 140

S – Chatea con sus amigos de Madrid.
E – Queda con Nico.
R – Después tiene clases de Religión, Lengua y Ciencias Sociales.
I – Tiene Inglés.
E – Queda con sus amigas Ana y Julia.
V – Desayuna a las ocho menos cuarto.
N – Come en casa.

▶ M ▶ KV 31

b Escribe un texto sobre el día de Mateo en tu cuaderno. Utiliza: | Schreibe einen Text über Mateos Tag in dein Heft. Verwende:

Por la mañana... Después del colegio... Por la tarde... Luego... Por la noche...

Aprender mejor

PF ▶ M ↗ 44/11

10 **Eine E-Mail schreiben** ▶ Eine E-Mail schreiben, S. 154

a En un e-mail Mateo pregunta: ¿Qué haces los viernes? Contesta su e-mail.
- Überlege, wie du die E-Mail anfängst und was du am Schluss schreibst.
- Sammle zunächst Ideen auf einem Blatt und überlege, was du schon auf Spanisch ausdrücken kannst.

b Tauscht eure E-Mails aus und korrigiert eure Texte gegenseitig mit Hilfe der Fehlerliste.
▶ Fehler korrigieren, S. 154

B El Día de las puertas abiertas

Hier lernst du:

- Zustimmung/Ablehnung auszudrücken.

1 64–65

El martes Carmen, la profesora de Inglés, organiza el Día de las puertas abiertas.

Carmen: En el grupo de Naturales falta gente. ¿Quién tiene ganas de participar?
Nico: ¡Yo paso! Estoy en Educación Física.
Julia: Yo también ya tengo grupo.
Carmen: Ana, Mateo, ¿por qué no participáis en ese grupo?
Ana: No sé, Carmen. Mi asignatura favorita es Naturales pero... Es que prefiero participar en el grupo de Música.
Carmen: Pero necesito gente en Naturales.
Ana: Bueno, ¿por qué no?
Carmen: ¿Y tú, Mateo?
Mateo: Me da igual.
Carmen: Anda, seguro que es divertido...
Mateo: Bueno, vale...

Wie sprechen die spanischen Schüler ihre Lehrer an? Und ihr?

Programa
Día de las puertas abiertas

9:00–9:50
Visita a la biblioteca

10:00–12:00
Laboratorio (Grupo Naturales)

13:00 – 14:45
Fútbol (gimnasio)

15:00 – 16:30
El Quijote (teatro)

17:00 – 18:00
Concierto final

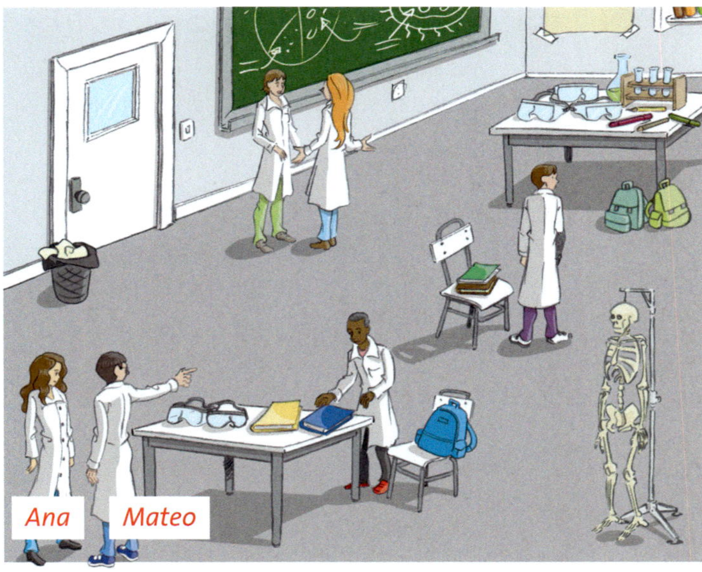

Ya es viernes. Ana, Mateo y su grupo tienen que ordenar el laboratorio.

Ana: ¿Cuántas gafas tenemos?
Mateo: Cinco. En esta mesa hay dos y en esa tres. Y ¿cuántos libros hay?
Ana: En esta mesa hay dos.
Mateo: No. Estos libros no son de Naturales. Allí, encima de la silla, al lado de ese chico, esos sí son de Naturales.

De repente llega Carmen. Falta gente para el concierto.

Ana: ¿Qué pasa, Carmen?
Carmen: Chicos, vosotros cantáis, ¿verdad?
Ana y Mateo: ¡Sí!

Comprender el texto

▸ KV 32 **1** Lee el texto y corrige las frases.

1. Nico tiene ganas de participar en el grupo de Matemáticas.
2. Julia no participa en el grupo de Matemáticas porque ya tiene grupo.
3. No hay gafas en el laboratorio.
4. Carmen necesita gente para el grupo de Educación Física.
5. Nico canta en el concierto final.

↗ 45/1 **2** Welche Redewendungen benutzen die Kinder, um ihre Meinung zu einem Vorschlag auszudrücken? Finde sie im Text.

Modelo para hablar

1 66 **3 a** Escucha, lee y repite.

<u>**Du lehnst einen Vorschlag ab.**</u>
Nico: ¿Tienes ganas de participar en mi grupo?
Ana: [...]
Nico: Pero todavía no tienes grupo. ¿Por qué no participas?
Ana: [...].

b Ana busca gente para su grupo. Presentad el diálogo. | Ana sucht noch Leute für ihre Gruppe. Spielt zu zweit den Dialog.

Ana:	Nico:
¿Tienes ganas de participar en mi grupo? →	
	No sé. Me da igual.
Pero, todavía no tienes grupo. ¿Por qué no participas? →	
	No tengo ganas. Me da corte. Es que prefiero estar con mis amigos.
Anda, ¡es divertido! →	
	¿Por qué no? Vale, muy bien. Bueno.

Hablar

▶M **4** Habla con dos compañeros para organizar el Día de las puertas abiertas. Presentad el diálogo.

5 Cuenta: ¿De qué tienes ganas hoy? ¿Qué tienes que hacer?

☺ Tengo ganas de...	☹ pero tengo que...
escuchar música	estudiar Inglés/Matemáticas/Lengua
chatear	ordenar mi habitación / el aula
leer una revista	participar en el concierto final
quedar con mis amigos	buscar información en Internet

▶ GH 25/27

6 Pregunta a uno de tus compañeros. Él/Ella contesta. ▶ Resumen, p. 76/4

¿Cuántas ¿Cuántos	libros ordenadores alumnos sillas revistas profesores mesas ventanas puertas chicos chicas [...]	hay en el aula?

No sé.
No hay.
Ni idea.
Hay ...

Descubrir

▶ GH 26/29
▶ KV 33

7 a Suche die passenden Formen von este im Text, S. 71 (Zeile 15–20). Ergänze dann die Formen von ese. ▶ Resumen, p. 77/6

	männlich	weiblich
Sg.	este libro	[...] mesa
Pl.	[...] libros	estas mesas

4

b Relaciona una forma de este/ese con un sustantivo.

este esta estos estas	mesas mochila libro bocadillos	ese esa esos esas	sillas estuche revista bolis

c Mateo y Ana ordenan el laboratorio. Habla con tu compañero / tu compañera.

este esta
estos estas

ese esa
esos esas

sillas mesa
póster libros
mochilas bolis
lápices revistas
gafas [...]

Practicar

PF 47/7 47/8

8 Completa el texto sobre Mateo. | Ergänze den Text über Mateo mit den passenden Verbformen.

Mateo [...] de casa a las ocho. Sus clases hoy [...] a las nueve.	*salir, empezar*
Desde las nueve hasta las diez menos diez [...] Música, su clase	*tener*/él
favorita, pero no [...] en los números. [...] en las nubes porque	*pensar*/él, *estar*/él
mañana es el Día de las puertas abiertas. Carmen [...] gente para	*necesitar*
el grupo de Matemáticas. Mateo [...]: «Me da corte y no [...]	*pensar, tener*/yo
ganas de participar en este grupo. [...] el grupo de Música ...».	*preferir*/yo
De repente [...] Carmen y [...]: «Mateo, ¿qué pasa?	*llegar, preguntar*
[...] en las nubes, ¿no? ¿No [...] participar mañana en el grupo de Música?»	*estar*/tú, *querer*/tú

Vocabulario

45/2 45/3 46/4 46/5

9 Completa la red de palabras con actividades, personas... .

[...] — **tener clase** — [...]
[...] [...]

10 ¡Tú eliges! Elige **a** o **b**.
Utiliza tu red de palabras (ejercicio 9).

a Describe cinco minutos de una clase de hoy.

▸ M

b Escribe un texto en tu cuaderno: mi asignatura favorita.

Pronunciar

1 67

11 Escucha y practica el trabalenguas.

Son las cinco menos cinco,
faltan cinco para las cinco,

¿Cuántas veces dije[1] cinco
sin contar[2] el último[3] cinco?

1 dije *ich sagte*
2 sin contar *ohne zu zählen*
3 el último *der letzte*

Escuchar

1 68 ▸ M

12 a Julia habla por teléfono con su abuelo. Escucha. ¿De qué tres temas habla?

del grupo de teatro | de la abuela | de sus amigos | de sus profesores | de las clases de Lengua

1 69

b ¿Qué dice Julia sobre el Día de las puertas abiertas?
Escucha y completa las frases en tu cuaderno.

p. 141

47/6

1. Empieza a [...].
2. Julia participa en [...].
3. Julia no tiene ganas de participar en [...].

Punto final 4

Wählt **eine** der beiden Aufgaben aus.
Wollt ihr euch gegenseitig einschätzen, findet ihr hier einen Evaluierungsbogen:
Webcode **APU-1-02**

Minitarea: Du schreibst eine E-Mail über deinen Schulalltag

Du schreibst eine interessante E-Mail an María, deine neue Brieffreundin.
Schildere zwei Tage deiner Woche.

1. ¡Preparados!

– Welche Tage willst du beschreiben und wie? Sammle Ideen und ordne sie.
– Überlege dir, wie du die E-Mail beenden kannst.

2. ¡Listos!

– Schreibe die E-Mail:
Wie beginnst du sie? Wie beendest du sie?
▶ **Para comunicarse, p. 184**

3. ¡Ya!

– Lies deine E-Mail durch und überprüfe z. B., ob du die Verben richtig konjugiert hast.
▶ **Fehler korrigieren, S. 154**

✓ Verwende die Fehlerliste auf S. 154.

Tarea final: Ihr stellt eure Schule mit einem Fotoalbum vor

Eure Schule bekommt Besuch aus Spanien. Ihr stellt euren Gästen eure Schule vor.

4

1. ¡Preparados!

Bildet zwei Gruppen:
Gruppe 1 (Schule): Was gibt es in eurer Schule?
Wer und was ist an welchem Ort zu finden?
Gruppe 2 (Schulalltag): Wie sieht eure Woche aus?
Welche Fächer habt ihr? Bei wem?

2. ¡Listos!

Gruppe 1:
– Sammelt Ideen und macht Fotos von der Schule.
– Formuliert Texte für eure Fotos.
– Gestaltet ein Fotoalbum.

Gruppe 2:
– Fertigt euren Stundenplan auf Spanisch an.
– Stellt zu zweit jeweils ein Fach vor (Lehrer, Buch...).
▶ **Para comunicarse, p. 184**

3. ¡Ya!

Jede Gruppe stellt ihr Ergebnis vor.

Resumen

Über die Schule sprechen	Dazu benötigst du:

1 ¿Cómo se llama **vuestro** conserje?
Este es **nuestro** instituto.
Carmen es **nuestra** profesora de Inglés.
–Chicas, ¿son **vuestros** libros? –Sí, son **nuestros** libros.

die Possessivbegleiter im Plural: ▶ GH 22/24

	männlich		weiblich	
Sg.	nuestro vuestro su	profesor	nuestra vuestra su	profesora
Pl.	nuestros vuestros sus	profesores	nuestras vuestras sus	profesoras

Über deinen Schulalltag sprechen	Dazu benötigst du:

2 Oye, **¿qué hora es?**
Es **la una**.
Son **las dos**.
¿A qué hora empieza la fiesta?
A las cuatro.
¿A qué hora termina la clase?
A **las dos menos cuatro**.
Buenos días. Son **las seis treinta y nueve**.

die Fragen **¿Qué hora es?** und **¿A qué hora?**
die Zahlen bis 60. ▶ Los números, p. 164 ▶ GH 23/25

3 Tenemos clase
de lunes **a** viernes,
desde las nueve **hasta** la una.
¿Qué haces **por la noche**?
–¿Quedamos **el viernes**? –No, **los viernes** tengo clases de salsa.

die Zeitangaben: ▶ GH 24/26

de la **por la**	**mañana** **tarde** **noche**

desde … hasta …
de … a …

! el viernes – *am Freitag / diesen Freitag*
los viernes – *freitags / jeden Freitag*

4 –**¿Cuántos** alumnos sois? –Somos veinte.
–**¿Cuánta** gente participa en el concierto? –Treinta alumnos.

das Fragewort **¿cuánto?**: ▶ GH 25/27

	männlich	weiblich
Sg.	¿cuánto zumo?	¿cuánta gente?
Pl.	¿cuántos amigos?	¿cuántas amigas?

5

das Verb **salir**: ▸ GH 25/28

Hoy	sal**go**	con Ana.
Pedro, ¿hoy	sales	también?
Lucía	sale	de casa.
A las cuatro	salimos	del cine.
¿No	salís	esta noche?
Los chicos	salen	de casa.

6 **Este** libro es interesante. **Ese** no.

die Demonstrativpronomen und -begleiter:
▸ GH 26/29

	männlich		weiblich	
Sg.	este ese	libro	esta esa	revista
Pl.	estos esos	libros	estas esas	revistas

Die Demonstrativpronomen ersetzen Substantive.

facultativo

Teste deine Grammatikkenntnisse: ▸ Soluciones, p. 167

1 Setze den passenden Possessivbegleiter ein. ▸ GH 22/24

1. Los chicos abren [...] libros.
2. Chicos, ¿por qué no habláis con [...] padres?
3. Ana y Lili: Mira, esta es [...] habitación.
4. Somos Carlos y Pepe y este es [...] perro.
5. Hoy Nico y Mateo salen con [...] amigas.
6. Ana y Pepe, ¿dónde están [...] mochilas?
7. Los chicos buscan [...] gafas.
8. Ana: [...] amigos son de Valencia.

2 Vervollständige die Fragen mit der richtigen Form des Fragewortes ¿cuánto? ▸ GH 25/27

1. ¿[...] hermanas tienes?
2. ¿[...] chicos hay en esta clase?
3. Mamá, ¿[...] zumo hay en casa?
4. ¿[...] personas viven en tu casa?

3 Ergänze die richtige Verbform. ▸ GH 22/22 ▸ GH 22/23 ▸ GH 25/28

1. [*salir*/yo] de casa a las ocho.
2. ¿[*tener* que / tú] estudiar?
3. La fiesta [*empezar*] a las cuatro.
4. ¿[*salir*/vosotros]?
5. [*tener* que / nosotros] ordenar la clase.
6. Las clases [*empezar*] hoy a las nueve.
7. [*cerrar*/yo] el libro.
8. ¿En qué [*pensar*/tú]?

4 Bilde den Singular. ▸ GH 26/29

Ejemplo: estos chicos → este chico

1. estas personas
2. esos libros
3. esas sillas
4. estos conejos

Teste, was du jetzt sagen kannst ▸ Para comunicarse, p. 184

- Sage, was du Montag vormittag machst.
- Sage, wie spät es ist und wann der Spanischunterricht endet.
- Sage, wo du heute Unterricht hast oder wo du die Pause verbringst.

Vocabulario

1 Julia presenta a su familia. | Julia stellt ihre Familie vor. Ergänze die Verwandschaftsbezeichnungen.

Hola, soy Julia y vivo con mis [...] en Valencia. Mi [...] se llama Alejandro y mi [...] se llama María. También tengo un [...], Antonio. Mis [...] Mercedes y Francisco viven en el pueblo. Tienen una granja. En el pueblo veo mucho a mi [...] favorita, Claudia. Ella vive con mis [...] Judith y Juan José.

2 Escribe tres ejemplos más en cada serie. | Schreibe zu jeder Serie drei weitere Beispiele.

1. el perro – el gato – [...]
2. la prima – el padre – [...]
3. ocho en punto – ocho y media – [...]
4. Educación Física – Naturales – [...]
5. desayunar – salir de casa – [...]
6. el teatro – la cafetería – [...]
7. los miércoles – los jueves – [...]
8. el conserje – la directora – [...]
9. ¡Paso! – No tengo ganas. – [...]
10. Vale. – Bueno. – [...]

3 Relaciona. A veces hay varias posibilidades.

Ejemplo: salir con mis amigos

estar *salir* *quedar* *hablar* *pensar* *participar*	en de con	mis amigos, las nubes, casa, mis abuelos, mis clases, mi libro favorito, el examen, el Día de las puertas abiertas, el concierto

Gramática

4 Los determinantes demostrativos: Julia y Lili ven mascotas en una tienda. Completa el texto con los determinantes demostrativos. | Setze die korrekten Demonstrativbegleiter ein.

Ana: Mira [...] perro, es muy pequeño. Oh, pero ¡[...] al lado de [...] gatitos, es muy grande!
Lili: Ana, [...] animales allí ¿qué son?
Ana: Son conejillos de Indias. Mira, [...] hámsteres son muy tranquilos... ¡Oh! [...] arañas[1] allí son muy feas[2]...
Lili: Eh... pues [...] araña también... y además es ¡grande!

1 la araña *die Spinne*
2 feo/-a *hässlich*

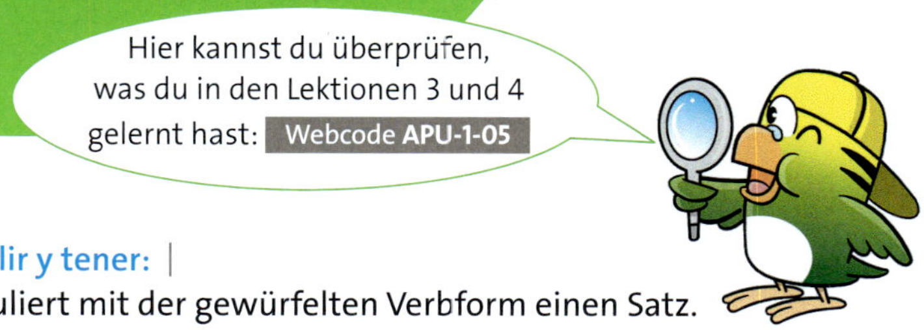

5 Los verbos con cambio de vocal e → ie, salir y tener: | **A** wählt ein Verb aus und würfelt, **B** formuliert mit der gewürfelten Verbform einen Satz.

querer	ensayar para el concierto comer un bocadillo ver vídeos en la biblioteca
preferir	quedar en la cafetería charlar sobre los amigos escuchar música
tener	ganas de leer un libro que estudiar para el examen clase de Lengua después del recreo
salir	de la biblioteca del aula de Lengua del laboratorio
pensar en	el concierto el Día de las puertas abiertas el examen de Mates

⚀ = [Yo]
⚁ = [Tú]
⚂ = Ana
⚃ = Nico y yo
⚄ = [Vosotras]
⚅ = Mateo y Julia

6 Los determinantes posesivos: La familia de Ana quiere pasar un día en la playa pero todavía está en casa. Completa el texto con las formas correctas. | Setze die passenden Possessivbegleiter ein.

Ana y [...] padres, [...] hermanos Carlos y Paco y [...] hermana Lili están en casa y buscan [...] cosas.
Madre: Venga, chicos. ¿Tenéis [...] cosas?
Ana: No, Paco y yo buscamos [...] revistas. ¿Dónde están?
Madre: Ay, hija, ni idea. ¿Por qué no buscas en el salón? Lili siempre esconde [...] revistas y [...] libros allí.
Carlos: ¿Dónde está Héctor? ¿Y [...] juguetes, mamá?
Madre: No sé. Siempre estáis con el perro en [...] habitación. ¿No están allí?
Padre: Margarita, ¿dónde está [...] móvil?
Madre: ¡Ay, por favor! ¿Por qué no ordenáis [...] habitaciones? Siempre es lo mismo.

7 Los adjetivos: ¿Cómo es un profesor / una profesora? Ordena las sílabas y encuentra los adjetivos. | Ordne die Silben und finde die Adjektive.

1. a-do-bu-rri
2. sa-do-pe
3. qui-tran-lo
4. ni-to-bo
5. in-li-gen-te-te
6. des-ta-do-pis
7. ti-di-ver-do
8. tric-es-to

facultativo

Comprensión auditiva

8 a Escucha. | Höre zu. Um welche Art von Hörtexten handelt es sich?

b Escucha otra vez. | Zu welchem der drei Hörtexte passt das Plakat?

¡Este sábado!

12:00 Curso de baile

14:00 partido de voleibol

19:00 Las hormigas muertas

A partir de las 11 de la mañana.

Comprensión lectora

9 ¿Qué imagen utiliza Néstor en su blog? ¿Por qué? | Mit welchem Bild könnte Néstor seinen Blogeintrag illustrieren? Notiere den Buchstaben. Begründe deine Antwort.

El blog de Néstor

Hola, chicos:

este es mi perro Romero. Tiene ya trece años. Para un perro son muchos años.

Hacemos muchas cosas juntos, salimos, estamos en la plaza...

Romero y yo pasamos siempre las vacaciones en casa de mis abuelos. Tienen una casa en Pampaneira, cerca de Granada. Mis abuelos también tienen animales: una perra, conejitos y dos gatos. La perra se llama Aika. Tiene 9 años y es la amiga de Romero. Pasan las vacaciones juntos. Y ahora, tienen tres cachorros. ¡Qué bonitos! Ahora tengo mucho trabajo con los cachorros, tengo que limpiar la casa de mis abuelos y a veces también la granja. Pero claro, son muy divertidos también. ¡Hacen muchas tonterías!

A

B

C

Mediación

10 Cuenta a tus padres quién es Emilia. | Du suchst mit deinen Eltern im Internet nach einem Brieffreund / einer Brieffreundin und hast eine Anzeige gefunden.
Deine Eltern wollen etwas über Emilia erfahren. Erzähle deinen Eltern von Emilia.

¡Hola! Soy Emilia. Soy de Madrid. Vivo con mi padre y mi abuelo en el barrio Chamartín. Los fines de semana estoy en casa de mi madre en Segovia, cerca de Madrid. No tengo hermanos pero en casa de mi padre tengo un perro que se llama Alfalfa y en casa de mi madre tenemos dos gatos, Ariel y Calipso. ¿Cómo es tu familia? ¿Tienes hermanos? ¿Y mascotas?

Estudio en el colegio Alberto III. Mi día favorito en el cole es el miércoles porque tengo mis asignaturas favoritas: Inglés y Educación Física. Nuestros profes son simpáticos pero a veces un poco severos. ¿Cuáles son tus asignaturas favoritas? Y, ¿cómo son vuestros profes?

¿Me escribes? Mi email es: emiliasanchez@amigos.es

Saludos,

Emilia

Expresión escrita

11 Presenta a una de estas dos familias. | Stelle eine dieser Familien vor.
Orientiere dich an den Stichpunkten und schreibe einen Text in dein Heft.

¿casa? ¿hermanos? ¿padres? ¿mascotas? ¿nombre[1] y apellidos[2]?

1 el nombre *der (Vor)Name*
2 el apellido *der Nachname*

© Bono Bidari, Yo, Elvis Riboldi, La Galera, Barcelona 2011

© NIK, www.gaturro.com, Buenos Aires

12 Escribe un e-mail a Emilia (ejercicio 10) y contesta sus preguntas. | Beantworte Emilias E-Mail.

Expresión oral

13 Estás en un colegio español por un año. Presentad el diálogo. | Du verbringst ein Jahr an einer spanischen Schule. Dort lernst du Marie/Jean aus Frankreich kennen, die/der auch ein Austauschjahr macht. Spielt den Dialog vor. ▸ B, S. 141

- Du begrüßt **B** und sagst, wie du heißt.
- Du antwortest auf die Frage.
- Ja, du fragst **B**, was er/sie braucht.
- Ihr habt dienstags und freitags um 8 Uhr Sport.
- Du wiederholst und korrigierst **B**, wenn nötig.
- Du fragst **B** dann, ob ihr Hausaufgaben habt.
- Du fragst **B**, was los ist?
  Du sagst **B**, ob er/sie Lust hat, die Hausaufgaben bei dir zu machen. Dann übt ihr zusammen (= *practicar juntos*).

A

Alejandro Gómez Pérez
María García Fernández
Julia Gómez García
Antonio Gómez García

Julia Gómez García
Calle de la Paz, 26, 1º A
46018 Valencia

Fernández
Pérez
González
María
Lucía
Alejandro
García
Carmen
López
José
Juan

1 a Schaue dir die Namen von Julias Familie an: Wie werden im Spanischen Nachnamen gebildet?

b Wie würdest du im Spanischen mit Nachnamen heißen?

c Suche dir spanische Vor- und Nachnamen aus und bastele dir einen Namen.

2 Schaue dir Julias Adresse und das Klingelschild an: Wo klingelst du, wenn du Julia besuchen möchtest?

Pin uno, pin dos, pin tres

En la casa de Andrés
todos cuentan hasta[1] tres.
Uno, dos, tres.

En la casa de Renato
todos cuentan hasta cuatro.
Uno, dos, tres, cuatro.

En la casa de Francisco
todos cuentan hasta cinco.
Uno, dos, tres, cuatro, cinco.

En mi casa, ya veréis[2],
todos cuentan hasta seis.
Uno, dos, tres, cuatro, cinco, seis.

En la casa de Espinete
todos cuentan hasta siete.
Uno, dos, tres, cuatro, cinco, seis, siete.

En la casa de Pinocho
todos cuentan hasta ocho.
Pin uno, pin dos, pin tres, pin cuatro,
pin cinco, pin seis, pin siete y Pinocho.

Fuente: popular

1 todos cuentan hasta *alle zählen bis*
2 ya veréis *ihr werdet es sehen*

TEST ¿Cuál es la mascota perfecta para ti?[3]

el caballo

1. ¿Te gustan los animales?[4]
a Sí, mucho.
b Sí.
c Sí, un poco.

el hámster

2. ¿Por qué quieres una mascota?
a Porque quiero cuidar a[5] un animal.
b Porque las mascotas son muy cariñosas.
c Porque mi amigo/amiga tiene una mascota también.

3. ¿Quieres pasar mucho tiempo[6] con tu mascota?
a Sí.
b A veces.
c No, no mucho.

el conejillo de Indias

el pez

4. ¿Cuánto tiempo libre tienes después del colegio?
a Mucho, hago[7] los deberes y nada más[8].
b Después del colegio estudio en casa y quedo con amigos. A veces tengo tiempo libre.
c Tengo muchas actividades[9] por la tarde. No tengo mucho tiempo libre.

5. ¿Cómo es tu casa?
a Es una casa grande con un jardín[10].
b Es una casa pequeña.
c Vivo en un piso pequeño.

el gato

el conejo

el periquito

Resultado
a Te gustan mucho los animales y tienes tiempo libre para cuidar a un animal. Un perro, un gato, un caballo, ¿qué quieres tener?
b A veces quieres pasar tiempo con un animal. Como mascota puedes tener un hámster, un conejo, un conejillo de Indias o un ratón.
c No tienes mucho tiempo para cuidar a un animal porque después del colegio tienes muchas actividades. Tu mascota puede ser un pez, una tortuga o un periquito.

el perro

3 ¿Cuál es la mascota perfecta para ti? *Welches Haustier passt am besten zu dir?*
4 ¿Te gustan los animales? *Magst du Tiere?*
5 cuidar a un animal *für ein Tier sorgen*
6 pasar mucho tiempo *viel Zeit verbringen*
7 yo hago *ich mache*
8 nada más *nichts weiter*
9 la actividad *die Beschäftigung*
10 el jardín *der Garten*

la tortuga

el ratón

2 3 ▸ KV 34

3 Escucha y después lee el poema en voz alta.

4 Haz el test: ¿Cuál es la mascota perfecta para ti? Presenta el resultado en clase.

Módulo 4

¿Qué te gusta hacer en tu tiempo libre?

2/4

Vocabulario

▶ KV 35

1 Sammle alle Wörter zum Thema Freizeit, die du schon kennst, in einer Mindmap.

▶ Wörter in einer Mindmap ordnen, S. 149

2 Completa tu mapa mental con el vocabulario del texto.

50/1 50/2 50/3 51/4 51/5

Hier lernst du:

- über Hobbys zu sprechen.
- zu sagen, was dir (nicht) gefällt.

Hablar

3 ¡A jugar! | Jeder schreibt drei Hobbys auf einen Zettel und faltet ihn zweimal. Die Zettel werden gemischt und neu verteilt. Alle lesen ihren Zettel und suchen nach der Person, die ihn geschrieben hat. ▸ Mis actividades, p. 165

A Johanna, ¿te gusta leer?

B Sí, me gusta.

A ¿Y te gusta escuchar música de Shakira?

B No, no me gusta nada.

A Entonces no eres tú.

4 Y a ti, ¿qué te gusta hacer? | Finde drei Mitschüler, mit denen du mindestens drei Vorlieben gemeinsam hast.

¿A ti te gusta correr?

Sí,	me gusta mucho. me gusta.
No,	no me gusta. no me gusta nada.

A mí	también. tampoco. sí. no.

M4

Unidad 5

Mis amigos

¡Acércate!

Merche: Y, ¿qué tal el concierto?
Julia: Pues, ¡fenomenal! Mateo canta muy bien.
Merche: ¿Mateo? ¿Quién es?
Julia: Pues, es un chico de mi clase. Es alto, tiene el pelo castaño...
Merche: Ah, sí. Lleva aparato de dientes, ¿verdad?
Julia: Sí. Y también lleva gafas. Mira, allí está con Ana.

Comprender el texto

1 a Lee los dos minidiálogos y contesta las preguntas.

1. ¿Quién es baja?
2. ¿Quién lleva aparato de dientes?
3. ¿Quién tiene el pelo largo y rubio?
4. ¿Quién lleva gafas?
5. ¿Quién canta muy bien?

Hier lernst du:

- das Aussehen von jemandem zu beschreiben.

2/6

Mateo: Oye, ¿quién es esa chica?
Ana: ¿Cuál?
Mateo: La chica al lado de Julia. Mira, allí. Es baja, tiene el pelo largo y rubio.
Ana: Ah, es Merche. Está en la clase de Pablo. ¿Por qué? ¿Te gusta? Es muy guapa, ¿no?
Mateo: Bueno…

In Spanien gibt es für viele Namen eine Kurzform, z. B.:
Merche = Mercedes
Toño = Antonio
Fran, Paco = Francisco
Welche Kurzformen von Namen kennst du?

b Mira el dibujo y encuentra las personas.

1 Lucía tiene el pelo corto y no lleva gafas.
2. Toño tiene el pelo rubio y lleva gafas.
3. Íker es bajo y no lleva gafas.
4. Marta tiene el pelo rizado y lleva gafas.
5. Laura es alta y rubia.
6. Pablo tiene el pelo negro.

Lucía es el número [...].

▶ Algo más, p. 141

5

Escuchar

2/7 **2 a** Mira el dibujo y escucha el diálogo: ¿quiénes son Fran, Alba y Selma? Apunta los números.

2/7 **b** Escucha otra vez y apunta toda la información que entiendes sobre los chicos.

▶ Detailliertes Hörverstehen, S. 150

▶ M

52/1
52/2

Vocabulario

3 a Encuentra lo contrario de los adjetivos. | Finde das Gegenteil der Adjektive.

1. corto/-a – [...] **2.** bajo/-a – [...] **3.** liso/-a – [...] **4.** rubio/-a – [...]
5. divertido/-a – [...] **6.** pesado/-a – [...] **7.** interesante – [...]

b Schreibe die Wortpaare, die du besonders üben musst, auf Karteikarten. Fragt euch dann gegenseitig ab. ▸ **Mit Karteikarten lernen, S. 147**

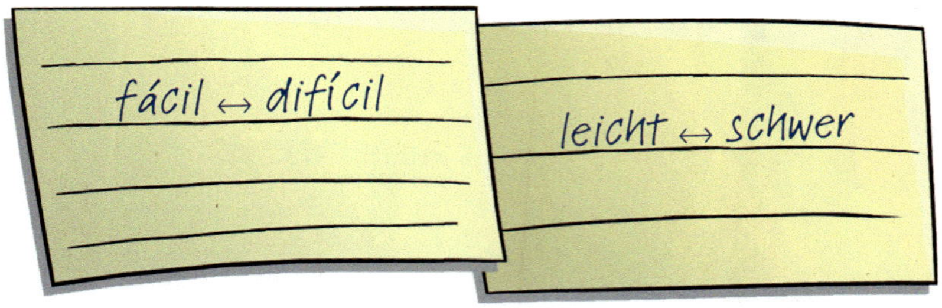

Pronunciar

2/8

4 a ¡Escucha bien! ¿Cuál de las siguientes frases escuchas? Apunta en tu cuaderno. | Welchen der folgenden Sätze hörst du? Notiere die Lösung in deinem Heft.

1 a. Mateo no quiere jugar al baloncesto.
b. ¿Mateo no quiere jugar al baloncesto?

2 a. Porque no vamos al cine.
b. ¿Por qué no vamos al cine?

3 a. Julia lleva gafas.
b. ¿Julia lleva gafas?

4 a. El jueves Ana va a un concierto.
b. ¿El jueves Ana va a un concierto?

2/8

b Escucha y repite las frases. | Höre zu und sprich die Sätze nach. Achte auf die Satzmelodie.

52/3

Hablar

5 ¡A jugar! ¿Quién es? | Wer ist es? Einer verlässt den Raum, die anderen wählen eine Person aus, die mit „sí“ oder „no“-Fragen erraten werden soll.

¿Es | bajo/-a? alto/-a?

¿Lleva | gafas? aparato de dientes?

¿Tiene el pelo | corto/largo? negro/castaño/rubio? liso/rizado?

Sí, es bajo.

No, no lleva gafas.

▸ M **6** ¡Tú eliges! Elige a o b.

a Describe a una persona de las páginas 86–87. Tu compañero / tu compañera adivina quién es.

b Presentad un diálogo. | Spielt einen kurzen Dialog zwischen Laura (8) und Íker (9). Laura fragt Íker nach zwei Personen auf dem Bild S. 86–87 und umgekehrt. ▸ **Rollenspiele, S. 153**

A ¿Vamos a la playa?

Hier lernst du:
- Vorschläge zu machen.
- dich zu verabreden.

Die Fallas sind ein Frühlingsfest in Valencia. Welche Straßenfeste kennst du?

2 9–10

Ana: ¿Qué hacemos el fin de semana?
Mateo: ¿Vamos al centro comercial?
Nico: No, no tengo ganas.
Ana: ¿Cómo? ¿No te gusta ir al centro comercial?
Nico: No, no me gusta nada.
Ana: ¡Ay, Nico! ... Chicos, ¿queréis ir al cine? Quiero ver una peli.
Julia: Yo no puedo.
Ana: ¿No puedes o no quieres?
Julia: No puedo. Es que no tengo dinero...
Nico: Ah... bueno, también podemos ir al polideportivo y jugar al baloncesto.
Ana: No, yo paso. Casi no hago deporte...
Julia: Y a mí no me gusta el baloncesto.
Mateo: Venga, tengo una idea: ¿Por qué no vamos a la playa?
Ana: ¡Sí! Yo voy.
Julia: Bueno, pero el domingo tengo que ensayar para el concierto de las Fallas...
Ana: Anda, Julia, ¡porfa! Vas a clases de guitarra tres veces por semana...
Nico: También podemos ir el sábado, ¿no?
Julia: Pero...
Ana: Claro. ¿A qué hora quedamos?
Nico: ¿A las diez?
Mateo: Uf. A las diez es muy temprano...
Nico: ¿Entonces a las once?
Julia: ¡Chicos! El sábado no podemos, es el cumpleaños de Pablo y vamos a su fiesta.
Mateo: ¡Ay no! ¡Es verdad!
Nico: ¡Y todavía tenemos que comprar un regalo! ¿Adónde vamos?
Julia: ¿Por qué no vamos mañana al centro?
Nico: ¡Vale!

5

Comprender el texto

1 Lee el texto y cuenta: ¿Qué quieren hacer Ana, Mateo, Nico y Julia y por qué?

53/1
p. 141

Ana Mateo Nico Julia	quiere no quiere	ir a la playa ir al cine ir al centro comercial jugar al baloncesto	porque	[...].

Modelo para hablar

2/11

2 a Escucha, lee y repite.

Was machen wir am Wochenende?

Mateo: ¿[...] el fin de semana?
Nico: ¿Por qué no [...]?
Mateo: [...].
Nico: También podemos [...].
Mateo: ¡Sí! ¡[...]!
Nico: ¿[...]? ¿A las diez?
Mateo: Uf. A las diez es muy temprano...
Nico: Entonces a las once [...].
Mateo: Vale.

▶ F8

b Mateo y Nico hacen planes para el fin de semana. Presentad el diálogo. | Mateo und Nico machen Pläne für das Wochenende. Spielt zu zweit den Dialog.

Mateo:		Nico:	
¿Qué hacemos el fin de semana? ¿Adónde vamos?	→		
		¿Por qué no vamos	al centro (comercial)? al cine? al parque? a la playa?
No, no puedo. Es que no tengo dinero. / no tengo ganas. / no me gusta ir al / a la [...].	←		
	→	También podemos jugar al	fútbol. baloncesto. pádel.
Sí, claro. / yo voy.	←		
	→	¿A qué hora quedamos? ¿A las diez?	
Uf. A las diez es muy temprano...	←		
	→	Entonces a las once	en la plaza. en el parque. delante de la heladería. delante del polideportivo.
Vale.	←		

Practicar

53/2 53/3 55/7 55/8 ▶ GH 30/34

3 Los chicos quieren comprar un regalo para Pablo. ¿Qué dicen?
Completa las frases con las formas del verbo poder. ▶ Resumen, p. 98/3 ↗ p. 142

Julia: ¿Cuándo vamos al centro?
Nico: El miércoles Mateo y yo no [...] porque vamos al polideportivo. El jueves Ana no [...] porque va a un concierto con sus padres. Merche y Fran tampoco [...] porque tienen que ensayar para el concierto de las Fallas.
Mateo: [.../nosotros] ir hoy por la tarde, ¿no?
Julia: Vosotros [...] ir pero yo hoy no [...].
Nico: ¿Por qué no [.../tú]?
Julia: Porque voy al parque con Merche.

▸ GH 28/31

4 Julia escribe a Ana. Completa el mensaje con las formas del verbo ir. ▸ Resumen, p. 98/1

> Hola, Ana: ¿Cuándo compramos el regalo para Pablo? Yo hoy no puedo porque [...] al parque con Merche. Ella también [...] a la fiesta. ;-) El miércoles Nico y Mateo [...] al polideportivo y el jueves tú [...] a un concierto con tus padres, ¿verdad? ¿O [.../vosotros] el viernes? ¿[.../nosotros] al centro mañana por la tarde? Besos, Julia

↗ 54/4, 54/5, 54/6
▸ GH 29/32
▸ KV 36

5 ¿Adónde van tus compañeros esta tarde? Pregunta a cinco personas. ▸ Resumen, p. 98/1

ir	al	centro comercial concierto parque polideportivo [...]
	a la	cafetería playa plaza fiesta de [...] [...]

¿Adónde vas esta tarde?

Pues, hoy voy al cine. ¿Y tú?

Mesut y yo vamos a la biblioteca.

6 a Presenta el poema «¡Vamos!» en clase.

▸ KV 37

b Escribe un poema con otro verbo. | Schreibe ein Gedicht mit einem anderen Verb.

¡Vamos!
Yo voy,
tú vas,
ella va a Valencia.
Nosotros vamos,
vosotras vais,
ellos van a San Juan.

↗ 55/9
▸ GH 25/28, 28/31, 29/33, 30/34

7 ¡A jugar! | Fertige je ein Kärtchen mit den Verben hacer, ir, poder und salir an und spiele das Würfelspiel.
▸ Resumen, p. 98/1, 2, 3

⚀ = [yo] ⚃ = [nosotros/nosotras]
⚁ = [tú] ⚄ = [vosotros/vosotras]
⚂ = [él/ella] ⚅ = [ellos/ellas]

Aprender mejor

2 12
▸ M
▸ KV 38
↗ 55/10

8 **Selektives Hörverstehen**

a Copia la tabla en tu cuaderno. Después escucha los dos diálogos y toma apuntes.
▸ Selektives Hörverstehen, S. 150

	¿Qué hacen?	¿A qué hora quedan?	¿Dónde?
Ana y Julia			
Nico y Pablo			

✔ Konzentriere dich beim Hören nur auf die gesuchten Informationen.

2 12

b Escucha otra vez y revisa tus apuntes. | Höre den Text noch einmal an und überprüfe deine Notizen.

5

Mediación

9 Mateo está de visita en tu colegio. Tus amigos mandan mensajes para quedar con vosotros. Contesta las preguntas de Mateo. | Beantworte Mateos Fragen. ▸ Sprachmittlung, S. 155

Marie Wollt ihr heute Nachmittag ins Kino gehen?

Finn Nein, ich hab' kein Geld. Aber wir können Fußball spielen!

Marie Fußball??? Nee, keine Lust.

Wollen wir in den Park?

Marie

Finn Okay, coole Idee! Wann treffen wir uns? Um 4 vor der Schule?

Marie Nein, besser um 3. Bis dann!

▸ Algo más, p. 142

Hablar

10 ¿Qué quieres hacer el fin de semana? ¿Por qué no puedes? Habla con tu compañero / tu compañera.

Quiero escuchar música, pero no puedo porque tengo que estudiar Inglés. ¿Y tú?

querer	escuchar música ir a la playa quedar con mis amigos jugar al baloncesto/fútbol hacer deporte ver la tele ir a un concierto [...]	*tener que*	estudiar Inglés/Matemáticas/Lengua ordenar mi habitación ensayar para el concierto buscar información en Internet participar en el concierto final hacer los deberes [...]

11 Queda con tu compañero / tu compañera. **A** empieza. | Verabrede dich mit deinem Partner / deiner Partnerin. **A** beginnt.

▸ B, S. 142

- Du fragst **B**, was ihr am Nachmittag machen wollt.
- Du lehnst zwei Vorschläge von **B** mit unterschiedlichen Begründungen ab und machst einen anderen Vorschlag.
- Du schlägst eine Uhrzeit vor.
- Du stimmst dem Treffpunkt zu und verabschiedest dich.

A

B ¡Sorpresa!

Hier lernst du:

- zu sagen, was jemandem gefällt,
- jemandem zum Geburtstag zu gratulieren.

Actividad de prelectura

1 Schaue dir die Überschrift und die Bilder an. Was glaubst du: Wovon handelt der Comic?

▶ Texte über ihre Gestaltung erschließen, S. 151

2 13–14

Mateo, Nico y Ana buscan un regalo para Pablo. Julia no va con ellos porque está enferma. En las tiendas los chicos encuentran cosas, pero no están muy seguros...

Eine *piñata* ist ein typisch lateinamerikanisches Geburtstagsgeschenk. Gibt es etwas, was du zu bestimmten Festen oft verschenkst?

Después de horas de trabajo, Mateo, Ana y Nico están cansados, pero están muy contentos. En la fiesta los chicos buscan a Pablo. Después de un rato encuentran a su amigo en el jardín.

Comprender el texto

56/1

2 a Lee los tres resúmenes del texto. ¿Cuál es el resumen correcto? Justifica tu respuesta. | Welche ist die richtige Zusammenfassung? Begründe deine Antwort.

A: Mateo, Nico y Ana buscan un regalo para Pablo. Pero no tienen ideas. Compran un libro porque a su amigo le gusta mucho leer. En la fiesta encuentran a Pablo en el salón.

B: Mateo, Nico y Julia buscan un regalo para Pablo y tienen una idea: pueden hacer una piñata. En la fiesta encuentran a Pablo en el salón. Pero a Pablo no le gusta la piñata porque ya tiene una.

C: Mateo, Nico y Ana buscan un regalo para Pablo. A Pablo le gusta jugar al fútbol y no le gusta leer. Ana tiene una idea: hacer una piñata. En la fiesta los chicos encuentran a Pablo en el jardín. La piñata le gusta mucho.

56/2

b Wie kannst du jemandem auf Spanisch zum Geburtstag gratulieren (siehe Bild 6)?

Comprensión audiovisual

▸ M
▸ KV 7 DVD

3 a Mira la escena 9 del DVD. Después encuentra las parejas. ▸ Hör-Seh-Verstehen, S. 151

a. el papel
b. el periódico
c. recortar
d. poner
e. el globo
f. las tijeras

ES DE

b Queréis hacer una piñata para el Día de las puertas abiertas. | Ihr wollt mit Schülern einer anderen Klasse eine piñata für den Tag der offenen Tür basteln. Erklärt ihnen auf Deutsch, wie das geht, und was sie den Besuchern darüber erzählen können.

2 15
▸ KV 39

4 Escucha y canta la canción.

La piñata
Dale dale dale,
no pierdas el tino,
porque si lo pierdes,
pierdes el camino.
Ya le diste una,
ya le diste dos,
ya le diste tres
y tu tiempo se acabó.

Fuente: popular

Descubrir

▸ GH 31/35

5 a Vergleiche die Sätze. Was fällt dir auf? ▸ Resumen, p. 98/4

1. a. Mateo, Nico y Ana **buscan un regalo.**
   b. Mateo, Nico y Ana **encuentran cosas.**
2. a. En la fiesta los chicos **buscan a Pablo.**
   b. Los chicos **encuentran a su amigo** en el jardín.

b Los chicos están en el centro. Completa el texto con o sin a. | Vervollständige den Text mit oder ohne a.

Mateo y Nico están en el centro y buscan [...] un regalo para Pablo. Pero primero buscan [...] Ana. No está en la plaza. Buscan [...] Ana en la heladería pero tampoco está allí. Encuentran [...] su amiga en la tienda de golosinas. Ana busca [...] golosinas para una piñata. Aquí los chicos pueden encontrar [...] cosas muy buenas.

Practicar

↗ 57/4
▶ GH 31/35

6 ¿Qué hacen los chicos? Formula frases con o sin a. ▶ Resumen, p. 98/4

Ejemplo: Busco un quiosco.

[yo] [tú] Ana [nosotros] [vosotras] Nico y Mateo	*encontrar* *buscar* *escuchar* *querer* *ver*	a –	sus amigos, la madre de Nico, mi hermana, Mateo, mi móvil, tus primos, un regalo, una película, música

↗ 57/3
▶ GH 30/34

7 ¡A jugar! | Fertige je ein Kärtchen mit den Verben encontrar und contar an und spiele das Würfelspiel. ▶ Resumen, p. 98/3

⚀	= [yo]	⚃	= [nosotros/nosotras]
⚁	= [tú]	⚄	= [vosotros/vosotras]
⚂	= [él/ella]	⚅	= [ellos/ellas]

▶ GH 31/36

8 Completa las frases con me, te y le. ▶ Resumen, p. 99/5

1. A mí [...] gusta escuchar música.
2. A ti [...] gusta jugar al pádel.
3. A ella [...] gusta leer.
4. A mí [...] gustan los perros.
5. A ti [...] gusta esta piñata y a ella [...] gustan las golosinas.
6. A él [...] gustan las Mates y a mí [...] gusta el Inglés.

9 ¿Qué (no) les gusta hacer a los chicos? Cuenta a tu compañero / tu compañera. | Was machen die Jugendlichen (nicht) gern? Unterhalte dich mit deinem Partner / deiner Partnerin.

Ejemplo: A Ana le gusta chatear.

	Ana	Mateo	Julia	Nico	Pablo
☺	chatear	cantar	jugar al pádel	jugar al baloncesto	jugar al fútbol
☹	hacer deporte	estudiar	ordenar su habitación	ir al cine	tocar el piano

PF ↗ 57/5 58/6 58/7

10 Mira los dibujos y busca el regalo ideal para los chicos. | Suche das ideale Geschenk für Ana, Nico, Julia, Mateo, Juan und Lili.

↗ p. 142

Ana *Nico* *Julia* *Mateo* *Juan* *Lili*

↗ 58/8 58/9 ▸ GH 31/36 32/37

11 ¡A jugar! | Spielt das Kettenspiel wie im Beispiel. ▸ Resumen, p. 99/5

Ejemplo: **Emily:** A mí me gustan los gatos. Y a ti, ¿qué te gusta?
Karim: A mí me gustan los caballos. A Emily le gustan los gatos. Y a ti, ¿qué te gusta?

Escuchar

2 16 ▸ M

12 a ¿Quiénes hablan sobre sus actividades favoritas? Apunta los nombres de los tres chicos.

↗ p. 143

1. Pablo 2. Mateo 3. Julia 4. Ana 5. Juan 6. Merche 7. Nico

2 16 ▸ KV 40

b Escucha otra vez y apunta las actividades. | Höre den Text noch einmal an und notiere in deinem Heft, welche Lieblingsbeschäftigungen die Jugendlichen haben.

▸ Selektives Hörverstehen, S. 150

nombre	actividad favorita
[...]	[...]
[...]	[...]

Hablar

▸ M ▸ KV 41

13 a Apunta en tu cuaderno dos cosas que te gustan y dos que no te gustan. | Notiere in deinem Heft zwei Dinge, die du magst, und zwei, die du nicht magst.

↗ p. 143

☺ A mí me gusta / me gustan:	☹ A mí no me gusta / no me gustan:
[...]	[...]

PF

b Ahora pregunta a tres compañeros y toma apuntes en tu cuaderno. ▸ Plaza del mercado, p. 156

Nombre:	☺ ¿Qué te gusta?	☹ ¿Qué no te gusta?
[...]	[...]	[...]

c Presenta las respuestas de tus compañeros en clase. | Stelle die Antworten deiner Mitschüler in der Klasse vor.

A Johannes le gustan el fútbol y el baloncesto. No le gusta leer. A Jasmina le gusta...

Punto final 5

Wählt **eine** der beiden Aufgaben aus. Wollt ihr euch gegenseitig einschätzen, findet ihr hier Evaluierungsbögen:
Webcode **APU-1-02**

Minitarea: Ihr schreibt eine Einladung für eine Geburtstagsfeier

Ihr seid bei eurer Austauschklasse in Spanien und ein Schüler / eine Schülerin hat Geburtstag. Ihr plant eine Überraschungsparty und schreibt dafür die Einladungskarten.

1. ¡Preparados!

Überlegt, was ihr auf die Karte schreiben möchtet, z. B.:

- den Namen des Schülers / der Schülerin, der/die Geburtstag hat,
- wann sein/ihr Geburtstag ist,
- wo die Feier stattfindet,
- was ihm/ihr gefällt (als Geschenke-Tipp!),
- was ihr auf der Feier tun möchtet.

▸ Para comunicarse, p. 188

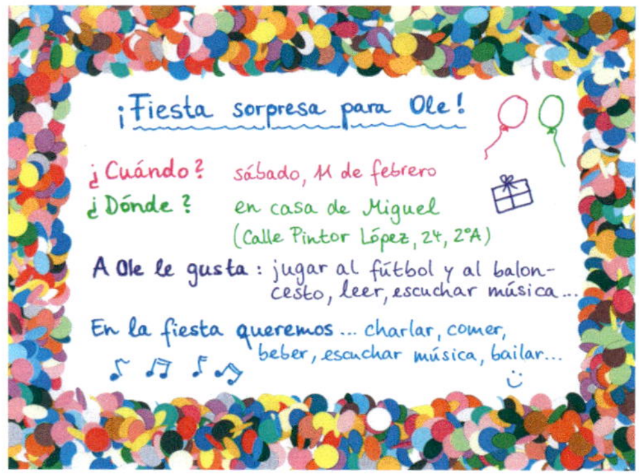

2. ¡Listos!

Gestaltet eure Einladungskarte und kontrolliert sie mit der Fehlerliste. ▸ Fehler korrigieren, S. 154

3. ¡Ya!

Präsentiert eure Karte in der Klasse.

Tarea final: Ihr sucht ein Geschenk für einen Freund aus

Ihr seid bei eurer spanischen Austauschklasse und ein Schüler / eine Schülerin hat Geburtstag. Ihr habt eine Überraschungsparty geplant und überlegt nun gemeinsam, was ihr schenken möchtet.

1. ¡Preparados!

Teilt euch in 4er-Gruppen auf. Denkt euch nun eine Person aus, für die ihr ein Geschenk sucht und notiert euch Stichpunkte auf Spanisch:

- wie ist er/sie?
- was gefällt ihm/ihr (nicht)?

▸ Para comunicarse, p. 188

2. ¡Listos!

Bereitet das Gespräch vor. Jeder von euch sollte mindestens drei Mal etwas sagen:

- jeder macht einen Vorschlag für ein Geschenk,
- die anderen lehnen die Vorschläge ab und begründen dies,
- ihr einigt euch am Ende auf ein Geschenk und verabredet euch für den Nachmittag.

Jeder übt zunächst seinen Text, danach übt ihr den Dialog gemeinsam. ▸ Rollenspiele, S. 153

3. ¡Ya!

Präsentiert das Gespräch vor der Klasse und versucht, so frei wie möglich zu sprechen.

▸ Der Kniff mit dem Knick, S. 153

Resumen

Dich verabreden	Dazu benötigst du:

1 –¿**Adónde vamos**?
–**Voy al** parque. ¿Y tú?

Los chicos van a la playa.

das Fragewort **¿adónde?** ▸ GH 28/30
das unregelmäßige Verb **ir**: ▸ Los verbos, p. 163 ▸ GH 28/31

Hoy	**voy**	a una fiesta.
Mateo, ¿adónde	**vas**	?
Mi madre	**va**	al cine.
¿Por qué no	**vamos**	a la biblioteca?
¿Chicos,	**vais**	al parque?
Ana y Julia	**van**	a la fiesta.

die Präposition **a**: ▸ GH 29/32

al	cine parque	**a la**	fiesta playa

! **a + el = al**

---

2 –¿Qué **hacemos** el fin de semana?
–Podemos jugar al baloncesto.
–No, yo paso. Casi no **hago** deporte.

das Verb **hacer**: ▸ Los verbos, p. 163 ▸ GH 29/33

Yo	**hago**	los deberes.
Y tú, ¿qué	haces	por la tarde?
Pablo	hace	una fiesta.
¿Qué	hacemos	mañana?
Chicos, ¿qué	hacéis	ahora?
Los chicos	hacen	deporte.

3

das Verb **poder**: ▸ Los verbos, p. 163 ▸ GH 30/34

¿Qué	p**ue**do	hacer?
Por ejemplo	p**ue**des	estudiar.
Ana no	p**ue**de	quedar hoy.
¿Por qué no	podemos	ir al cine?
Ahora	podéis	ver la tele.
Los chicos no	p**ue**den	ir a la fiesta.

weitere Verben (**o** → **ue**): **encontrar**, **contar**

4

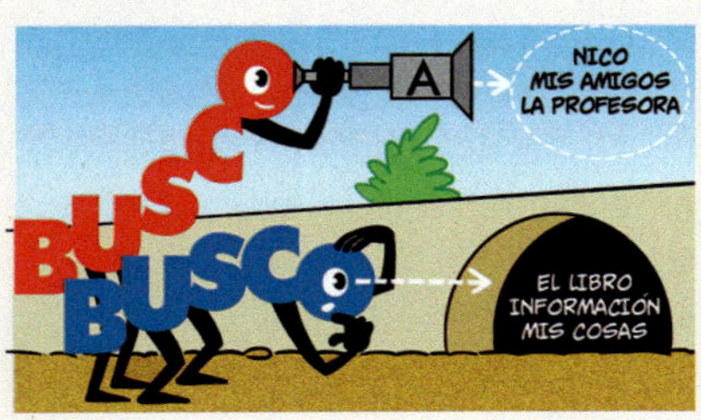

die Präposition **a** bei Personen: ▸ GH 31/35

No encuentro		mi libro.
No encuentro	**a**	Nico.
¿Vemos		una peli?
El lunes veo	**a**	mis amigos.

Sagen, was dir (nicht) gefällt:	Dazu benötigst du:
5	
Me gusta **leer**. Me gusta **el** fútbol. Me gust**an** **los** libros.	das Verb **gustar**: ▸ GH 31/36 me gust**a** + *Infinitiv* me gust**a** + *Substantiv im Singular* me gust**an** + *Substantiv im Plural*
Me gusta cantar. ¿**Te** gusta esta piñata? ¿Y a Mateo? ¿También **le** gustan los libros?	die indirekten Objektpronomen **me**, **te**, **le**: **me** | gusta + *Infinitiv* **te** | gusta + *Substantiv im Singular* **le** | gustan + *Substantiv im Plural*
A mí no me gusta el deporte. **A mí** sí/no. ¿**A ti** también? ¿Y **a él/ella**?	die Personalpronomen und die Präposition **a**: ▸ GH 32/37 **a** | **mí**, **ti**, **él/ella**

facultativo

Teste deine Grammatikkenntnisse ▸ Soluciones, p. 167

1 Setze die richtigen Formen von ir und al / a la ein. ▸ GH 28/31 ▸ GH 29/32

1. Ana no [...] [...] colegio.
2. Mateo, ¿[...] [...] fiesta?
3. –¿Qué haces hoy? –Hoy [...] [...] cine.
4. Los chicos [...] [...] quiosco.
5. –Queremos comer un bocadillo.
   –Pues, ¿por qué no [...] [...] cafetería?
6. Mis amigos y yo [...] [...] playa.
7. Chicas, ¿ [...] [...] parque?

2 Bilde die richtigen Formen der Verben. ▸ GH 30/34

1. *poder* [Mateo y Ana]
2. *encontrar* [yo]
3. *poder* [Nico y tú]
4. *poder* [Julia]
5. *contar* [tú]
6. *encontrar* [mis padres y yo]
7. *encontrar* [Pablo]
8. *contar* [tú y Toño]
9. *poder* [tú]

3 Setze, wo nötig, die Präposition a ein und achte auf die Besonderheit in Verbindung mit el.
▸ GH 31/35

1. Ana busca [...] su hermano.
2. Los alumnos preguntan [...] profe.
3. Mateo busca [...] sus cosas.
4. ¿No ves [...] Nico? Mira, está allí.
5. Su madre llama [...] director.
6. Ana y Julia encuentran [...] un regalo.

5

4 Vervollständige die Sätze mit me, te oder le und der richtigen Form von gustar. ▸ GH 31/36

1. Mateo, ¿[...] [...] la película?
2. (A mí) [...] [...] los caballos.
3. A Nico no [...] [...] el zumo.
4. (A mí) no [...] [...] estudiar Naturales.
5. A mi madre [...] [...] chatear con sus amigas.
6. Ana, ¿no [...] [...] los bocadillos de queso?

Teste, was du jetzt sagen kannst ▸ Para comunicarse, p. 188

– Beschreibe eine Person aus der Klasse.
– Mache drei Vorschläge, was du und deine Freunde am Wochenende machen könnt.
– Nenne drei Aktivitäten, die du gern tust.
– Nenne drei Sachen, die dir gefallen.

Unidad 6

En Valencia

¡Acércate!

Juan quiere visitar a su hermano en Valencia pronto. Por eso, Mateo y sus amigos miran folletos para organizar un paseo por la ciudad.

2 17

1

Ciudad de las Artes y las Ciencias
Los museos de la Ciudad de las Artes y las Ciencias son muy modernos. Aquí hay muchas obras de arte, muchos experimentos y películas 3D.

2

Oceanográfico
El Oceanográfico es un acuario muy grande. Aquí aprendes muchas cosas sobre los animales marinos. También puedes pasar la noche y ... ¡dormir con los tiburones!

3

Playa de la Malvarrosa
Aquí puedes tomar el sol, nadar en el mar y comer paella valenciana.

Die *Paella* ist ein spanisches Reisgericht aus der Pfanne mit Fleisch, Meeresfrüchten, Gemüse und Safran.
Was sind typische Gerichte deiner Region?

Actividad de prelectura

▶ M **1** Lies die Texte zu den Fotos. Welche Wörter verstehst du? ▶ Andere Sprachen nutzen, S. 146

Hier lernst du:

- eine Stadt vorzustellen.

4

Centro histórico (Plaza de la Virgen)
En el centro histórico puedes quedar con tus amigos. Allí hay muchos edificios antiguos.

5

Mercado Central
¿Tienes mucha hambre y poco dinero? En este mercado hay de todo y ¡no es caro!

6

Jardín del Turia
Este parque es el lugar ideal para ir en bicicleta.

7

Estadio de Mestalla
Es el estadio del Valencia Club de Fútbol.

Comprender el texto

↗ 60/1

2 a Lee el texto y completa las frases.

1. En la Ciudad de las Artes y las Ciencias puedes ver [...].
2. En [...] puedes pasar la noche y [...].
3. Un lugar ideal para tomar el sol y comer es [...]. También puedes [...].
4. Hay muchos edificios antiguos en [...].
5. Hay de todo en [...].
6. Puedes ver un partido en [...].
7. En el Turia podemos [...].

↗ 60/3

b Mira el plano de la p. 206 y encuentra los lugares del texto.

6

Escuchar

18

3 a Escucha y completa la frase. ▸ Globales Hörverstehen, S. 150

Mateo

a. charla con Juan.

b. llama a[1] Juan.

1 llamar a *anrufen*

18

b Escucha otra vez y corrige las frases. ▸ Detailliertes Hörverstehen, S. 150

1. El padre de Mateo quiere ir al estadio.

2. Mateo prefiere ir a un museo.

3. A Mateo le gusta nadar.

4. Hay muchos tiburones en el acuario.

Practicar

↗ 60/2
▸ GH 34/38

4 Cuenta: ¿Qué hay en una ciudad / en un pueblo? ▸ Resumen, p. 112/1 ↗ p. 143

En	una ciudad un pueblo	hay	un/una	[...].
		(no) hay	muchos/muchas pocos/pocas	

Vocabulario

▸ KV 42
▸ KV 43

5 a ¿Qué quieres ver en Valencia?
Escoge tres lugares y prepara fichas como en el ejemplo.

Nombre:	centro histórico
Hay:	edificios antiguos y una plaza (Plaza de la Virgen)
Actividades:	quedar con amigos

PF

b Utiliza tus fichas y cuenta qué hay y qué puedes hacer en Valencia.

En Valencia	puedes tienes que	ir al centro histórico. [...].

Es el lugar ideal para		quedar con los amigos. ver edificios antiguos. [...]
Allí También	puedes	
	hay	un/una [...].

Aprender mejor

PF ↗ 64/3

6 a Ein Wörterbuch benutzen ▸ Die spanische Bedeutung eines deutschen Wortes nachschlagen, S. 147

¿Qué hay en tu ciudad o pueblo?

– Überlege dir fünf Sehenswürdigkeiten aus deinem Wohnort, die du beschreiben möchtest.
– Suche die Sehenswürdigkeiten, die du auf Spanisch nicht kennst, in einem deutsch-spanischen Wörterbuch.

PF ▸ M

b Presenta tu pueblo o tu ciudad.
▸ Einen Kurzvortrag halten, S. 152

A ¡Discutid después!

Hier lernst du:

- nach dem Weg zu fragen und einen Weg zu beschreiben.
- jemanden aufzufordern, etwas zu tun.

2 19–20

Juan ya está en Valencia. Mateo y él quieren ir al Estadio de Mestalla para ver un partido de fútbol. El problema es Rufo. Tienen que dejar el perro en casa de Julia porque con él no pueden entrar al estadio.

Juan: ¿Dónde vive Julia?
Mateo: Vive en la calle de la Paz, 26 enfrente del colegio. Podemos ir en autobús o en metro.
Juan: ¡Imposible! A Rufo no le gusta ir en metro o en autobús.
Mateo: Entonces vamos a pie. No está lejos.

Los chicos salen y van a pie. Pero de repente en la tercera calle Rufo ya no quiere seguir.

Juan: ¡Rufo! ¿Qué te pasa? ¿Tienes sed?
Mateo: Juan, ya no tenemos agua. Tenemos que comprar una botella.

Juan: Disculpa, ¿hay una tienda por aquí cerca?
Natalia: Sí.
Juan: ¿Y cómo llego?
Natalia: Mira, cruza la plaza de Alfonso. Después sigue todo recto y en la segunda calle gira a la derecha. Es la calle del Vestuario. Luego coge la primera calle a la izquierda. Allí hay una tienda. Oye, ¿cómo se llama tu perro? ¡Es muy mono!
Juan: Se llama Rufo.
Natalia: ¿Tiene sed, verdad? Toma, Rufo. Bebe un poco. ¡Bueno, chicos, *adéu*!

Español	Valenciano
buenos días	*bon dia*
adiós	*adéu*

6

Comprender el texto

1 a Lee el texto y encuentra las combinaciones. Escribe las preguntas sobre el texto en tu cuaderno.

1. ¿Adónde
2. ¿Por qué
3. ¿Dónde
4. ¿Qué hay
5. ¿Quién
6. ¿Qué

a. vive Julia? **b.** enfrente del piso de Julia?
c. tienen que comprar los chicos? **d.** van los chicos sin Rufo?
e. tiene sed? **f.** no pueden ir los chicos con Rufo?

b Haz las preguntas de 1a a tu compañero / tu compañera. Él/Ella contesta. p. 143

61/1

2 ¿Qué camino tienen que seguir Mateo y Juan para llegar a la tienda (l. 18–21)?
¿a o b? ▸ Algo más, p. 144

a
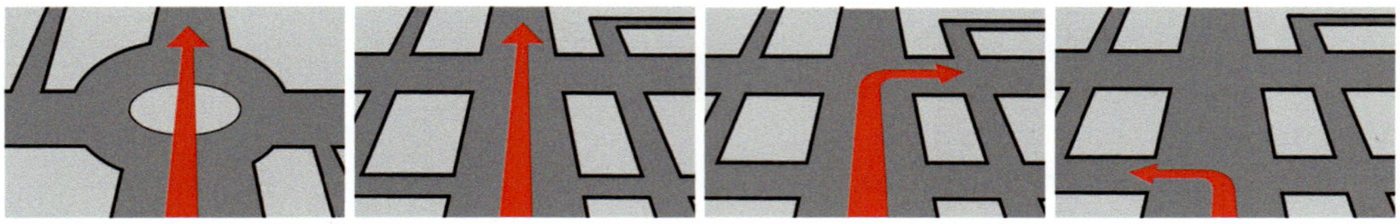

b
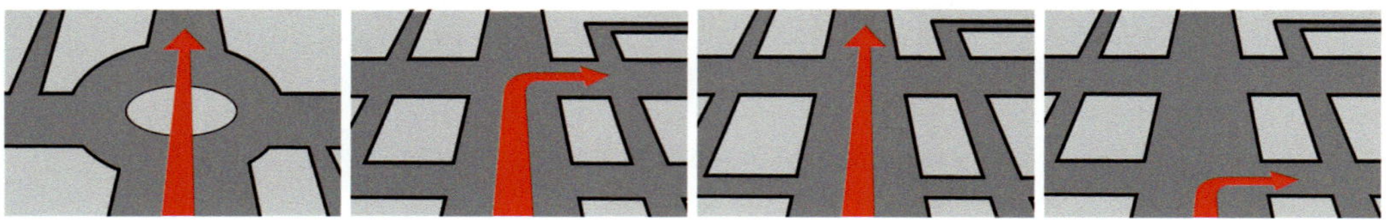

Escuchar

3 a ¿Dónde está Rufo? | Wo ist Rufo? Sammelt Ideen an der Tafel. ▸ Vor dem Hören, S. 149

Rufo puede estar... Seguro que Rufo está...

2 21
62/3

b Escucha. Después contesta las preguntas.

1. Dos personas buscan a Rufo en la calle. ¿Quiénes?

a.

b.

c.

d.

2. ¿Dónde está Rufo?

a.

b.

c.

d.

3. ¿Qué hace Rufo?

a.

b.

c.

d.

Comprensión audiovisual

▶ KV 8 DVD

4 Mira la escena 11 del DVD. ¿Adónde van Mateo y Juan? ¿Cómo tienen que ir? ¿Cómo van?

Modelo para hablar

2 22 ▶ F9

5 a Escucha, lee y repite.

Wie gelange ich dorthin?

Juan: ¿[...]?
Natalia: Sí, claro.
Juan: ¿[...]?
Natalia: Mira, [...] y [...]. [...] y [...].
Juan: Gracias. ¡Hasta luego!

b Utilizad el plano y presentad el diálogo. | Nutzt die Karte und spielt den Dialog.

Juan:	Natalia:
¿Hay / una plaza / un parque / [...] / por aquí cerca? →	
←	Sí, claro.
¿Cómo llego? →	
	Mira, / Luego / cruza la calle. / sigue todo recto. / coge la / primera / segunda / tercera / calle (y gira) a la / derecha. / izquierda.
Gracias. ¡Hasta luego! ←	

Vocabulario

61/2 (a, b)

6 Encuentra las parejas. ▶ Wortpaare bilden, S. 148

estar	*ir*	*salir*	*girar*
coger	*llegar*	*tener*	*buscar*

a pie	cuidado	a la derecha	lejos
de casa	un quiosco	la primera calle	a casa

Descubrir

▶ GH 34/39
▶ KV 44

7 a Übertrage die Tabelle in dein Heft. Vervollständige sie mit den Imperativformen.

▶ Resumen, p. 112/3

	Imperativo		
	-ar	-er	-ir
singular			
plural			

¡Comed un poco!
¡Preguntad en el quiosco!
¡Cruza la calle!
¡Cerrad vuestros libros!
¡Bebe agua!
¡Comparte tu bocadillo con Juan!
¡Cierra tu libro!
¡Discutid después!

b Erkläre deinem Partner / deiner Partnerin mit Hilfe deiner Tabelle, wie der Imperativ gebildet wird.

Practicar

62/4 63/5
▶ GH 34/39

8 a Da órdenes a Rufo. Utiliza el imperativo en singular. | Gib Rufo Anweisungen. ▶ Resumen, p. 112/3

tomar el balón
esperar en el salón
comer
cruzar la calle
beber agua
dormir en tu lugar
correr un poco
buscar a Juan
entrar

63/6 63/7 63/8

b Da órdenes a Rufo y a Héctor, el perro de Ana. Utiliza los verbos del ejercicio 8 a en imperativo plural.

Hablar

PF ▶ M

9 Estás enfrente del cine (página 105). Escoge un lugar y explica el camino a tu compañero / tu compañera. Él/Ella dice adónde vas.

Ejemplo: **A**: Sigue todo recto hasta el parque, allí coge la calle [...], sigue todo recto y gira en la tercera calle a la derecha. ¿Dónde estás ahora?
B: Estoy en la plaza.

Escribir

▶ M

10 ¡Tú eliges! Elige a o b.

a Escribe una historia con estas expresiones: Es muy mono., ¿Qué te pasa?, ¡Qué pinta tenéis!, ¡Imposible!

b Dibuja un cómic con el vocabulario de la unidad 6. ▶ Lista cronológica, p. 188

B ¿Algo más?

Hier lernst du:

- etwas in einer Cafeteria zu bestellen.
- zu sagen, was dir an deiner Stadt (nicht) gefällt.

2 23–24

Mateo, Juan y sus padres visitan la Ciudad de las Artes y las Ciencias. Los chicos tienen hambre y quieren ir a la cafetería. De repente, Juan ve a Natalia, la chica de la botella de agua.

Natalia: Hola, ¿qué haces aquí? Y tu perro, ¿dónde está?
Juan: ¡Hola! Estoy aquí con mi familia. Rufo está en casa. ... ¿Vienes a la cafetería?
Natalia: Vale... Por cierto, soy Natalia.
Juan: Y yo soy Juan. Este es Mateo, mi hermano. Él vive aquí pero yo no, yo vivo en Madrid.
Natalia: ¿Te gusta Valencia?
Juan: Sí, me gusta mucho porque hay playa. Y el centro no es muy grande, puedo ir a pie. ¿Y a ti? ¿Te gusta vivir aquí?
Natalia: Sí, claro. Sobre todo me gusta el Jardín del Turia, ahora vengo de allí. Casi siempre estoy allí los fines de semana.
Mateo: ¿Qué te gusta hacer en el Turia?
Natalia: Me gusta leer, escuchar música o jugar al fútbol con mis amigos. Es un lugar muy bonito. Prefiero pasar mis tardes en el Turia. Es que no me gusta mucho mi barrio...
Mateo: ¿Por qué no?
Natalia: Porque no hay un parque cerca. Además hay pocas actividades para jóvenes.

En la cafetería.
Juan: Hola. Quiero un bocadillo de jamón y queso y un helado, por favor.
Vendedora: ¿Y para ti?
Natalia: Un bocadillo de tortilla, por favor.
Vendedora: ¿Y de beber?
Natalia: Un zumo de naranja.
Vendedora: ¿Algo más?
Juan: No, gracias. ¿Cuánto es?
Vendedora: Son diez euros y veinte céntimos.
Juan: Aquí tiene.

6

Comprender el texto

▶ KV 45 **1** Lee el texto y combina las partes de las frases.

1. Juan y Mateo van a la cafetería	porque	**a.** hay playa y el centro no es muy grande.
2. A Juan le gusta Valencia		**b.** no hay parques cerca.
3. A Natalia le gusta el Jardín del Turia		**c.** tienen hambre.
4. A ella no le gusta su barrio		**d.** hay pocas actividades para los chicos.
5. El barrio tampoco le gusta		**e.** puede hacer muchas cosas allí.

2 ¿Cómo lo dices en español? Busca estas expresiones en el texto, p. 107. ▸ Algo más, p. 144

Und zu trinken? | Wie viel macht das? | (Ich hätte gerne) einen Orangensaft.

Ich möchte ein Eis. | Das macht 10, 20 €. | Und für dich?

Vocabulario

▸ M **3** **a** Estás en una cafetería española y quieres comer/beber algo. Lee el menú. ¿Qué palabras entiendes?

b Tú (**A**) estás en una cafetería y quieres tomar algo. **B** es el camarero / la camarera. Presentad el diálogo. **A** empieza. ▸ B, S. 144

A

- Du begrüßt den Kellner / die Kellnerin in der Cafeteria.
- Du möchtest ein Schinkenbrötchen.
- Dann nimmst du ein Käsebrötchen.
- Du möchtest einen Saft.
- Ja. Das ist alles. Du fragst, wie viel das macht.
- Du bezahlst, bedankst und verabschiedest dich.

Cafetería Las Fallas

Bocadillos:
Bocadillo de jamón 3,00 €
Bocadillo de queso 2,50 €
Bocadillo de tortilla 2,50 €
Sándwich vegetariano 2,50 €
Cruasán de jamón y queso 3,50 €

Bebidas calientes
Café 2,00 €
Chocolate 2,50 €
Infusión 2,50 €

Bebidas frías
Agua 1,90 €
Agua mineral 2,30 €
Zumo de naranja 2,50 €

Mediación

ES/DE **4** Estás con tu familia en Valencia y queréis hacer algo en la ciudad. Leéis este folleto. Contesta las preguntas de tus padres. ▸ Sprachmittlung, S. 155

64/2

¿Es tu primera vez en Valencia?

Ven a la ciudad con tu familia.
Compra tus entradas con nosotros.

- Visita nuestra **Ciudad de las Artes y las Ciencias** (De martes a domingo).
- Sal en bicicleta por **el Turia** con tu familia. (Gratis lunes y jueves de 11:00–20:00)
- **¡Duerme en el acuario!** No es caro. (Junio y julio, de lunes a viernes)

¿Quieres más? ¡Habla con nosotros!
Hablamos español, valenciano, inglés, alemán y francés

1. Was können wir unternehmen?

2. Das mit dem Fahrrad fahren klingt interessant. Wie teuer ist das?

3. Heute ist Montag, können wir im Aquarium übernachten?

4. Sprechen sie in der Touristeninformation Englisch oder Deutsch?

Modelo para hablar

2 25

5 a Escucha, lee y repite.

<u>Was gefällt dir an deinem Wohnort?</u>

Ana: ¿[...]?
Mateo: Sí, me gusta mucho.
Ana: ¿[...]?
Mateo: [...].
Ana: ¿Qué lugares te gustan?
Mateo: [...].
Ana: ¿Qué te gusta hacer allí?
Mateo: [...].

b Juan habla con un amigo. Presentad el diálogo. ▶ Algo más, p. 144

Juan:	Amigo:	
¿Te gusta Valencia? →	Sí,/No,	(no) me gusta mucho.
← ¿Por qué (no) te gusta? →	Porque	(no) hay playa. (no) puedo ir a pie. (no) hay muchos parques. (no) hay muchos jóvenes. mi escuela (no) está cerca. hay muchas actividades para jóvenes.
← ¿Qué lugares te gustan? →	Sobre todo me gusta	la playa. el Turia. el centro histórico. la Ciudad de las Artes y las Ciencias.
← ¿Qué te gusta hacer allí? →	Me gusta	quedar con mis amigos. hacer deporte. escuchar música. [...].

Escuchar

2 26
▶ KV 46

6 a Escucha. ¿Qué personas hablan? ▶ Globales Hörverstehen, S. 150

a. chicos y chicas **b.** padres y madres **c.** abuelos y abuelas

2 26

b Escucha otra vez y completa la tabla en tu cuaderno. | Was gefällt den befragten Personen (nicht) an Valencia? Vervollständige die Tabelle in deinem Heft. ▶ Detailliertes Hörverstehen, S. 150

	le gusta... porque...	no le gusta... porque...
A Anabel		
A Pablo		

Practicar

65/4 65/5 65/6 ▶ GH 35/40 36/41

7 a Fertige ein Kärtchen wie im Beispiel an. Rechts stehen die Verbformen, die du besonders üben musst. Falte es in der Mitte. Dein Partner / deine Partnerin ergänzt die fehlenden Formen mündlich. ▶ Resumen, p. 112/4

▶ KV 47 ▶ GH 34/39

b Fertigt je ein Kärtchen mit den Verben venir, dormir und coger an und übt nach dem Muster der Aufgabe 7 a.

seguir	
1.	1. sigo
2.	2. sigues
3.	3. sigue
4. seguimos	4.
5. seguís	5.
6.	6. siguen

66/7 66/8

8 Juan y Mateo salen con Rufo.
¿Qué dicen los chicos a Rufo?
¿Qué dice el policía? Forma frases. ▶ Resumen, p. 112/3

▶ Algo más, p. 144

1. ¡Rufo, *venir*!
2. ¡Rufo, *salir* de aquí!
3. ¡Rufo, *tener* cuidado!
4. ¡Rufo, *beber* un poco!
5. ¡Rufo, *mirar* el gato!
6. ¡Chicos, *hacer* algo y *sacar* ese perro del museo!
7. ¡Chicos, *tener* cuidado con ese perro!
8. ¡Chicos, *salir* del museo!

9 ¡A jugar! | Ein Mitschüler / eine Mitschülerin gibt der Klasse Anweisungen. Der Rest führt sie aus. Wenn jemand sich vertut, scheidet er/sie aus.

Pronunciar

2 27

10 Escucha y practica el trabalenguas. | Höre und übe den Zungenbrecher.

Zipi, zape, zipizón,
zapatero remendón[1].

Mi zapato roto está,
calcetín se asoma ya.
Zapatito de color,
calza mi pie
con más calor[2].

1 el zapatero remendón *der (Flick-)Schuster*
2 el calor *die Wärme*

Hablar

PF ▶ M 66/9

11 Prepara una presentación de un minuto sobre tu lugar favorito en tu barrio.

¿Qué hay allí? | ¿Qué haces allí? | ¿Cuándo vas? | ¿Con quién/es quedas? | ¿Por qué te gusta?

Punto final 6

Wählt **eine** der beiden Aufgaben aus. Wollt ihr euch gegenseitig einschätzen, findet ihr hier Evaluierungsbögen:
Webcode **APU-1-02**

Minitarea: Du erstellst eine Broschüre deines Ortes

Spanische Freunde wollen dich besuchen. Du erstellst eine kleine Broschüre über deinen Ort.

1. ¡Preparados!

- Überlege dir, welche Sehenswürdigkeiten und Besonderheiten du vorstellen willst.
- Sammle 3–4 Ideen. Du kannst die Informationen aus der Übung 5, Seite 102 noch einmal verwenden.
- Suche Informationen und Fotos zu deinen Sehenswürdigkeiten.

2. ¿Listos?

- Schreibe einen Text, in dem du deinen Ort vorstellst. ▸ **Mi ciudad, p. 166**
- Denke dir Texte für die Fotos aus.
- Korrigiere deinen Text mit Hilfe der Fehlerliste. ▸ **Fehler korrigieren, S. 154**

3. ¡Ya!

- Präsentiere deine Broschüre in der Klasse.

Tarea final: Ihr plant einen Rundgang durch euren Ort

Eure spanische Austauschklasse kommt zu Besuch. Ihr organisiert für das erste Wochenende je einen Rundgang durch euren Ort.

1. ¡Preparados!

- Was könnt ihr am Wochenende unternehmen? Schreibt Stichpunkte auf. ▸ **Mi ciudad, p. 166**
- Zeichnet einen Stadtplan von eurem Ort. Malt die Sehenswürdigkeiten, die ihr mit eurer Austauschklasse besuchen wollt, darauf.
- Überlegt euch, wie ihr die Sehenswürdigkeiten vorstellt.
- Falls nötig, sucht passendes Vokabular im Wörterbuch. ▸ **Para comunicarse, p. 191**

2. ¿Listos?

- Jeder stellt eine Sehenswürdigkeit vor und versucht dabei immer frei zu sprechen.
  ▸ **Der Kniff mit dem Knick, S. 153**
- Übt eure Präsentation gemeinsam.

3. ¡Ya!

- Präsentiert euren Rundgang.

6

Resumen

Deinen Wohnort vorstellen

1 En mi ciudad hay **muchos museos**. Pero hay **pocos cines** y **teatros**.

En mi pueblo hay **muchas actividades** para jóvenes.

Dazu benötigst du:

die Begleiter **mucho** und **poco**: ▸ GH 34/38

	männlich		weiblich	
Sg.	mucho poco	tiempo	mucha poca	gente
Pl.	muchos pocos	museos	muchas pocas	playas

2 El Turia es ideal **para ir** en bicicleta.

die Präposition **para** + Infinitiv.

Jemanden zu etwas auffordern

3 Chicos, **abrid** los libros.
Mateo, **lee** el texto por favor.

Dazu benötigst du:

den Imperativ: ▸ GH 34/39

Singular (3. P. Sg.)	Plural (Inf. – r + d)
ordena lee escribe	ordenad leed escribid
empieza encuentra sigue	empezad encontrad seguid
ven **sal** **haz** **ten**	venid salid haced tened

! Einige Imperative sind im Singular unregelmäßig.

Den Weg beschreiben

4

Dazu benötigst du:

das Verb **seguir**: ▸ GH 35/40

Ahora	**sigo**	todo recto.
¿Por qué no	sigues	?
El abuelo	sigue	con la historia.
Chicos, ¿	seguimos	o no?
Chicas, ¿por qué	seguís	todo recto?
Los chicos	siguen	a Rufo.

5

das Verb **venir**: ▶ GH 36/41

Ahora	**vengo**	de casa de mi abuela.
¿Por qué no	**vi**e**nes**	a mi fiesta?
Raúl	**vi**e**ne**	también.
Disculpa, pero	**ven**imos	más tarde, ¿vale?
Chicos, ¿	**ven**ís	del estadio?
Los chicos	**vi**e**nen**	del colegio.

Teste deine Grammatikkenntnisse: ▶ Soluciones, p. 167

facultativo

1 Ergänze die richtige Endung. ▶ GH 34/38

1. much[...] asignaturas
2. poc[...] bocadillos
3. much[...] agua
4. poc[...] clases
5. much[...] deporte
6. poc[...] días
7. much[...] fotos
8. poc[...] dinero
9. much[...] juguetes
10. poc[...] problemas
11. much[...] música
12. poc[...] vídeos
13. poc[...] gente
14. much[...] tiempo
15. much[...] zumo
16. poc[...] libros
17. poc[...] amigas
18. much[...] chicas

2 Bilde die richtige Verbform. ▶ GH 35/40 ▶ GH 36/41

1. *seguir* [tú]
2. *venir* [ellas]
3. *salir* [yo]
4. *coger* [él]
5. *poder* [nosotros]
6. *coger* [yo]
7. *querer* [ellos]
8. *empezar* [vosotros]
9. *venir* [yo]
10. *seguir* [ellos]
11. *seguir* [vosotras]
12. *salir* [ella]
13. *poder* [vosotras]
14. *querer* [yo]
15. *venir* [nosotras]
16. *querer* [nosotras]
17. *poder* [yo]
18. *salir* [vosotros]

3 Bilde Aufforderungen (Imperative). ▶ GH 34/39

1. *leer* el libro → Chicos, ¡[...]!
2. *ordenar* el escritorio → Ana, ¡[...]!
3. *salir* de la habitación → Rufo, ¡[...]!
4. *encontrar* el perro → Juan, ¡[...]!
5. *venir* a mi fiesta → Chicos, ¡[...]!
6. *cruzar* la calle → Chicos, ¡[...]!
7. *seguir* todo recto → Mateo, ¡[...]!
8. *seguir* todo recto → Ana, Julia, ¡[...]!
9. *comer* el bocadillo → Lili, ¡[...]!
10. *salir* con Rufo → Chicos, ¡[...]!

Teste, was du jetzt sagen kannst ▶ Para comunicarse, p. 191

– Sage, was es in deiner Stadt gibt.
– Bestelle ein belegtes Brötchen und einen Orangensaft.
– Gib deinem Haustier Befehle auf Spanisch.

6

Unidad 7

Por fin vacaciones

¡Acércate!

2 28–29
▶ F1
▶ F2
▶ F10

1 ¿Qué vais a hacer en las vacaciones?

1

2

2 Juan y yo vamos a ir a un campamento de verano. Es una pasada: hay piscina, talleres, juegos, ... Y la última semana voy a visitar a mi padre en Madrid. ¡Mis vacaciones van a ser geniales!

3

3 Este año no voy a viajar a México, voy a estar aquí. Pero no importa porque mis abuelos van a venir a Valencia – ¡por primera vez! Claro, quieren ver la ciudad pero también vamos a pasar mucho tiempo en la playa...

Comprender el texto

▶ F10 **1 a** Lee los textos y relaciona las fotos con las personas. Justifica tu respuesta. ▶ Algo más, p. 145

La foto 1 va con [...] porque ...

PF ↗ 68/1 68/2 **b** Encuentra Valencia, Madrid, Mallorca y los Pirineos en el mapa de España. | Finde die Orte auf der Spanien-Karte im Bucheinband. ▶ Umschlagseite

Hier lernst du:

- über Pläne zu sprechen.
- zu telefonieren.

4 En verano mi madre siempre tiene mucho trabajo. Pero mi padre y yo vamos a pasar dos semanas en los Pirineos. Vamos a escalar, a hacer camping... ¿Y tú, Julia? ¿Qué vas a hacer?

4

5

6

5 No sé... Mis padres quieren ir a Mallorca, como siempre. Mis tíos tienen una casa allí...

Julia: ¿Sí, diga?
Madre: Hola, Julia, soy yo, mamá. Oye, lo siento, pero no podemos ir a Mallorca este verano. Pero tu prima Judith va a pasar las vacaciones con los abuelos en el pueblo. ¿Tienes ganas de ir también?
Julia: Sí, ¡claro!
Madre: De acuerdo. Entonces voy a llamar a los abuelos. Adiós.
Julia: Adiós, mamá.

Escuchar

7

2/29

2 Escucha la llamada y lee el texto. Luego encuentra las expresiones. | Höre das Telefongespräch an und lies mit. Finde anschließend die folgenden Redewendungen:

- Wie meldest du dich am Telefon?
- Wie beginnst du das Gespräch (als Anrufer)?
- Wie verabschiedest du dich?

30 ▸ KV 48

3 Escucha la llamada y contesta: ¿Verdadero o falso? Corrige las frases falsas.
▸ Detailliertes Hörverstehen, S. 150

1. Julia puede pasar cuatro semanas con sus abuelos en la granja.
2. El primo de Julia también va a pasar las vacaciones con los abuelos.
3. La abuela tiene una sorpresa para Julia.
4. La madre de Julia no quiere un gato en casa.
5. Julia puede ir al pueblo esta tarde.

Descubrir

▸ GH 38/42

4 a Welche der Sätze beziehen sich auf die Zukunft? Woran erkennst du das? ▸ Resumen, p. 122/1

1. Este año Ana no va a viajar a México.
2. Ana va al colegio.
3. Chicos, ¿vamos a la playa?
4. Vamos a pasar mucho tiempo en la playa.

b Wie bildest du die Zukunft (el futuro inmediato)?

Practicar

↗ 68/3 68/4 68/5 ▸ GH 38/42

5 ¿Qué van a hacer y qué no van a hacer las personas en las vacaciones? Cuenta.
▸ Resumen, p. 122/1

[yo]:  visitar a mis abuelos / visitar un museo

[tú]:  ir a la playa / escalar

Mateo:  hacer camping / chatear con su hermano

[nosotros]:  viajar a México / ensayar para el concierto

[vosotras]:  pasar las vacaciones en Madrid / ir a un campamento

Ana y Julia:  estudiar / ir al pueblo

Ya lo sé

PF ▸ KV 49 ▸ KV 52

6 a Haz un sondeo sobre las próximas vacaciones. Pregunta a cinco compañeros y apunta. ▸ Plaza del mercado, p. 156 ↗ p. 145

b Presenta tus resultados en clase.

Ejemplo: Leni va a visitar a sus abuelos.

A: ¿Qué vas a hacer en las vacaciones?

B: Voy a / Vamos a [...]. ¿Y tú?

▸ M

7 Queda por teléfono con tu compañero / tu compañera (B). A empieza. ▸ B, S. 145

- Du meldest dich am Telefon.
- Du begrüßt B.
- Du erzählst, was du am Wochenende machen wirst (mindestens zwei Dinge). Du fragst B, was er/sie am Wochenende machen wird.
- Ja, okay. Du verabredest dich mit B für einen Tag am Wochenende.
- Du verabschiedest dich.

A

A ¡Muchos recuerdos!

Hier lernst du:

- über die Ferien zu sprechen.
- über das Wetter zu sprechen.
- eine Postkarte / einen Brief zu schreiben.

Ana pasa el verano en Valencia. Por eso sus amigos le mandan postales y una carta de sus vacaciones.

1

¡Hola, Ana!

¡Muchos recuerdos desde Madrid!

Aquí hace mucho calor... ¡Uf! Cuando estoy aquí en verano, Juan y yo siempre vamos al Retiro. Es un parque muy grande y también hay un estanque. En el Retiro alquilamos una barca o tomamos el sol. ¡Es genial!

Y tú, ¿qué me cuentas? ¿Qué tal con tus abuelos? Un abrazo y hasta pronto,

Mateo

0,42 €

Ana Hernández Martínez
Plaza del Ayuntamiento, 29, 3° C
46002 Valencia

2

15 de agosto

Querida Ana:

Te escribo una carta porque aquí en el pueblo hay poca cobertura... Por aquí todo bien. ¡Casi siempre hace sol! Judith y yo pasamos las mañanas en el campo y por la tarde vamos a la plaza. Allí van los chicos que viven aquí. Cuando hace mal tiempo, vamos al polideportivo o a la sala de juegos.

Un beso y muchos saludos a tu familia,

Julia

3

Hola Ana:

¡Saludos desde Escarrilla!

Aquí a veces hace frío o llueve, pero hoy hace buen tiempo. Por eso primero vamos a ir en piragua y luego vamos a hacer una excursión. ¡Quiero ver los animales que viven en el bosque! Por la tarde vamos a pescar y después vamos a hacer una hoguera.

Un abrazo,

Nico

Ana Hernández Martínez
Plaza del Ayuntamiento, 29, 3° C
46002 Valencia

Aprender mejor

▸ M **1** **Einen spanischen Text verstehen**

a Woran erkennst du, dass es sich bei den Texten um eine Postkarte / einen Brief handelt?

▸ Texte über ihre Gestaltung erschließen, S. 151

▶ M

b Lee los textos. ¿Sobre qué escriben los chicos? | Suche die Schlüsselwörter im Text (S. 117) und schreibe sie auf. Ordne die Informationen dann in einer Mindmap. ▶ Globales Leseverstehen, S. 151

Mateo — Madrid — calor
Madrid — Retiro
Retiro — tomar el sol
Retiro — alquilar una barca

Julia

Nico

↗ 69/1

c Busca la información en el texto (p. 117) y contesta las preguntas.

1. ¿Qué hace Mateo cuando está en Madrid en verano?
2. ¿Qué es el Retiro?
3. ¿Qué quiere ver Nico?
4. ¿Qué hace Nico por la tarde?
5. ¿Por qué Julia escribe una carta?
6. ¿Qué hace Julia cuando hace mal tiempo?

✓ Du musst nicht jedes Wort eines Textes verstehen, um bestimmte Fragen dazu beantworten zu können. Lies dir zunächst die Fragen durch und suche dann im Text nach den benötigten Informationen.
▶ Selektives Leseverstehen, S. 151

Practicar

↗ 70/7 71/8 70/5
▶ GH 39/46

2 Los chicos están de vacaciones. Completa las frases con me, te o le. | Die Jugendlichen sind in den Ferien. Vervollständige die Sätze mit me, te oder le. ▶ Resumen, p. 122/5

1

Ana: ¿[...] escribes?
Julia: Sí, [...] mando una carta.

2

La abuela de Ana [...] cuenta de México.

3

Los amigos de Ana [...] escriben sobre sus vacaciones.

4

Mateo: ¿Por qué no [...] escribes?
Julia: Porque aquí hay poca cobertura. [...] mando un e-mail.

5

Lili: ¿Escribes una postal a Julia? ¿Qué [...] escribes?

6

Ana: Lili siempre [...] pregunta mucho...
Julia: ¿Qué [...] pregunta?

↗ 70/6
▶ GH 39/44
▶ KV 50

3 Mateo y Juan están en el campamento. Mira el dibujo y formula preguntas como en el ejemplo. Tu compañero / tu compañera contesta. ▶ Resumen, p. 122/3 ▶ Algo más, p. 145

Ejemplo: –¿Cómo se llama el chico que come un bocadillo?
–Se llama Mateo.

comer un bocadillo
dormir
ir en bicicleta
escalar
correr
tomar el sol
hacer deporte
nadar
hacer una excursión
discutir con […]

Vocabulario

PF
↗ 69/2 a, b

4 Relaciona los dibujos con las frases.

1 Hace (mucho) calor.
2 Hace frío.
3 Llueve.
4 Hace buen tiempo.
5 Hace sol.
6 Hace mal tiempo.

A

B

C

D
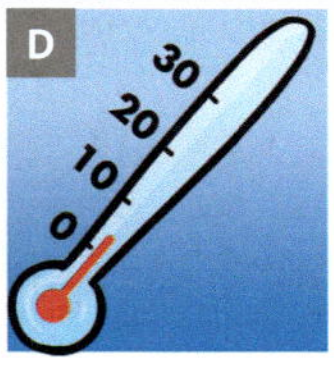

E

F

2 34

5 a Escucha y contesta: ¿De qué tres ciudades hablan? ▶ Globales Hörverstehen, S. 150

Alicante | Valencia | Barcelona | Murcia | Málaga | Girona

2 34

b Escucha otra vez y haz apuntes: ¿qué tiempo va a hacer en estas tres ciudades? | Höre zu und mache dir Stichwortnotizen: Wie wird das Wetter in diesen drei Städten?
▶ Selektives Hörverstehen, S. 150

Hablar

▶ GH 38/43

6 ¿Qué haces cuando hace buen/mal tiempo o cuando hace calor/frío? Apunta dos actividades para cada situación y habla con tu compañero / tu compañera.
▶ Resumen, p. 122/2 ▶ Mis actividades, p. 165

↗ p. 145

¿Qué haces cuando hace mal tiempo?

Cuando hace mal tiempo, voy al cine.

7

7 Woher kommen diese Personen und was machen sie? Erzähle, was du im Internet über sie herausgefunden hast. Du kannst dazu auch die Karten im Bucheinband nutzen.
▸ Umschlagseiten

1 Sofía Vergara

2 Carlos Sainz junior

3 Martina Stoessel

4 Gael García Bernal

5 Shakira

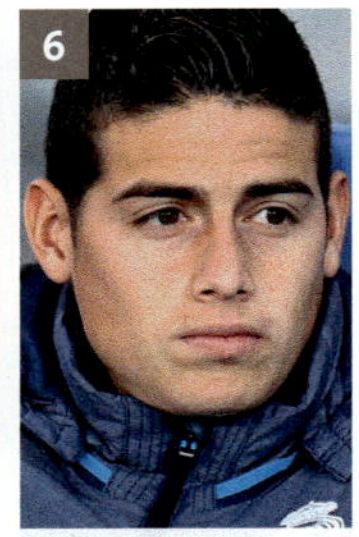
6 James Rodríguez

Mediación

ES/DE ▸ M ↗ 69/3

8 a Estás con tus padres en la oficina de turismo de Madrid y ellos tienen algunas preguntas. | Du bist mit deinen Eltern in der Touristeninformation in Madrid, und sie haben einige Fragen.

Überlege, wie du ihre Fragen auf Spanisch formulieren kannst:
- Was können wir in Madrid machen?
- Wo ist das Fußball-Stadion?
- Gibt es einen Markt in Madrid?

ES/DE 35

b Escucha y pregunta a la señora en las pausas. Luego explica a tus padres qué dice. | Höre der Frau in der Information zu und stelle deine Fragen von 8 a in den Pausen. Erkläre deinen Eltern anschließend, was sie sagt. ▸ Sprachmittlung, S. 155

Escribir

PF ↗ 71/10 ▸ GH 39/45

9 a Busca las expresiones en el texto (p. 117).

- Wie beginnst du einen Brief / eine Postkarte / (eine E-Mail)?
- Wie richtest du Grüße aus?
- Wie verabschiedest du dich?

▸ GH 39/45

¡Tú eliges! Elige b o c. ▸ Resumen, p. 122/4

PF ↗ 71/11 ▸ KV 51

b Escribe la postal de Ana para Mateo. Utiliza primero, luego, después y al final.

Puedes escribir:
- qué tiempo hace en Valencia,
- qué vas a hacer hoy con tus abuelos,
- qué vais a hacer mañana.

▸ M

c Escribe un e-mail a tu amiga de Madrid. Cuenta qué vas a hacer este fin de semana. Utiliza primero, luego, después y al final.

Punto final 7

Wählt **eine** der beiden Aufgaben aus.
Wollt ihr euch gegenseitig einschätzen,
findet ihr hier Evaluierungsbögen:
Webcode **APU-1-02**

Minitarea: Du schreibst eine Postkarte

Dein spanischer Brieffreund hat dir aus seinem Urlaub eine Karte geschickt und möchte wissen, wie deine Ferien sind. Du schreibst ihm eine Postkarte zurück.

1. ¡Preparados!

Überlege dir, was du schreiben möchtest, z. B.:
- wo du bist,
- mit wem du im Urlaub bist,
- wie das Wetter ist,
- was du heute machst und was du morgen machen wirst. ▸ **Mis actividades, p. 165; Mi ciudad, p. 166** ▸ **Para comunicarse, p. 193**

2. ¡Listos!

Schreibe die Postkarte.
Vergiss die Anrede und die Verabschiedung nicht und schreibe eine Adresse auf die Karte.
Kontrolliere deine Postkarte mit Hilfe der Fehlercheckliste. ▸ **Fehler korrigieren, S. 154**

3. ¡Ya!

Tausche deine Karte mit deinem Partner / deiner Partnerin.
Er/sie liest sie in der Klasse vor.

Tarea final: Ihr fertigt ein Plakat für einen Wettbewerb an

Um eine Klassenfahrt nach Spanien zu gewinnen, nimmt eure Klasse an dem Wettbewerb **„Una semana en España – ¿Qué vais a hacer?"** teil. Ihr fertigt dafür ein Plakat an.

1. ¡Preparados!

Arbeitet in kleinen Gruppen. Überlegt euch:
- wohin ihr in dieser Woche fahren werdet,
- mit wem ihr dorthin reisen werdet,
- wie das Wetter dort sein wird.
- was ihr machen werdet.

▸ **Mis actividades, p. 165; Mi ciudad, p. 166** ▸ **Para comunicarse, p. 193**

2. ¡Listos!

Gestaltet anschließend ein Plakat mit Fotos oder Zeichnungen und schreibt Texte mit euren Plänen für diese Woche dazu. Kontrolliert eure Texte mit Hilfe der Fehlercheckliste. ▸ **Fehler korrigieren, S. 154**

3. ¡Ya!

Präsentiert eure Plakate in der Klasse und hängt diese auf.

7

Resumen

Über Pläne sprechen	Dazu benötigst du:
1 **Voy a** pasar las vacaciones en la playa.	das **futuro inmediato**: ▶ Los verbos, p. 163 ▶ GH 38/42

Mañana	**voy**		ir	a la playa.
Ana, ¿	**vas**		estar	allí también?
Nico	**va**	**a**	visitar	a sus abuelos.
Mateo y yo	**vamos**		estudiar	mañana.
Chicos, ¿qué	**vais**		hacer	este viernes?
Mis tíos	**van**		viajar	a España.

Über die Ferien sprechen	Dazu benötigst du:
2 **Cuando** estoy en la playa, siempre tomo un helado. Mateo siempre va al Retiro **cuando** está en Madrid en verano.	die Konjunktion **cuando** *(immer wenn)*. ▶ GH 38/43
3 En Valencia hay una playa bonita **que** se llama La Malvarrosa. Tengo un amigo **que** vive en Madrid. –¿Quién es Nico? –Es el chico **que** lee un libro.	Relativsätze mit **que**. ▶ GH 39/44
4 **Primero** vamos a jugar al fútbol, **luego** vamos a nadar, **después** vamos a tomar el sol y **al final** vamos a tomar un helado.	die Zeitadverbien **primero**, **luego**, **después** und **al final**. ▶ GH 39/45
5 ¿Qué **me** cuentas? **Te** escribo una carta. Los amigos de Ana **le** mandan postales.	die indirekten Objektpronomen im Singular mit einem Verb: ▶ GH 39/46 **me** **te** + *Verb* **le**

facultativo

Teste deine Grammatikkenntnisse ▸ Soluciones, p. 167

1 Gib die folgenden Sätze im futuro inmediato wieder. ▸ GH 38/42

Ejemplo: Alquilo una barca. → Voy a alquilar una barca.

1. Escucho mi música favorita.
2. ¿Qué haces?
3. Mi hermano y yo visitamos a nuestros primos.
4. Alicia escribe en su cuaderno.
5. Chicos, ¿ordenáis vuestra habitación?
6. Los chicos ensayan para el concierto.

2 Verbinde die folgenden Sätze mit dem Relativpronomen que. ▸ GH 39/44

Ejemplo: Julia es una chica. Julia vive en Valencia. → Julia es una chica que vive en Valencia.

1. Mi abuela tiene un caballo. El caballo se llama Lorenzo.
2. Mi hermana esconde las cosas. Yo necesito las cosas.
3. Pablo y José son alumnos. Pablo y José estudian mucho.
4. En mi clase hay una chica. La chica toca la guitarra.
5. Mario es un chico. Mario lleva gafas.
6. El fútbol es un deporte. El fútbol me gusta mucho.

3 Setze in die Lücken die passenden Konjunktionen ein: cuando (2x), o, pero, por eso, porque oder y. ▸ GH 38/43

1. Alejandro no hace deporte [...] no le gusta.
2. [...] estoy en Valencia, siempre voy a la playa.
3. En mi tiempo libre leo libros [...] chateo con mis amigos.
4. Por la mañana estudio en el colegio [...] por la tarde tengo tiempo libre.
5. Siempre jugamos con los animales [...] estamos en la granja de mi abuela.
6. No tengo dinero. [...] no voy al cine.
7. Ana va a pasar las vacaciones en Valencia [...] Nico va a hacer camping.

4 Vervollständige die Sätze mit den indirekten Objektpronomen me, te oder le. ▸ GH 39/46

1. (a mí): Mis abuelos siempre [...] preguntan muchas cosas.
2. (a él): Nico vive en España y [...] gusta.
3. (a ti): La profesora [...] pregunta otra vez.
4. (a mí): ¿Por qué no [...] escribes?
5. (a ella) ¿Por qué no [...] cuentas la historia?
6. (a ti) ¿[...] gusta pasar las vacaciones en la playa?
7. (a ella) ¿[...] mandas una postal o una carta?

5 Vervollständige die Sätze mit primero, luego, después und al final. ▸ GH 39/45

Este día empieza muy bien: [...] tenemos clase de Música. [...] de Música hay Matemáticas, y [...] hay clases de Lengua y Literatura. [...] tenemos un recreo para ir a la cafetería.

Teste, was du jetzt sagen kannst ▸ Para comunicarse, p. 193

- Erzähle, was du in den Ferien machen wirst.
- Sage, wie das Wetter diese Woche sein wird.
- Rufe einen spanischen Freund aus dem Urlaub an und erzähle von deinem Urlaub.

Evaluación 3 (Unidades 5–7)

facultativo

Vocabulario

1 Mateo tiene hambre. Ordena el diálogo entre el chico y el vendedor.

1. Son 4,50 euros.
2. No, gracias. ¿Cuánto es?
3. ¿Y de beber?
4. Un bocadillo de jamón.
5. Hola, ¿qué vas a tomar?
6. Gracias. Adiós, chico.
7. ¿Algo más?
8. Un zumo, por favor.
9. Aquí tiene.

2 ¿Cuál es lo contrario de estas palabras?

1. rizado – [...]
2. grande – [...]
3. más temprano – [...]
4. entrar – [...]
5. abrir – [...]
6. a la derecha – [...]
7. cerca – [...]
8. el pueblo – [...]
9. moderno – [...]
10. pocos edificios – [...]
11. mucho calor – [...]
12. buen tiempo – [...]

3 ¿Qué es? Encuentra las parejas.

1. Es un deporte. Necesitas un balón y 11 chicas o chicos.
2. Es un lugar con muchos edificios antiguos.
3. Es como un cuaderno. A veces tiene fotos.
4. Es una mascota muy fiel.
5. En este lugar duermes.
6. Aquí compras helados.
7. Cuando no tienes clases, tienes...
8. Cuando haces cosas que te gustan, estás...
9. Cuando no bebes agua, tienes...

a. el perro
b. contento/-a.
c. la cama
d. sed.
e. la revista
f. la heladería
g. el fútbol
h. el centro histórico
i. vacaciones.

Gramática

4 Verbos en presente: Nico describe el camino a su colegio. Pon la forma correcta de los verbos. | Nico beschreibt den Weg zu seiner Schule. Setze die richtige Form der Verben ein.

¿Cómo (*ir*/yo) a mi colegio? Mira: A las ocho y diez (*salir*) de casa. (*Girar*) a la derecha y (*seguir*) todo recto. (*Coger*) la primera calle a la derecha y ya (*estar*) en una plaza. Allí (*encontrar*) a Julia. Pero... ¿dónde (*estar*) mi amiga? –Ah, allí ya (*venir*). A veces esta chica (*poder*) ser un desastre: ¡(*dormir*) mucho! Ahora los dos (*tener* que) correr porque las clases (*empezar*) a las nueve. (*Cruzar*/nosotros) la plaza, (*girar*) a la izquierda, (*seguir*) todo recto. De la izquierda y de la derecha ya (*venir*) mis compañeros de clase y (*seguir*) hasta la plaza. Ellos y nosotros (*pasar*) por la portería.

5 a El imperativo: En el campamento de verano Mateo tiene que hacer muchas cosas. ¿Qué dicen? Utiliza el imperativo.

1. *Ordenar* tu habitación
2. *Hacer* deporte con tu grupo
3. *Tener* cuidado en el estanque con tu piragua
4. *Comprar* bocadillos para el paseo
5. *Cantar* con nosotros
6. *Salir* al bosque
7. *Contar* algo de Valencia
8. *Escribir* una postal para tus padres

b ¿Qué tienen que hacer Mateo y su hermano? Escribe las frases de 6 a con el imperativo en plural.

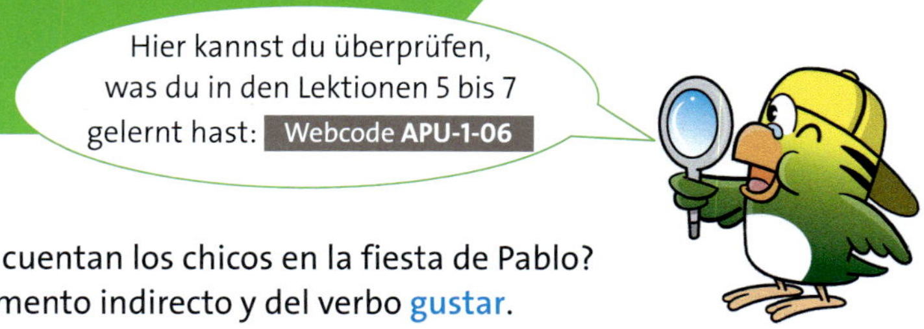

6 **Me gusta/n, te gusta/n, le gusta/n:** ¿Qué cuentan los chicos en la fiesta de Pablo? Completa con los pronombres de complemento indirecto y del verbo **gustar**.

1. A Nico [...] mucho la música, pero no [...] los bocadillos.
2. A Pablo [...] mucho su piñata. Y también [...] sus regalos.
3. Nico: Ana, ¿[...] bailar? ¿Bailamos?
4. Ana: ¡Claro! [...] mucho. En casa siempre bailo.
5. Julia: Pero, Ana, ¿[...] esta música?
6. Ana: A mí no [...] pero a Pablo sí [...] y hoy es su fiesta.

7 **Los determinantes mucho y poco:**
Completa las frases con la forma correcta de **mucho** (+) o de **poco** (–).

1. Pepe tiene (+) libros y (–) tiempo.
2. Hoy tenemos (–) clases y (+) tiempo libre.
3. En la ciudad hay (+) plazas pero (–) parques.
4. Tengo (+) hambre pero (–) sed.

5. En el coro cantan (–) chicos y (+) chicas.
6. Lili bebe (+) zumo pero (–) agua.
7. Nico lee (–) revistas pero (+) libros.
8. Ana quiere comprar (+) cosas pero tiene (–) dinero.

8 **El pronombre relativo que:** Conecta las frases con **que** como en el ejemplo y cuenta quiénes son los chicos.

Ejemplo: 1. Julia es una chica que tiene muchas amigas.

1. Julia es una chica. Julia tiene muchas amigas.
2. Nico habla mucho de su tía. Su tía vive en Hamburgo.
3. A Ana le gusta el Turia. El Turia es un parque muy bonito.
4. Mateo pasa las vacaciones en un campamento. El campamento es muy divertido.
5. Nico es un chico. El chico habla alemán y español.
6. Julia escribe a su abuela. Su abuela cumple 60 años.
7. Mateo vive en una casa pequeña. La casa está cerca del parque.

9 **Los verbos con diptongación o → ue y e → ie:** Ana hace planes con sus hermanos. Completa el diálogo con las formas correctas de los verbos.

Lili: Mañana (*querer*/yo) ir a la playa. ¿Quién (*poder*) ir?
Paco: Paso. Carlos y yo no (*poder*) mañana. (*Querer*/nosotros) ir al polideportivo.
Ana: Yo no (*querer*) ir a la playa. (*Preferir*) salir con Héctor.
Lili: ¡Ay no! Siempre lo mismo. Vosotros siempre (*tener*) muchas actividades. ¿Por qué no (*querer*/vosotros) ir a la playa?
Ana: Pero, Lili, tú tampoco (*poder*). (*Tener* que) ir con tu amiga María. (*Tener*/vosotras) clase de guitarra, ¿verdad?
Lili: No. ¡Qué aburrido! Además ella siempre (*querer*) jugar con su consola de videojuegos.
Paco: ¿(*Preferir*/tú) venir con nosotros? Mira, allí (*poder*/nosotros) jugar al pádel.

Comprensión auditiva

2 36 **10 a** ¡Escucha bien! ¿Qué dibujo va con qué texto?

2 36 **b** Escucha otra vez y contesta las preguntas. ▶ **Selektives Hörverstehen, S. 150**

1. ¿Con quién va el chico al concierto?
2. ¿Por qué la chica tiene que llegar temprano al colegio?
3. ¿Cuándo llega el autobús de los chicos?
4. ¿Cuál es el animal favorito de la chica?

Expresión escrita

11 Tú escribes para una revista de chicos y chicas que aprenden español. Cuenta: ¿Cómo es tu día? ¿Qué haces? Escribe qué haces cada día durante la semana y a qué hora. ▶ **Texte schreiben, S. 154**

Primero...	Luego...	Después...	Al final...

Expresión oral

12 a Describe a los chicos del dibujo.

Inventa:
- ¿Cuáles son sus asignaturas favoritas?
- ¿Qué les gusta hacer el fin de semana?
- ¿Adónde van con sus amigos y qué hacen?

b Elegid a dos chicos del dibujo y un tema. Inventad un diálogo. También podéis llamaros por teléfono. Presentad vuestros diálogos en clase.
▶ **Rollenspiele, S. 153**

- quedáis para comprar un regalo de cumpleaños para un/a amigo/a
- habláis de qué vais a hacer en las vacaciones

Comprensión lectora

13 Elige el hospedaje ideal para tu familia. | Deine Familie will in Spanien Urlaub machen. Ihr seid vier Personen und ein Hund. Wähle die perfekte Ferienwohnung für euch aus.

▶ Detailliertes Leseverstehen, S. 152

Apartamento ideal para vacaciones

- 2 habitaciones dobles con dos camas,
- 1 baño completo,
- 1 cocina independiente, 90 m^2,
- TV, TV cable/satélite, Internet/wifi,
- terraza, aparcamiento, piscina compartida, jardín compartido

Servicios:
pista de pádel, pista de tenis, cafetería
No se admiten perros.

¡¡Casa a 100 m de la playa!!

Características de la casa
- 3 habitaciones (4–6 personas),
- baño, cocina, aire acondicionado,
- TV, TV cable/satélite, Internet/wifi

Servicios:
alquiler de bicicleta, restaurante, cafetería, heladería
Info adicional: Se admiten mascotas.

Apartamento – Wellness – Ecoturismo

- 1 habitación doble, 1 sofa-cama para una persona,
- baño completo, cocina, comedor, jacuzzi,
- TV, TV satélite, barbacoa, terraza, aparcamiento

Servicios:
alquiler de bicicleta, actividades multiaventura
Información adicional:
Se admiten perros, recomendable tener coche.

Mediación

14 Estás de vacaciones en España con tu familia. Tu madre encuentra en una revista una receta. Léela y explícale cómo se prepara la tortilla. ▶ Sprachmittlung, S. 155

TORTILLA DE PATATAS

Preparación:
1. Pelar y cortar las patatas y la cebolla.
2. Poner en una sartén[1] aceite de oliva.
3. Freír las patatas y la cebolla. Añadir un poco de sal.
4. Batir los huevos. Añadir también un poco de sal.
5. Mezclar las patatas, la cebolla y los huevos.
6. Echar un poco de aceite de oliva en la sartén.
7. Echar la mezcla[2] de patatas, cebolla y huevos.
8. Después de cinco minutos darle una vuelta con un plato[3].
9. Después de otros cinco minutos está lista.

¡Que aproveche!

Ingredientes:

4 patatas grandes

1 cebolla

3 huevos

aceite de oliva para freír

sal

1 la sartén *die Pfanne*
2 la mezcla *die Mischung*
3 el plato *der Teller*

Especial vacaciones

¿Playa o montaña?

1 el encanto *der Charme*
2 extrañar algo *etw. vermissen*
3 La verdad... ¡Qué linda era la montaña! *Ehrlich gesagt ... wie schön war es in den Bergen!*

Poemas de verano

Sol, solecito[1]

Sol, solecito,
caliéntame un poquito[2],
por hoy y mañana,
por toda la semana.

Fuente: popular

Mar azul, cielo azul[3]

Cielo azul
sin una nube[4].
Mar azul
sin una vela[5].
Solo la espuma[6]
sobre la arena[7].

Gregorio Castañeda Aragón, Kolumbien

Sandía[8]

¡Del verano, roja y fría[9]
carcajada[10],
rebanada[11] de sandía!

José Juan Tablada, México

1 solecito hier: *liebe Sonne*
2 caliéntame un poquito *wärme mich ein bisschen*
3 el cielo azul *der blaue Himmel*
4 la nube *die Wolke*
5 la vela *das Segel*
6 la espuma hier: *der Meeresschaum*
7 la arena *der Sand*
8 la sandía *die Wassermelone*
9 frío, fría *kalt*
10 la carcajada *das Lachen*
11 la rebanada *die Scheibe*

1 Ahora cuenta tú: ¿playa o montaña? ¿Adónde quieres ir y por qué?

37–39 **2** Escucha y después lee los poemas en voz alta.

Postre de verano

Para cuatro vasos:

- *1/2 de melón*
- *150 g de frambuesas*
- *1/2 limón*
- *2 cucharadas soperas de azúcar*
- *2 cucharadas soperas de queso fresco*
- *3 galletas* 

A Reservar cuatro frambuesas grandes. Triturar las demás con el resto del azúcar, el queso fresco y el zumo de limón.

B Repartir el melón en los vasos. Añadir la crema de frambuesa y al final las galletas y una frambuesa.

C Cortar el melón y triturar la pulpa del melón con una cucharada de azúcar con la batidora eléctrica.

D Aplastar las galletas con un vaso.

E Meter los vasos en el congelador durante una hora.

3 a Lee los textos y relaciónalos con las fotos.

b ¿Qué significan las palabras cortar, triturar, reservar, aplastar, repartir, añadir y meter?

ES DE **4** Explica a tus padres en alemán cómo se prepara este postre.

Lectura

Ahora sí tienes tiempo para leer. ¿Qué tal una historia de misterios?
Aquí te dejamos una prueba de «El misterio de las mascotas».

2 40

Por fin vacaciones…

Hoy, por fin empiezan las vacaciones de verano para todos los chicos y chicas[1] en España. También en Alicante Javi, Sarah, Esteban y Elena tienen tres meses sin[2] colegio, sin clases, sin exámenes y sin profesores.

[…]

A las tres y cuarto, cuando los chicos van a la parada de bus[3] para ir a la playa, se encuentran con una vecina[4] del barrio muy simpática, que grita muy nerviosa:

Doña Minda: ¡No puede ser! ¡Chicos! ¿Sabéis vosotros dónde está Coco? Su jaula está vacía[5]… ¡No puede ser! ¡No está en casa desde esta mañana! ¿Dónde puede estar? Tengo que encontrar a Coco…

Los chicos no comprenden muy bien qué pasa. Por fin, Esteban explica:

Esteban: Coco es el loro[6] de doña Minda, es su mascota; es como un hijo para ella.

Sarah: Está muy triste.

Javi: Sí, es muy nerviosa…

Elena: Es verdad, pero seguro que Coco va a aparecer[7] muy pronto… […]

Esteban: Coco es un loro muy especial, porque habla muy bien. Es muy divertido. Doña Minda está muchas veces con Coco en la plaza, al lado del quiosco, y muchos vecinos hablan con él. Y bueno… a mucha gente le gustaría tener[8] un loro así…

Sarah: ¿Qué quieres decir con eso?

Esteban: Nada, solo que hay muchas personas en la ciudad que quieren comprar a Coco, pero doña Minda siempre tiene la misma respuesta[9]: ¡No!

Esteban: ¿Por qué no ayudamos a[10] doña Minda?

Sarah: ¿Y qué pasa con la tarde de playa y surf?

Javi: Podemos ir a la playa mañana. Doña Minda es nuestra vecina y necesita ayuda para encontrar a su mascota.

Elena: ¡Sí!, vamos a preguntar en otras calles del barrio a todos los vecinos si alguien sabe algo sobre Coco.

Con muchas ganas de ayudar a su vecina, los cuatro chicos cambian sus planes[11] de playa y surf para descubrir el misterio[12] de la desaparición de Coco.

1 todos los chicos y chicas *alle Jungs und Mädchen* **2** sin *ohne* **3** la parada de bus *die Bushaltestelle* **4** encontrarse con una vecina *eine Nachbarin treffen* **5** su jaula está vacía *sein Käfig ist leer* **6** el loro *der Papagei* **7** aparecer *auftauchen* **8** a mucha gente le gustaría tener *viele Leute hätten gern* **9** tener la misma respuesta *die gleiche Antwort haben* **10** ayudar a alguien *jdm helfen* **11** cambiar sus planes *seine Pläne ändern* **12** descubrir el misterio *das Geheimnis lüften*

5 a Überfliege den Text und schaue dir das Bild an. Wovon handelt der Text?

b ¿Cómo es Coco? Busca en el texto la información sobre Coco.

6 ¿Dónde está Coco? | Was ist mit Coco passiert? Überlegt, wo er sein könnte.

Planes para el verano

ES DE **7** Quieres ir al campamento de verano, pero tienes que preguntar a tus padres. Explica en alemán por qué es un campamento genial y qué actividades puedes hacer.

▸ KV 53 **8** ¡A jugar! | Spielt ein Spiel nach dem Muster: „Ich packe meinen Koffer ...“.

> En mi mochila llevo un gorro.

> En mi mochila llevo un gorro y una linterna.

Módulo 5

Fiestas y tradiciones

	enero	febrero	marzo	abril	mayo	junio
1	El Año Nuevo					
2						
3						
4						
5						
6	Los Reyes Magos					
7						
8						
9						
10						
11						
12						
13						
14		El Día de los enamorados				
15						
16						
17			Las Fallas			
18						
19						
20						
21						
22						Las Hogueras de San Juan
23				El Día internacional del libro		
24						
25						
26						
27						
28						
29						
30						
31						

En la noche del 5 al 6 de enero, los niños reciben regalos de **los Reyes Magos**. El 5 de enero los Reyes Magos entran en la ciudad y regalan caramelos y golosinas (la cabalgata).

En **Semana Santa** hay procesiones por las calles de la ciudad. La procesión más importante es el Viernes Santo.

A finales de junio muchas ciudades y pueblos españoles celebran la llegada del verano con **las hogueras de San Juan**.

Las Fallas son unas fiestas valencianas para recibir la primavera. En la noche del 19 marzo se queman en las calles los *ninots*, figuras grandes de papel maché y madera.

La Feria de Abril es una fiesta sevillana con muchas atracciones: música, canto, baile, comida y bebida.

Hablar

1 Lee los textos sobre las fiestas de España y México. ¿Qué fiestas conoces? Cuenta.

2 a ¿Qué fiestas conocéis en Alemania u otros países? Elegid dos fiestas y presentadlas en clase.

Hier lernst du:

- spanische und mexikanische Feiertage und Traditionen kennen.
- ein spanisches Weihnachtslied.

	julio	agosto	septiembre	octubre	noviembre	diciembre
1						
2					El Día de Muertos	
3						
4						
5						
6						El Día de la Constitución
7						
8						
9						
10						
11						
12	Los Sanfermines			Día de la Hispanidad		
13						
14						
15		La Asunción de la Virgen				
16			Día de la Independencia			
17						
18						
19						
20						
21						
22						
23						
24						
25						Navidad
26						
27						
28						
29						
30						
31						Nochevieja

Durante **los Sanfermines**, cada día corren muchos toros y cientos de personas con ropa blanca y pañuelos rojos por las calles de Pamplona.

El Día de Muertos es una celebración mexicana. Las familias visitan los cementerios, colocan velas y flores sobre las tumbas de sus muertos, preparan su comida favorita, cantan y bailan.

2 41

Arre borriquito

Arre, borriquito.
Arre, burro, arre.
Anda más deprisa
que llegamos tarde.
Arre, borriquito.
Vamos a Belén
que mañana es fiesta
y al otro también.

Quelle: gemeinfrei

En **la Nochevieja**, justo cuando el reloj marca las doce de la noche, los españoles comen doce uvas para tener buena suerte en el año nuevo.

▶ KV 54

b Haced un calendario de fiestas internacionales.

Escuchar

2 41

3 Escucha y canta el villancico. | Höre und singe das Weihnachtslied.

M5

Differenzierungs- und Partneraufgaben

Unidad 1/Texto A

4 b **Algo más** ¡Adivina! | Rate: Welche sind Jungen- und welche Mädchennamen? ▸ Soluciones, p. 168

6 a Presenta las personas a tu compañero / tu compañera. |
Stelle die Personen deinem Partner / deiner Partnerin vor. ↗ p. 15

¿Quién es?

Este es [...]. Es de [...] y habla [...]. Y él/ella, ¿quién es?

Mateo | Nico | Ana | Julia | Carmen / Valencia

12 Hablas con un chico de España. Escucha y contesta con estas frases. |
Du sprichst mit einem Jungen aus Spanien. Höre zu und antworte in den Pausen. ↗ p. 16

(Muy) Bien. / Pues, regular. / Fatal.

Soy de Alemania / [...].

Sí, hablo alemán, inglés y español.

Me llamo [...].

Unidad 1/Texto B

↗ 10/1 10/2

2 **Algo más** ¡Adivina! ¿Quién es? | Finde heraus, um wen es sich handelt. ▸ Soluciones, p. 168

1. Es la amiga de Nico y Ana. Es de Valencia.
2. Es de Madrid.
3. Habla español, alemán e inglés.
4. Es de México.
5. A veces chatea con los amigos de Madrid.
6. Son amigos y compañeros de clase.
7. Es la profesora de Inglés.
8. Charlan y escuchan música.

7 ¡A jugar! | Notiere die neuen Verben auf Kärtchen und lege sie in einen „bolso de los verbos". **A** nimmt ein Verb aus dem „bolso de los verbos". **B** würfelt und bildet einen Satz mit der richtigen Form des Verbs. Wechselt euch ab. ▸ Resumen, p. 23/6 ↗ p. 20

buscar *charlar*
chatear *escuchar*
estudiar *hablar*
quedar

⚀ = [yo] ⚃ = [nosotros/nosotras]
⚁ = [tú] ⚄ = [vosotros/vosotras]
⚂ = [él/ella] ⚅ = [ellos/ellas]

A: Escuchar.

B: ¿Qué música escuchas?

Unidad 2/¡Acércate!

2 a Describe la habitación de Mateo. | Beschreibe Mateos Zimmer.

↗ p. 28

En la habitación de Mateo hay	un	sillón. armario. escritorio.	póster. ordenador. […].
	una	lámpara. puerta. cama. ventana.	estantería. tableta. mochila. […].

4 a ¿Qué hay en tu habitación? Menciona cinco objetos. |
Nenne fünf Gegenstände in deinem Zimmer. ▸ Resumen, p. 38/1, 2

↗ p. 28

En mi habitación hay	un	ordenador, […].
	una	lámpara, […].
		libros, […].

Unidad 2/Texto A

↗ 18/5 18/6 19/7 19/8

5 **Algo más** Verbinde die folgenden Elemente zu vollständigen Sätzen. ▸ Soluciones, p. 168

1. En el recreo siempre
2. Carla, ¿dónde
3. Los chicos
4. Mi hermano
5. Hola chicos,
6. Por la tarde mis amigos y yo

a. están en el colegio.
b. ¡estáis aquí también! ¡Genial!
c. no está en casa.
d. siempre estamos en el parque.
e. estás?
f. estoy en el pasillo y charlo con mis amigos.

6 a ¿Dónde están las cosas? | Wo sind die Gegenstände? Fragt euch gegenseitig.

↗ p. 31

Ejemplo: –¿Dónde están las revistas?
–Están en la cama.

[…] está […] están	al lado encima debajo delante	del […]. de la […]. de los […]. de las […].
	en	el […]. la […].

11 **A** packt seinen Rucksack und sucht seine/ihre Schulsachen. Du (**B**) hilfst beim Suchen. Bereitet eure Rollen vor und spielt den Dialog der Klasse vor. ▶ A, S. 32

B
- Du schlägst ein Zimmer vor, wo der Gegenstand sein könnte.
- Du bist genervt und schlägst ein anderes Zimmer vor.
- Du deutest auf den Gegenstand und nennst das Möbelstück, auf dem er liegt.

Unidad 2/Texto B

10 ¿Qué (no) hacéis por la tarde? Preparad el diálogo y presentadlo en clase. ↗ p. 36

escribir un mensaje
tomar la merienda

ver la tele
ver una película
beber un zumo
escuchar música
comer un bocadillo
charlar
leer revistas
leer un libro

☺
Vale, vale.
Sí.
¡Claro!
¡Vale! Entonces ...

☹
No, ahora no.
No, siempre lo mismo.

– ¿Charlamos?
– No, ahora no.

11 ¿Qué hacéis después del colegio? | Erzählt euch, was ihr nach der Schule macht. ↗ p. 36

Después del colegio siempre escucho música en mi habitación. También [...]

leer revistas en mi lugar favorito — *compartir* un bocadillo en la cafetería — *quedar* con amigos en el parque — *estudiar* con amigos en casa — *ver* la tele en el salón — *chatear* con amigos — *charlar* con amigos en la plaza — también — siempre — a veces — por la tarde — ¡Es genial! — [...]

Evaluación 1 (Unidad 1 y 2)

15 Presentad el diálogo. | Du lernst im Urlaub einen Jungen / ein Mädchen kennen. Ihr merkt, dass ihr beide ein bisschen Spanisch sprecht und unterhaltet euch. Spielt den Dialog. **A** beginnt. ▶ A, S. 43

B
- Du heißt [...]. Du sprichst kein Englisch, aber du sprichst Spanisch.
- Dir geht es sehr gut. Du fragst, wie es **A** geht.
- Du kommst aus Portugal (= *Portugal*). Du fragst, woher **A** kommt.
- Du triffst dich heute Nachmittag mit Freunden im Park. Du fragst, ob ihr euch treffen wollt.
- Ja. Du verabschiedest dich.

Unidad 3/¡Acércate!

3 b Mira el dibujo (p. 50), escucha y completa. | Schaue dir das Bild (S. 50) an, höre zu, was Pepe sagt, und ergänze mündlich die Lücken im Hörtext.

↗ p. 50

...es mi hermana	...son mis padres	...es mi tía	...es mi primo
...es mi hermano	...es mi prima	...es mi tío	...es mi tía
...son mis abuelos	...es mi abuela	...es mi abuelo	

Unidad 3/Texto A

6 Ana describe a su perro Héctor. Completa el texto con las formas correctas de los adjetivos. | Ergänze im Text die richtigen Formen der Adjektive.

↗ p. 53

Tengo una mascota: mi perro Héctor. Es un perro [...].
Es bastante [...] pero es muy [...].
Yo no soy muy [...] con él, pero a veces esconde mis cosas...
Por la tarde quedamos con mi amiga Tania y su perra Alba en el parque. Alba tiene un año pero es muy [...] y es muy [...].
Con Héctor y Alba las tardes no son [...].

inteligente · pequeño · aburridas · tranquilo · estricta · grande · divertida

7 **Algo más** ¿Qué tienes tú? | Was hast du? Spiele „Kofferpacken" mit einem oder mehreren Partnern. ▸ Parada de autobús, p. 156

↗ 32/6

1. Tengo una mochila. ¿Y qué tienes tú?
2. Tengo una mochila y un cuaderno. ¿Y qué tienes tú?
3. Tengo una mochila, un cuaderno y un lápiz. ¿Y qué tienes tú?

8 **Algo más** ¡A jugar! | Denke dir ein Rätsel zu einem Familienmitglied aus. Dein Partner / deine Partnerin soll erraten, wer es ist. ▸ Parada de autobús, p. 156

Ejemplo:
– Es la hermana de mi madre.
– Es tu tía.

13 **¡Tú eliges!** Elige a o b. ▸ La familia, p. 165

↗ p. 54

a Cuenta de tu familia a tu compañero / tu compañera. | Erzähle deinem Partner / deiner Partnerin von deiner Familie.

b Escribe un texto sobre tu familia. | Schreibe einen Text über deine Familie wie auf S. 51.
▸ Texte schreiben, S. 154

- Sage, wie alt du bist.
- Sage, ob du eine große oder eine kleine Familie hast.
- Sage, ob du Geschwister hast, und wie alt sie sind.
- Beschreibe deine Eltern/Geschwister/Großeltern: Sind sie lustig, streng, ruhig, ...?
- Erzähle, ob du ein Haustier hast.

Unidad 3/Texto B

8 a **Algo más** ¡A jugar! ¿Qué animal es? | Der/die eine macht ein Tier vor – aber: ohne zu sprechen. Der/die andere muss es erraten. ▸ Parada de autobús, p. 156

Ejemplo: –¿Es un pez? –¡Sí, es un pez! / No, no es un pez.

el elefante

el mono

el pez

el gato

la rana

el león

el periquito

?

8 b Y tú, ¿tienes una mascota o quieres una? | Hast du ein Haustier oder möchtest du gern eines haben? Erzähle deinem Partner / deiner Partnerin davon. ▸ Las mascotas, p. 165 ↗ p. 58

¿Tienes una mascota? ↗	☺ Sí, tengo un	gato. perro. caballo. conejo. conejillo de Indias. [...].	→ Se llama [...]. Tiene [...] años y es muy	inteligente. divertido. tranquilo. cariñoso. fiel. [...].
¿Tienes una mascota? ↘	☹ No, no tengo mascotas, pero quiero un	gato perro caballo conejo conejillo de Indias [...]	→ porque los [...] son muy	inteligentes. divertidos. tranquilos. cariñosos. fieles. [...].

9 Eres la madre / el padre (**B**). **A** quiere un perro pero tú no. Presentad el diálogo. **A** empieza. | Du bist die Mutter / der Vater (**B**). **A** möchte einen Hund haben, aber du nicht. Spielt den Dialog. **A** beginnt. ▸ A, S. 58

- Du möchtest zu Hause keine Tiere haben. Auch keinen kleinen Hund.
- Aber ihr habt eine kleine Wohnung. Das ist schwierig. Du fragst, ob **A** das Zimmer mit einem Hund teilen will.
- Hunde sind aber nicht immer liebevoll. Sie nerven auch manchmal.
- Nein. Außerdem bist du allergisch. Du willst nicht mehr über Haustiere sprechen.

B

Unidad 4/¡Acércate!

↗ 41/4 41/5

5 b **Algo más** Lee el e-mail de Mateo y apunta las formas correctas de nuestro o vuestro en tu cuaderno. | Wähle die richtige Form von nuestro oder vuestro aus. ▸ Soluciones, p. 168

es_mail | enviar | insertar ⌄ | ortografía | opciones ⌄ | cancelar

¡Hola!
Soy Mateo. Estudio en Valencia. [Nuestro/Vuestro] colegio se llama Pablo Picasso.
En [nuestra/vuestra] clase somos 24 alumnos. ¿Y en [nuestra/vuestra] clase? [Nuestros/Vuestros] profesores son divertidos pero un poco estrictos. ¿Cómo son [nuestros/vuestros] profesores? ¿En [nuestra/vuestra] clase de Español habláis siempre en español?
En [nuestras/vuestras] clases de Alemán hablamos siempre en alemán. En [nuestra/vuestra] biblioteca tenemos películas de Alemania, ¿qué tenéis en [nuestra/vuestra] biblioteca? Ah, [nuestro/vuestro] conserje es de Wuppertal. ¿De dónde es [nuestro/vuestro] conserje? ¿Tenéis conserje? Saludos

Unidad 4/Texto A

1 b Lee el texto (p. 67) y relaciona las preguntas con la respuesta correcta. ↗ p. 67

1. ¿Qué día es?
2. ¿A qué hora empieza la clase de Lengua?
3. ¿Por qué es el día favorito de Ana y sus hermanos?
4. ¿Quién es Héctor?
5. ¿Qué hace Ana después del colegio?
6. ¿En qué grupo prefiere participar Ana?
7. ¿Cuándo chatea con su abuela?

a. En el grupo de Música.
b. Es su mascota.
c. El martes.
d. Es lunes.
e. A las nueve.
f. Come con su familia y sale con Héctor.
g. Porque su padre está en casa.

2 c **Algo más** Presenta un día en el cole y escribe el texto en tu cuaderno. Utiliza:

De ... a ... tengo clase desde ... hasta ...
Los lunes tengo clase hasta ...
A las ... empieza mi clase de ...
Desde las ... hasta las ... tengo ...
Mi día favorito es ... porque ...
... es mi asignatura favorita.
Después del cole ...
Por la tarde siempre ...

3 b **Algo más** Suche für jedes Verb eine andere Ergänzung und schreibe damit einen Satz in dein Heft. ▸ Soluciones, p. 168

5 Haz propuestas. Tu compañero / tu compañera contesta como en el ejemplo.

▸ Resumen, p. 76/3

↗ p. 69

Ejemplo: –Oye, ¿organizamos el Día de las puertas abiertas el lunes por la mañana?
–No, los lunes por la mañana siempre ensaya nuestro grupo de teatro.

ver una película en casa después del cole
quedar con Mateo y Nico
escuchar música
estudiar para el examen de Inglés
tomar la merienda en mi casa

lunes
martes
miércoles
jueves
viernes
sábado
domingo

ensayar nuestro grupo de teatro.
tener clase de guitarra.
comer en casa de mi abuela.
salir con el perro.
chatear con mis amigos en [...].
estar en casa de mis abuelos.

6 Tú eres el amigo / la amiga de España. Habla con un amigo / una amiga de Alemania sobre el colegio. | Unterhalte dich mit einem deutschen Freund / einer deutschen Freundin über die Schule. **A** beginnt. ▸ A, S. 69

B

- Deine Schule heißt Lope de Vega. Du fragst **A**, um wie viel Uhr sein/ihr Unterricht (= *clases*) beginnt.
- Dein Unterricht fängt um 9 an und endet um 13:25. Du fragst, welche Fächer **A** hat.
- Du hast Mathe, Englisch, Spanisch, Valencianisch, Religion, Sport und Musik. Du fragst **A**, ob er/sie ein Lieblingsfach hat.
- Dein Lieblingsfach ist Mathe.

1 63

9 a Así es el día de Mateo. Escucha y ordena las frases. | Höre zu. Wann macht Mateo die folgenden Aktivitäten? Bringe die Sätze in die richtige Reihenfolge. Zwei sind zu viel.

↗ p. 70

S Chatea con sus amigos de Madrid.
E Queda con Nico.
R Después tiene clases de Religión, Lengua y Ciencias Sociales.
I Tiene Inglés.
A Ensaya con el grupo de teatro.
E Queda con sus amigas Ana y Julia.
V Desayuna a las ocho menos cuarto.
N Come en casa.
O Charla con su abuelo.

Unidad 4/Texto B

1 68

12 b ¿Qué dice Julia sobre el Día de las puertas abiertas? Escucha y apunta la respuesta correcta (**a**, **b** o **c**) en tu cuaderno.

↗ p. 74

1. Empieza a
   a) las ocho.
   b) las nueve.
   c) las nueve y media.

2. Julia participa en
   a) el grupo de Educación Física.
   b) el grupo de Matemáticas.
   c) el grupo de Música.

3. Julia no tiene ganas de participar en
   a) el grupo de Educación Física.
   b) el grupo de Matemáticas.
   c) el grupo de Música.

Evaluación 2 (Unidades 3 y 4)

13 Estás un año en un colegio español. Presentad el diálogo. | Du verbringst ein Jahr an einer spanischen Schule. Dort lernst du Marie/Jean aus Frankreich kennen, die/der auch ein Austauschjahr macht. Spielt den Dialog vor. **A** beginnt. ▸ A, S. 81

- Du bist Jean/Marie aus Frankreich. Du fragst **A**, wie es ihm/ihr geht.
- Du fragst **A**, ob er/sie den Stundenplan hat.
- Du fragst **A**, wann ihr Sport habt.
- Du bittest um eine Wiederholung und wiederholst, was **A** sagt.
- Du sagst, ihr müsst für *Lengua* Informationen über Madrid suchen. Aber du hast keine Lust.
- Du antwortest, ihr müsst am Freitag über Madrid sprechen. Aber es ist dir zu peinlich, vor der Klasse auf Spanisch zu sprechen.
- Du sagst, dass es toll ist.

B

Unidad 5/¡Acércate!

1 b **Algo más** ¿Cómo son los chicos? ¿Qué piensas? Escribe frases en tu cuaderno. | Wie sind die Jugendlichen? Was denkst du? Schreibe Sätze in dein Heft. ▸ Soluciones, p. 168

Ejemplo: Seguro que Toño es divertido.

despistado/-a	divertido/-a
inteligente	pesado/-a
tranquilo/-a	majo/-a

Unidad 5/Texto A

1 Lee el texto y cuenta: ¿Qué quieren hacer Ana, Mateo, Nico y Julia y por qué?

↗ p. 89

Ana Mateo Nico Julia	quiere no quiere	ir a la playa ir al cine ir al centro comercial jugar al baloncesto	porque	quiere ver una peli. el domingo tiene que ensayar para el concierto de las Fallas. no tiene dinero. no tiene ganas. no hace mucho deporte. es el cumpleaños de Pablo.

3 Los chicos quieren comprar un regalo para Pablo. ¿Qué dicen? Completa las frases con las formas del verbo poder y ordena el diálogo. | Vervollständige die Sätze mit den richtigen Formen von poder und ordne sie anschließend zu einem Dialog in deinem Heft.

▸ Resumen, p. 98/3

↗ p. 90

1. Julia: ¿Cuándo vamos al centro?

Mateo: [.../nosotros] ir hoy por la tarde, ¿no?

Nico: ¿Por qué no [.../tú]?

Nico: El miércoles Mateo y yo no [...] porque vamos al polideportivo. El jueves Ana no [...] porque va a un concierto con sus padres. Merche y Fran tampoco [...] porque tienen que ensayar para el concierto de las Fallas.

Julia: Vosotros [...] ir pero yo hoy no [...].

Julia: Porque voy al parque con Merche.

9 **Algo más** Ahora escribe un mensaje a Ana que también está de intercambio en vuestro colegio. Pregunta qué quiere hacer ella y escribe de vuestros planes. ▸ Soluciones, p. 168

11 Queda con tu compañero / tu compañera. **A** empieza. | Verabrede dich mit deinem Partner / deiner Partnerin. **A** beginnt.

▸ A, S. 92

B

- Du machst zwei verschiedene Vorschläge.
- Du nimmst den Vorschlag von **A** an.
- Du stimmst der Uhrzeit zu und schlägst einen Treffpunkt vor.
- Du verabschiedest dich.

Unidad 5/Texto B

10 Mira los dibujos y busca el regalo ideal para los chicos. | Suche das ideale Geschenk für Ana, Nico, Julia, Mateo, Juan und Lili.

↗ p. 96

Ana *Nico* *Julia* *Mateo* *Juan*

El regalo ideal para [...] es [...]	porque le gusta	el fútbol. la música.
	porque le gustan	los perros. los videojuegos. los cómics. las golosinas.

12 a ¿Quiénes hablan sobre sus actividades favoritas? Apunta los nombres de los tres chicos. ↗ p. 96

13 a Apunta en tu cuaderno dos cosas que te gustan y dos que no te gustan. | Notiere in deinem Heft zwei Dinge, die du magst, und zwei, die du nicht magst. ↗ p. 96

☺ A mí me gusta / me gustan:	☹ A mí no me gusta / no me gustan:
[...]	[...]

A mí (no) me gusta	estudiar. hacer deporte. tocar la guitarra. quedar con mis amigos. compartir mi habitación. [...].
	el fútbol. el baloncesto. la cafetería del colegio. la música. mi habitación. [...].
A mí (no) me gustan	los gatitos. los exámenes. los libros. las sorpresas. las golosinas. [...].

Unidad 6/¡Acércate!

4 Cuenta: ¿Qué hay en una ciudad / en un pueblo? ▸ Resumen, p. 112/1 ↗ p. 102

En	una ciudad un pueblo	hay	un/una	[...].
		(no) hay	muchos/muchas pocos/pocas	

museos · centro histórico · colegios · cines · bibliotecas · plazas · lugares interesantes · teatros · estadio de fútbol · edificios antiguos · casas modernas

Unidad 6/Texto A

1 b Haz las preguntas de 1a a tu compañero / tu compañera. Él/Ella contesta con las siguientes repuestas. ↗ p. 104

Rufo tiene sed. · Tienen que comprar una botella de agua. · Van al Estadio de Mestalla.

Hay un colegio. · Vive en la calle de la Paz. · Porque Rufo no puede entrar al estadio.

64/1

2 **Algo más** Relaciona los dibujos con las expresiones. ▶ Soluciones, p. 168

1. cruzar la calle
2. seguir todo recto
3. girar a la derecha
4. girar a la izquierda
5. coger la segunda calle a la izquierda
6. coger la segunda calle a la derecha

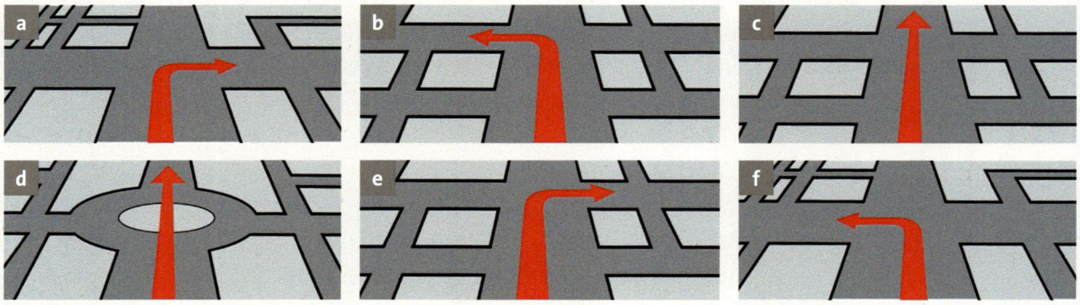

Unidad 6/Texto B

2 **Algo más** ¡A jugar! | **A** wählt einen spanischen Ausdruck der Aufgabe 2 (S. 108) und formt ihn stumm mit den Lippen. **B** liest ihn **A** von den Lippen ab und sagt, welcher Ausdruck es ist.
▶ Parada de autobús, p. 156

3 b Tú (**B**) trabajas en una cafetería. **A** quiere tomar algo. Presentad el diálogo. **A** empieza.

- Du begrüßt den Kunden / die Kundin.
- Es gibt jetzt gerade keine Schinkenbrötchen, aber es gibt Käsebrötchen.
- Du fragst, ob der Kunde / die Kundin noch etwas möchte.
- Also, ein Brötchen und einen Saft.
- Das sind 3,30 Euro.
- Du bedankst und verabschiedest dich.

B

5 b **Algo más** Habla con tus compañeros / tus compañeras y cuenta dónde vives y qué hay cerca de tu casa. ▶ Parada de autobús, p. 156

Verwende auch die Wörter die du im Wörterbuch gefunden hast!

8 **Algo más** Encuentra las parejas. Relaciona un verbo con su imperativo. Después formula frases en tu cuaderno con los imperativos. ▶ Resumen, p. 112/3 ▶ Soluciones, p. 168

venir	*salir*	*tener*	*hacer*	¡ten!	¡haz!	¡sal!	¡ven!

Unidad 7/¡Acércate!

1 a **Algo más** ¿Qué van a hacer Ana, Julia, Nico y Diego en las vacaciones?
A dice una frase, **B** dice el nombre de la persona. ▸ Soluciones, p. 168

A:

Va a pasar las vacaciones en	Valencia. / un campamento de verano. / los Pirineos. / el pueblo.
Va a pasar las vacaciones con	su prima. / su padre. / su hermano. / sus abuelos.

B:

Es	Ana. Nico. Mateo. Julia.

6 a Haz un sondeo sobre las próximas vacaciones.
Pregunta a cinco compañeros y apunta.

↗ p. 116

A: ¿Qué vas a hacer en las vacaciones?

B: Voy a / Vamos a | estudiar. | pasar las vacaciones en [...]. | estar aquí en [...]. | ir a [...]. | ensayar para [...]. | hacer camping. | visitar a [...]. | escalar. | [...].

¿Y tú?

7 Queda con tu compañero / tu compañera (**A**) por teléfono. **A** empieza. ▸ A, S. 116.

- Du begrüßt **A** und sagst, wer du bist.
- Du fragst **A**, was er/sie am Wochenende machen wird.
- Du erzählst, was du am Wochenende machen wirst (mindestens zwei Dinge) und fragst, ob ihr [...] zusammen machen wollt.
- Du verabredest dich mit **A** für einen Tag am Wochenende.
- Du verabschiedest dich.

B

Unidad 7/Texto A

3 **Algo más** ¡A jugar! | Describe una cosa. Tu compañero / tu compañera adivina qué es.
▸ Parada de autobús, p. 156

↗ 69/4 71/9

Ejemplo: –**Es una cosa que** necesitas para escribir una carta. –Es un boli.

6 ¿Qué haces cuando hace buen/mal tiempo, cuando hace calor/frío? Apunta dos actividades para cada situación y habla con tu compañero / tu compañera.

↗ p. 119

A: ¿Qué haces cuando hace buen/mal tiempo?
¿Qué haces cuando hace calor/frío?

B:

Cuando hace mal tiempo Cuando hace frío	voy al cine / al polideportivo / al centro comercial. veo la tele. / leo. / chateo con mis amigos. / [...]
Cuando hace buen tiempo Cuando hace calor	voy a la playa / al parque / a la plaza / al centro. tomo el sol. / me gusta jugar al fútbol. / hago deporte. / [...]

Wortschatz

Wörter verstehen

1 Abbildungen nutzen
Fotos und Bilder eines Textes können dir helfen, einzelne unbekannte Wörter zu verstehen. Achte auch auf die Bildunterschriften.

Probiere es gleich aus:
Schaue dir die Bilder 2 und 3 auf Seite 48 (**Unidad 3**) an. Was bedeuten die Wörter **el abuelo**, **la abuela**, **el tío** und **la tía**? Vergleicht eure Antworten in der Klasse und erklärt, wie ihr darauf gekommen seid.

2 Andere Sprachen nutzen
Viele Wörter aus unterschiedlichen Sprachen ähneln sich, da sie denselben Ursprung haben. Nutze dein Wissen aus anderen Sprachen, um spanische Wörter zu erschließen und sie dir zu merken.

el problema — the problem
das Problem — problem

Probiere es gleich aus:
1 Was bedeuten folgende Wörter auf Deutsch: **el concierto**, **la bicicleta**, **la información**, **la idea**, **el grupo**, **el teatro**. Wie bist du darauf gekommen?
2 Sammelt zu zweit weitere Wörter, die sich in verschiedenen Sprachen ähneln. Tauscht euch mit euren Mitschülern aus.

3 Mit den alphabetischen Wortlisten arbeiten
In diesem Spanischbuch findest du ein spanisch-deutsches Wörterbuch (**lista alfabética** ▸ p. 194–199) und ein deutsch-spanisches Wörterbuch (▸ S. 200–204). Alle Wörter, die du im Laufe des Schuljahres lernst, findest du dort.

a Die deutsche Bedeutung eines spanischen Wortes nachschlagen
Du möchtest wissen, was **la mascota** auf Deutsch heißt?
- Schlage das Wort in der **lista alfabética** (▸ p. 194–199) nach.
- Suche das Wort unter seinem Anfangsbuchstaben (la **m**ascota).
- Zusammengesetzte Wörter findest du unter dem Anfangsbuchstaben des ersten Wortes.

la **mascota** das Haustier U3/Ac

↑ Bei Substantiven wird der Artikel angegeben. Hieran erkennst du, ob das Wort männlich oder weiblich ist.

↑ Die farbige Angabe zeigt, wo das Wort im Buch zum ersten Mal vorkommt: U3/Ac steht für Unidad 3, ¡Acércate!

Verben sind im Infinitiv eingetragen.
Los chicos ven la tele. →Infinitiv: ver

poder (o → ue) können U5/A

↑ Die blaugedruckten Verben sind unregelmäßig oder sie weisen eine Besonderheit auf.

↑ (o → ue) bedeutet, dass das Verb **poder** den Stammvokal verändert (**verbos con diptongación**, ▸ p. 163).

Probiere es gleich aus:
1 Wie lauten die Infinitive von: **tengo**, **están**, **encuentras**, **sois**, **sigue**, **quieren**, **vas** (siehe auch ▸ **Los verbos / Die Verben**, p. 162–163)? Schlage diese dann in der Wortliste nach.
2 Vergleiche deine Ergebnisse mit deinem Partner / deiner Partnerin.

b Die spanische Bedeutung eines deutschen Wortes nachschlagen

Du bist dir nicht sicher, was „lustig“ auf Spanisch heißt.

- Schlage es im deutsch-spanischen Wörterbuch nach (▶ S. 200–204).
- Suche das Wort unter seinem Anfangsbuchstaben.

lustig divertido/-a U3/A

Probiere es gleich aus:

1 Was bedeuten folgende Wörter auf Spanisch: „die Eisdiele“, „trinken“, „das Geschenk“, „kaufen“, „das Geld“?

2 In welcher Lektion kommen diese Wörter zum ersten Mal vor?

3 Vergleiche deine Ergebnisse mit deinem Partner / deiner Partnerin.

Vokabeln lernen

1 Mit der chronologischen Wortliste (lista cronológica ▶ p. 169) im Schülerbuch lernen

Um mit der **lista cronológica** zu lernen, verwende die Schablone auf der Pappseite VII deines Arbeitsheftes.

- Lerne neue Wörter täglich eine Woche lang.
- Wiederhole die Wörter anschließend einmal pro Woche.

Probiere es gleich aus:

Wähle 7–10 neue Wörter aus und lerne sie täglich eine Woche lang. Fragt euch dann gegenseitig zu zweit ab.

2 Mit Karteikarten lernen

- Schreibe auf die eine Seite einer Karteikarte das spanische Wort und dazu einen Beispielsatz.
- Schreibe auf die andere Seite die deutsche Übersetzung des Wortes und male ein Bild dazu, wenn du magst.
- Wähle 7–10 Karteikarten aus.
  Lies zuerst das spanische Wort und den spanischen Beispielsatz vor. Nenne die deutsche Übersetzung. Drehe die Karte um und kontrolliere deine Antwort.
- Wenn du alle Wörter geübt hast, lies die deutsche Bedeutung, sage das Wort auf Spanisch und überprüfe deine Antwort mit Hilfe der Rückseite.

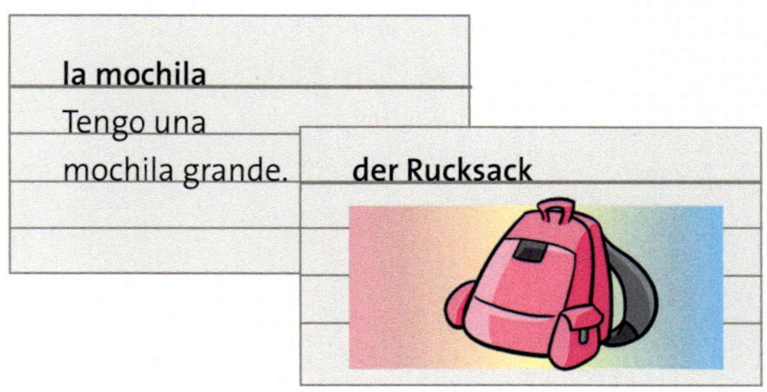

Probiere es gleich aus:

Lege Karteikarten für 12 neue Vokabeln an. Lerne diese und tausche sie mit deinem Partner / deiner Partnerin. Lerne dann die Vokabeln deines Partners. Fragt euch gegenseitig ab.

3 Mit digitalen Medien lernen

- Lerne Vokabeln mit einem Vokabeltrainer am Computer oder auf dem Handy (z. B. Vokabel-App).
- Verwende digitale Geräte auch als Aufnahmegeräte und lerne mit deinen Aufnahmen.

4 **Mit Merkzetteln lernen**

- Nimm kleine Klebezettel und schreibe Wörter von Gegenständen auf, die du dir merken willst.
- Klebe diese Zettel auf die jeweiligen Gegenstände bei dir zu Hause oder im Klassenzimmer.
- Da du die Wörter auf den Klebezetteln oft anschaust, kannst du dir so auch Vokabeln einprägen, die du dir nicht so gut merken kannst.

Probiere es gleich aus:
Wähle 7–10 neue Wörter von Gegenständen in deinem Zimmer aus. Schreibe sie in großer Schrift auf einen Klebezettel und klebe sie auf die Gegenstände. Nimm die Zettel nach einer Woche ab und überprüfe, ob du sie dir eingeprägt hast.

5 **Wörter gestalten**

Wenn du gerne zeichnest, denke dir Wortbilder aus.

- Du kannst eine Zeichnung anfertigen, die zur Bedeutung des Wortes passt oder
- das Wort so gestalten, dass seine Bedeutung auf den ersten Blick klar wird.

Probiere es gleich aus:
Gestalte drei Wortbilder zum Thema „Hobbys“.

6 **Wortpaare bilden**

- Lerne Wörter als Paare: Suche für neue Wörter ein Wort, das zu ihm passt, z. B. ein Wort mit einer ähnlichen Bedeutung, ein Wort aus der gleichen Wortfamilie oder dessen Gegenteil.
- Schreibe die Wortpaare auf eine Karteikarte und lerne sie zusammen:

charlar – hablar

genial – fenomenal

bien – mal

grande – pequeño/pequeña

Probiere es gleich aus:

1 Bilde Wortpaare für folgende Wörter: ¡Hola! – [...], el chico – [...], fatal – [...], fácil – [...].

2 Überlege dir vier Wortpaare für deinen Partner / deine Partnerin. Er/Sie sucht die passenden Wörter.

7 **Wörter in einer Mindmap ordnen**

- Ordne in einer Mindmap Wörter, die zu einem Thema gehören.
- Schreibe in die Mitte das Thema (z. B. el piso).
- Lege Oberbegriffe (z. B. mi habitación) fest und trage sie in die Mindmap ein.
- Ordne diesen Oberbegriffen die anderen Wörter zu, z. B. la cama.

Probiere es gleich aus:
Erstelle zum Thema la familia eine Mindmap (▸ **Unidad 3**).

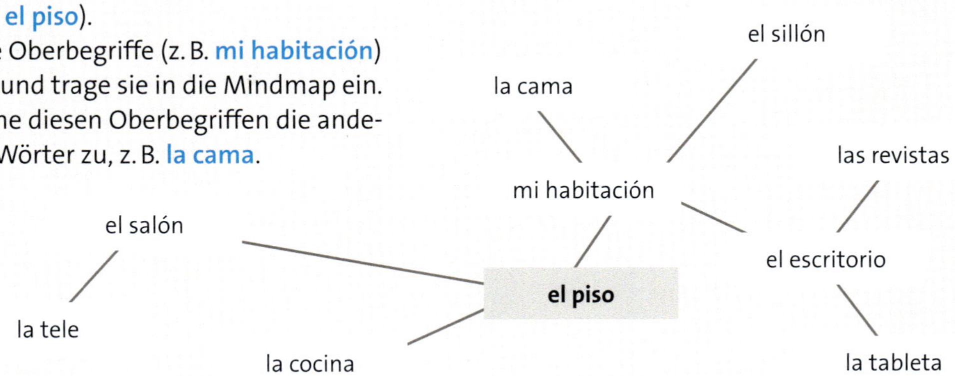

Hören

Vor dem Hören

1 **Die Aufgabenstellung lesen und verstehen**

- Lies dir die Aufgabenstellung genau durch und stelle dir die Gesprächssituation vor: Wie viele Personen sprechen? Sprechen sie am Telefon, zu Hause, in der Schule oder in einem Geschäft? Manchmal helfen dir auch die Überschrift oder die Bilder zu der Aufgabe, um dir die Situation besser vorzustellen.
- Häufig musst du nur bestimmte Informationen aus einem Text heraushören. Lies dir die Aufgabenstellung noch einmal durch und achte nur auf das, wonach gefragt wird.

2 **Eine Tabelle vorbereiten**

Wenn du weißt, dass zum Beispiel **vier** Leute miteinander sprechen, dann schreibe die vier Namen auf. Wenn du hören sollst, welches **Haustier** ihnen gefällt, fertige eine zweite Spalte neben den Namen an, so dass du die Tiere dort eintragen kannst. Wird noch eine dritte Information gefordert, z. B. **Charaktereigenschaften** der Tiere, ist noch eine dritte Spalte nötig, usw.

✔ Du verstehst eventuell schon mehr. Fertige bei der Tabelle eine zusätzliche Spalte für „Más información“ an.

Probiere es gleich aus:
Fünf verschiedene Personen treffen und begrüßen sich. Du sollst heraushören, wie sie heißen, woher sie kommen und wie alt sie sind. Fertige eine Tabelle an.

	¿Cómo se llama?	animal	¿Cómo es?	Más información
1				
2				
3				
4				

Während des Hörens

1 Globales Hörverstehen

- Höre beim ersten Hören nur zu und gewöhne dich an die Sprecher.
- Achte auf die Hintergrundgeräusche (z. B. Autogeräusche, Kinderlachen, Musik, ...) oder den Tonfall (z. B. wütend, erfreut, traurig, ...). Diese helfen dir, die Situation zu erfassen.
- Du solltest nach dem ersten Hören wissen, wie viele Personen miteinander sprechen, wo dieses Gespräch stattfindet und worum es im Gespräch geht.

Probiere es gleich aus:

2/42 Höre dir den Text an und beantworte die drei Fragen in deinem Heft:

1 **¿Quién?** Wer spricht?
2 **¿Dónde?** Wo befindet sich die Person?
3 **¿Qué?** Worüber spricht die Person?

Ejemplo: **¿Quién?** Julia
¿Dónde? en casa de Julia
¿Qué? presenta su habitación

2 Selektives Hörverstehen

- Achte beim zweiten (oder dritten) Hören auf die Informationen, die du laut Aufgabenstellung heraushören sollst.
- Schreibe nur Stichpunkte auf (z. B. in einer Tabelle).

Probiere es gleich aus:

2/42 Höre den Hörtext ein zweites Mal an und finde heraus, was die Person sucht.

3 Detailliertes Hörverstehen

Hier geht es darum, so viele Details wie möglich zu verstehen. Das kann zum Beispiel bei Wegbeschreibungen oder Rezepten der Fall sein.

- Gehe zunächst vor wie unter Punkt 1 (Globales Hörverstehen).
- Schreibe dir beim zweiten Hören Stichpunkte auf, verwende Abkürzungen und zeichne gegebenenfalls eine Skizze.

Probiere es gleich aus:

2/43 Höre dir den Hörtext an und beschreibe den Weg, den das Mädchen gehen muss, um zur Eisdiele zu gelangen. Zeichne eine Wegskizze und vergleiche sie mit deinem Partner / deiner Partnerin.

Nach dem Hören

Notizen überprüfen und ergänzen

- Lies dir deine Notizen noch einmal durch und ergänze sie so, dass du sie gut wiedergeben kannst.
- Korrigiere gegebenenfalls Fehler.
- Sollten dir Informationen fehlen, höre den Text noch einmal an und achte genau auf diese Information.

Hör-Seh-Verstehen

Wenn du eine Filmsequenz anschaust, hilft es dir das Gesagte besser zu verstehen, wenn du:
- auf den Hintergrund achtest, um einzuschätzen, wo die Filmszene stattfindet,
- auf die Gesichtsausdrücke und Körperbewegungen der Schauspieler achtest,
- die Lippenbewegungen der Sprecher beobachtest.

Probiere es gleich aus:
Schaue dir die Szene 1 der DVD (▸ S. 14/2) zunächst ohne Ton an. Achte auf den Hintergrund und stelle eine Vermutung an, wo die Filmszene stattfindet.

Lesen

Vor dem Lesen

Texte über ihre Gestaltung erschließen
Das Aussehen eines Textes verrät dir meistens schon etwas über seinen Inhalt.
- Schaue dir den Text an und finde heraus, um welche Textsorte es sich handelt: ein Dialog sieht anders aus als eine E-Mail oder ein Brief.
- Die Überschrift und die Zwischenüberschriften geben dir wichtige Hinweise zum Thema des Textes.
- Fotos und Bilder liefern dir weitere wichtige Informationen.

Probiere es gleich aus:
Schaue dir die Texte auf den Seiten 67 (**Unidad 4**) und 108, Aufgabe 3 (**Unidad 6**) an. Was für Texte sind das? Woran erkennst du das?

Während des Lesens

1 Globales Leseverstehen
Es genügt, im Großen und Ganzen zu verstehen, um was es geht.
- Lies den Text einmal durch, ohne dich an unbekannten Wörtern aufzuhalten.
Versuche dabei folgende Fragen (im Deutschen „W-Fragen") zu beantworten:

¿Quién?	Mateo
¿Dónde?	en casa
¿Qué?	busca su móvil

Probiere es gleich aus:
Lies dir den Text auf Seite 33 (**Unidad 2**) durch und beantworte die drei Fragen: ¿Quién?, ¿Dónde? und ¿Qué?

2 Selektives Leseverstehen
Manchmal musst du nur bestimmte Informationen in einem Text verstehen.
- Lies dir vor dem Lesen die Aufgabenstellung genau durch. Dann weißt du, nach welchen Schlüsselwörtern du suchen sollst.
- Überfliege den Text und suche nur diese Informationen (Schlüsselwörter). Alles andere kannst du überlesen.

Probiere es gleich aus:
Lies dir den Text auf Seite 51 (**Unidad 3**) durch. Finde heraus, wie viele Geschwister Nico, Ana, Mateo und Julia haben, und ob jemand ein Haustier hat.

3 **Detailliertes Leseverstehen**
Bei manchen Texten sollst du viele Einzelheiten verstehen.
- Gehe zunächst wie unter Punkt 1 (Globales Leseverstehen) vor.
- Lies dir dann den Text ein zweites Mal genau durch: konzentriere dich auf Wörter und Sätze, die du gut verstehst.
- Versuche beim Lesen, weitere „W-Fragen" zu beantworten: z. B. Wie?, Warum?

Probiere es gleich aus:
Lies dir den Text auf Seite 67 (**Unidad 4**) durch. Beantworte die fünf Fragen: ¿Quién?, ¿Dónde?, ¿Qué?, ¿Cómo? und ¿Por qué?

¿Cómo?	Mateo pregunta a su madre / busca en su habitación
¿Por qué?	porque quiere escribir un mensaje a Nico

Sprechen

Um dich in Gesprächen gut ausdrücken zu können, helfen dir die **Para comunicarse**-Kästen in der **lista cronológica** (▸ p. 169) sowie die **Modelos para hablar** in den einzelnen Unidades.

Monologisches Sprechen

1 **Flüssig sprechen**
- Übe die Aussprache der spanischen Wörter mit Hilfe der Aussprache-Übungen (▸ Rubrik **Pronunciar**) im Buch.
- Lies spanische Texte laut vor. Lies dabei nicht einzelne Wörter vor, sondern mehrmals hintereinander ganze Sätze.
- Lerne einzelne Ausdrücke und Sätze auswendig. Sprich sie laut aus und achte auf die Bindung der Wörter.

Probiere es gleich aus:
1 Arbeitet zu zweit. Lest euch einen Lektionstext, den ihr schon bearbeitet habt, mehrere Male laut vor. Korrigiert euch gegenseitig, wenn nötig.
2 Arbeitet zu zweit. Wählt einen **Para comunicarse**-Kasten in der **lista cronológica** (▸ p. 169) aus. Lernt die Ausdrücke auswendig und fragt euch gegenseitig ab.

2 **Einen Kurzvortrag halten (charla de un minuto)**
Du möchtest deiner Klasse z. B. deinen Lieblingsplatz oder dein Haustier präsentieren. Wie gelingt dein Vortrag am besten?

Vorbereitung
- Sammle zuerst Informationen zu deinem Thema (z. B. mit Hilfe einer Mindmap oder einer Tabelle).
- Sammle anschließend Wörter und Ausdrücke, um über dein Thema zu sprechen (▸ **Para-comunicarse**-Kästen in der **lista cronológica** p. 169).
- Formuliere dann deinen Text aus.
- Fertige anschließend einen Stichwortzettel an, sodass du möglichst frei sprechen kannst (▸ **Freies Sprechen: Der Kniff mit dem Knick**, S. 153).
- Überlege, ob du für deinen Vortrag ein Plakat oder eine Collage verwenden möchtest. Damit kannst du dich während deines Vortrags gut orientieren und deine Mitschüler können dir besser folgen.
- Übe deinen Vortrag vor dem Spiegel, vor deinen Freunden oder vor deinen Eltern.

Probiere es gleich aus:
Du möchtest dein Haustier vorstellen. Sammle Informationen und Wörter in einer Mindmap oder einer Tabelle. Formuliere dann deinen Text und fertige einen Stichwortzettel an. Bringe ein Foto mit.

Durchführung
- Sprich langsam, laut und deutlich.
- Versuche nicht abzulesen, sondern so frei wie möglich zu sprechen.
- Schaue deine Mitschüler während des Vortrags an.

Probiere es gleich aus:
Stellt euch in Dreiergruppen eure Lieblingsorte vor. Einer von euch beginnt und die anderen hören zu.

Bewertung
Du kannst die charla deiner Mitschüler bewerten. Evaluationsbögen findest du unter dem Webcode **APU-1-02**

Probiere es gleich aus:
Präsentiert euch in der Dreiergruppe eure Lieblingsorte und füllt den Evaluierungsbogen aus.

Dialogisches Sprechen

Rollenspiele (los juegos de rol)
- Verteilt die Rollen untereinander.
- Versetze dich in deine Rolle und überlege, was du sagen möchtest.
- Notiere passende Wörter und Ausdrücke (▸ **Para comunicarse**-Kästen in der **lista cronológica** p. 169).
- Formuliere jeweils deinen Teil und schreibt so gemeinsam euren Text.
- Jeder übt seinen Text zunächst für sich und anschließend gemeinsam mit dem Partner / der Gruppe.
- Ihr könnt den „Kniff mit dem Knick" anwenden (▸ **Freies Sprechen: Der Kniff mit dem Knick**, S. 153).
- Versucht euren Stichwortzettel so wenig wie möglich zu benutzen.

✔ Mit Hilfe von passenden Gesichtsausdrücken und Körperbewegungen oder Gegenständen und Kostümen kannst du deine Rolle lebendiger gestalten.

Freies Sprechen: Der Kniff mit dem Knick
- Nimm ein Blatt Papier und schreibe in die oberen zwei Drittel die Sätze, die du für den Vortrag / das Rollenspiel vorbereitet hast.
- In das untere Drittel schreibst du nur die wichtigen Stichwörter.
- Beim Vortragen oder Vorspielen sprichst du frei. Nur ab und zu schaust du auf die Stichwörter. Wenn du nicht weiter weißt, klappe das Blatt auf und lies nach.

Probiere es gleich aus:
Bereitet zu zweit einen Rollenspiel vor: Verabredet euch für den Nachmittag und überlegt, was ihr gemeinsam unternehmen wollt. Verwendet den Kniff mit dem Knick.

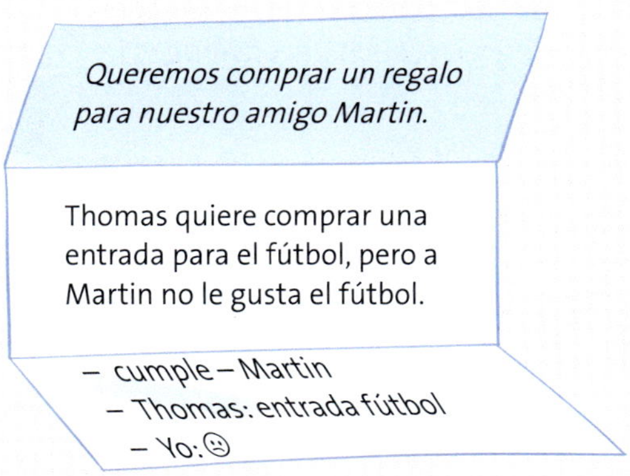

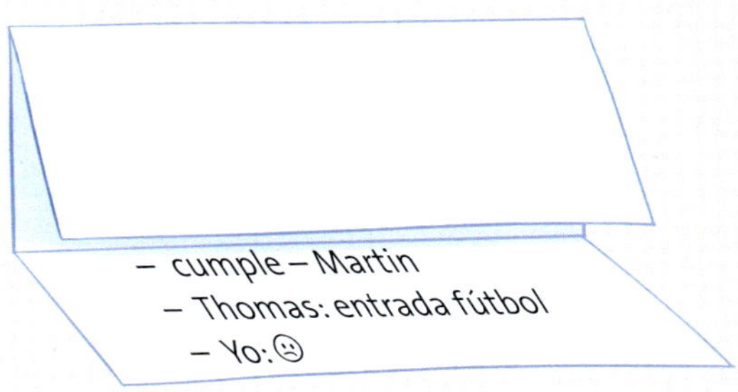

Schreiben

Vor dem Schreiben

Ideen sammeln und ordnen

- Lies dir zunächst die Aufgabenstellung genau durch und überlege, was für einen Text du schreiben sollst. In einem Brief oder einer E-Mail darfst du die Begrüßung am Anfang und die Verabschiedung am Ende nicht vergessen!
- Sammle Ideen und schreibe spanische Wörter und Ausdrücke auf, die du verwenden willst. Ordne sie z. B. in einer Mindmap (▸ S. 149).

Texte schreiben

Eine E-Mail / Einen Brief / Eine Postkarte schreiben

Begrüßung	Querida (Carmen) / Querido (Daniel): ¿Qué tal?
Dein Bericht	Estoy en (el campamento de verano). Me gusta estar aquí porque (hay piscina, talleres y juegos).
Aktivitäten	Mañana vamos a (hacer una excursión a Madrid).
Meinung	A mí (no) me gusta (nadar / jugar al fútbol).
Verabschiedung	Y tú, ¿qué me cuentas? / Besos, ... / Un abrazo, ... / Saludos, ...

✔ Verwende Ausdrücke, die deinen Text strukturieren.
Zeitliche Strukturierung: **por la mañana**, **por la tarde**, **por la noche**, **el fin de semana**, **ahora**, **después**
Räumliche Strukturierung: **aquí**, **allí**

Probiere es gleich aus:
Der spanische Schüler Alejandro wird dich und deine Schule besuchen. Schreibe ihm eine E-Mail, in der du dich ihm vorstellst und ihm von deinen Hobbys (und eventuell von deinem Haustier) erzählst. Frage ihn auch nach seinen Hobbies. Vergiss nicht, ihn zu begrüßen und dich zu verabschieden.

Nach dem Schreiben

Fehler korrigieren

- Überprüfe, ob du an alles gedacht hast, was typisch für die Textsorte ist. Zu einem Brief gehören z. B. das Datum, die Begrüßung und die Verabschiedung.
- Lies dir den Text Satz für Satz durch und korrigiere ihn mit Hilfe der Fehlerliste:

Probiere es gleich aus:
1 Überprüfe mit Hilfe der Fehlerliste die E-Mail an Alejandro. Korrigiere deine Fehler.
2 Tausche deine korrigierte E-Mail mit deinem Partner / deiner Partnerin und korrigiert euch gegenseitig.

✔ Stimmen Substantiv und Begleiter überein?	**los** herman**os**, **mi** mascot**a**
✔ Passen Substantiv und Adjektiv zusammen?	una tablet**a** nuev**a**
✔ Passen Subjekt und Verbform zusammen?	**Ana y Julia** est**án** en la heladería.
✔ Hast du die Akzente richtig gesetzt?	habitaci**ó**n, compa**ñ**ero, estanter**í**a

✔ Hast du Satzanfänge und Namen groß geschrieben?	**E**l cumpleaños de **J**uan es el 24 de mayo.
✔ Ist die Satzstellung richtig (Subjekt – Prädikat – Objekt – Ergänzungen)?	Mi hermana [Subjekt] mira [Prädikat] la tele [Objekt] en el salón. [Ergänzungen].
✔ Hast du an die Satzzeichen gedacht?	Y tú, **¿**qué tal**?**

Sprachmittlung

Falls deine Familie oder Freunde kein Spanisch sprechen, kannst du ihnen als „Sprachmittler" helfen, Informationen in der fremden Sprache zu verstehen. Vielleicht musst du als „Spanisch-experte" auch für spanische Jugendliche, die Deutschland besuchen, deutsche Texte oder Gespräche auf Spanisch erklären.

Übersetze nicht jedes Wort, sondern überlege, was der andere wissen muss. Das kannst du ihm mit deinen eigenen Worten sagen. Dabei kann es sehr hilfreich sein, manche Wörter zu umschreiben oder Dinge, die der andere nicht kennen kann, zu erklären.

Probiere es gleich aus:
Dein spanischer Gastschüler Alejandro steht mit dir vor dem schwarzen Brett deiner Schule. Er hat erst begonnen Deutsch zu lernen und fragt dich, was auf den Notizzetteln steht.

An alle Klassen: Heute ab 12 Uhr hitzefrei!

Theaterprobe für den Tag der offenen Tür:
Alle Schüler, die bei Don Quijote mitspielen, treffen sich am Freitag um 15 Uhr in der Aula.

Kooperatives Lernen

1 ¡Piensa! – ¡Discute! – ¡Comparte! **(Think – Pair – Share)**

1. ¡Piensa! (Think): Löse die Aufgabe allein und in Ruhe.
2. ¡Discute! (Pair): Besprecht eure Ergebnisse zu zweit (oder auch schon in der Gruppe). Korrigiert euch gegenseitig, falls nötig.
3. ¡Comparte! (Share): Tragt eure Ergebnisse in der Gruppe oder in der Klasse vor und besprecht sie gemeinsam.

Probiere es gleich aus:
1 Erstelle ein Poster, auf dem du dich und deine Familie vorstellst.
2 Präsentiere deinem Partner / deiner Partnerin dein Poster. Wechselt euch dann ab und korrigiert euch gegenseitig, falls nötig.
3 Präsentiert eure Poster in einer Gruppe oder vor der Klasse.

2 Parada de autobús

1. Bearbeite die Aufgabe allein in Ruhe. Notiere dein Ergebnis für die Austauschphase. Wenn du mit der Aufgabe fertig bist, stehe auf und gehe zur „Bushaltestelle".
2. Warte dort, bis ein Mitschüler / eine Mitschülerin eintrifft. Besprecht die Aufgabe, korrigiert euch gegenseitig und bearbeitet dann gegebenenfalls eine weitere Aufgabe (zum Beispiel eine **Algo más**-Aufgabe).
3. Besprecht die bearbeiteten Aufgaben in der Klasse, wenn alle fertig sind.

Probiere es gleich aus:

1 Bearbeite die Aufgabe 2 auf der Seite 18 in Einzelarbeit. Wenn du fertig bist, gehe zur „Bushaltestelle".

2 Vergleiche deine Ergebnisse mit dem Mitschüler, der auch gerade an der Bushaltestelle ist. Falls ihr schon frühzeitig fertig seid, bearbeitet die **Algo más**-Aufgabe.

3 Wenn alle fertig sind, besprecht eure Ergebnisse in der Klasse.

3 Plaza del mercado

1. Lies die Aufgabe durch und bereite sie vor.
2. Gehe in der Klasse herum.
   - Wenn du ein Signal hörst (z. B. Pfeifen), bleibe stehen und sprich auf Spanisch mit dem Mitschüler / der Mitschülerin, der/die dir gerade am nächsten steht.
   - Stelle ihm/ihr deine Fragen. Notiere die Antworten. Wechselt euch dann ab.
   - Wenn wieder das Signal ertönt, gehe weiter und suche dir einen neuen Gesprächspartner / eine neue Gesprächspartnerin.
3. Stelle die Antworten deiner Mitschüler der Klasse vor.

Probiere es gleich aus:

1 Überlege dir fünf Fragen, die du deinen Mitschülern stellen kannst. Lege eine Tabelle an.

	1	2	3
¿Qué tal?			
¿Cómo te llamas?			
¿Dónde vives?			
¿Qué haces después del colegio?			
¿Qué hay en tu habitación?			

2 Gehe in der Klasse herum. Wenn das Signal ertönt, bleibe stehen und stelle dem ersten Mitschüler / der ersten Mitschülerin deine Fragen. Notiere die Antworten in der Tabelle. Dann beantwortest du seine/ihre Fragen und er/sie notiert sie. Wenn wieder das Signal ertönt, gehe weiter und suche dir einen neuen Gesprächspartner / eine neue Gesprächspartnerin.

3 Gehe nach drei Runden zurück an deinen Platz. Stelle der Klasse einen Mitschüler / eine Mitschülerin von deiner Liste vor.

Se llama Alina. Vive en Berlín. Después del colegio chatea con amigos y escucha música. En su habitación hay una cama, una lámpara, un sillón y un armario.

Orte

Barcelona (ca. 1,6 Mio. Einwohner)

Zweitgrößte Stadt → Spaniens und Hauptstadt Kataloniens, am Mittelmeer gelegen. Neben Spanisch wird Katalanisch (*el catalán*) gesprochen. Wegen der Kathedrale *Sagrada Familia* und des Parks *Güell* von Antonio Gaudí sowie der *Rambla*, einer langen Flaniermeile, ist sie eine der meistbesuchten Städte Spaniens. ▸ U3/B

Escarrilla
Dorf in den Pyrenäen (→ *los Pirineos*) in der autonomen Region Aragonien (*Aragón*) im Nordosten Spaniens. Das Gebirge lädt zum Wandern, Klettern, Mountainbike- oder Kanufahren ein. ▸ U7/A

España (ca. 47 Mio. Einwohner)
Europäischer Staat mit der Hauptstadt Madrid. Spanien ist in 17 autonome Regionen unterteilt. Neben Spanisch spricht man in einigen Regionen auch Katalanisch (*el catalán*), Valencianisch (→ *el valenciano*), Galicisch (*el gallego*) und Baskisch (*el vasco*). ▸ ¡Hola!

Madrid (ca. 3,2 Mio. Einwohner)

Seit 1561 Hauptstadt Spaniens, Regierungs- und Königssitz. Wirtschafts- und Kulturzentrum des Landes. Bekannt für seine Museen (z. B. *Museo del Prado*), den königlichen Palast (*Palacio Real*) und als Heimat des Fußballvereins Real Madrid. ▸ ¡Hola!

Mallorca (ca. 869 000 Einwohner)
Größte der Balearischen Inseln (*las Islas Baleares*) im Mittelmeer. Die Hauptstadt ist Palma und die Amtssprachen sind Spanisch und Katalanisch (*el catalán*). ▸ U7/Ac

México (ca. 122,3 Mio. Einwohner)
Bevölkerungsreichstes spanischsprachiges Land der Welt. Es liegt im Süden Nordamerikas. Die Hauptstadt ist Mexiko-Stadt und die Amtssprache ist Spanisch. Die Landschaft ist sehr vielfältig: Es gibt z. B. Hochgebirge mit Vulkanen, Wüsten und tropische Wälder. ▸ ¡Hola!

los Pirineos (dt. die Pyrenäen)
Etwa 430 km lange Gebirgskette zwischen Spanien und Frankreich. Der höchste Berg ist der *Pico de Aneto* (3 400 m). Die Pyrenäen sind ein beliebtes Urlaubsziel. ▸ U7/Ac

Valencia (ca. 787 000 Einwohner)
Hauptstadt der autonomen Region Valencia, am Mittelmeer gelegen. Nach Madrid und Barcelona ist Valencia die drittgrößte Stadt Spaniens. Die Stadt ist bekannt für die → *Ciudad de las Artes y de las Ciencias*. Eine weitere große Attraktion ist das fünf Tage dauernde Frühlingsfest → *Las Fallas*. ▸ ¡Hola!

Sehenswürdigkeiten

Ciudad de las Artes y las Ciencias
Museumskomplex und eine der wichtigsten Sehenswürdigkeiten in → Valencia. Er besteht aus mehreren ausgefallenen Gebäuden, in denen sich ein 3-D Kino, ein Planetarium, ein Wissenschaftsmuseum für Kinder, eine Oper und das europaweit größte Aquarium (→ *Oceanogràfic*) befinden. ▸ U6/Ac

Estadio de Mestalla
Stadion in → Valencia und Spielstätte eines der besten spanischen Fußballvereine, des FC Valencia. ▸ U6/Ac

(Jardín del) Turia
Stadtpark in → Valencia, in einem alten Flußbett angelegt. Die Besucher nutzen den Park zum Joggen, Fahrradfahren oder Picknicken. Es gibt Fußballplätze, Skaterbahnen, Minigolf- und Spielplätze, aber auch Cafés. ▸ U6/Ac

Mercado Central
Größter Lebensmittelmarkt → Valencias. Fast 400 Händler bieten ihre Waren wie Obst, Gemüse, Fisch oder Fleisch an. ▸ U6/Ac

Oceanográfico
Größtes Aquarium Europas. Es ist Teil des Wissenschafts- und Kulturzentrums → *Ciudad de las Artes y de las Ciencias*. Es beheimatet über 45 000 Lebewesen. ▸ U6/Ac

Playa de la Malvarrosa
Weitläufiger Strand in → Valencia mit schöner Strandpromenade. Da er sehr groß und zentral gelegen ist, finden hier sehr viele Veranstaltungen statt. ▸ U6/Ac

Plaza de la Virgen

Im Zentrum → Valencias gelegener Platz. Umgeben von drei bekannten Bauwerken der Stadt: der *Catedral de Santa María*, der *Basílica de la Virgen de los Desamparados* sowie dem *Palacio de la Generalitat*. Auf dem Platz befindet sich ein großer Brunnen, *la fuente de Turia*. ▸ U6/Ac

El Retiro
Einer der größten Parks in → Madrid und ein Naturparadies inmitten der Hauptstadt für Sportler, Musikanten, Puppenspieler und Künstler. Ein kleiner See lädt zum Ruderbootfahren ein, im *Palacio de cristal* kann man Ausstellungen besuchen oder sich in einem der zahlreichen Freiluftcafés entspannen. ▸ U7/A

Sonstiges

Don Quijote
Hauptfigur des weltweit bekannten Romans des spanischen Schriftstellers Miguel de Cervantes (1547–1616). Don Quijote ist ein verarmter Adeliger, der auf seinem Pferd Rosinante und in Begleitung seines Freundes Sancho Panza auszieht, um Abenteuer zu erleben. ▸ U4/B

Las Fallas
Valencianisches Frühlingsfest, das jedes Jahr vom 15.–19. März stattfindet. Hauptattraktion sind riesige bunt bemalte Figuren aus Pappmaché, die „*ninots*“. Jedes Jahr wird die schönste Figur gewählt und kommt ins Museum. Zum krönenden Abschluss des Festes werden alle anderen Figuren verbrannt. ▸ U5/A

Pablo Picasso (1881–1973)
Einer der bedeutendsten spanischen Maler, Grafiker und Bildhauer des 20. Jahrhunderts. ▸ U4/Ac

el pádel
Aus Südamerika kommendes, vom Tennis abgeleitetes Spiel, das auch in Spanien weit verbreitet ist. Es wird immer im Doppel gespielt. ▸ M4

la paella
Spanisches Reisgericht, das in einer großen Pfanne zubereitet wird. Die wichtigsten Zutaten sind Reis, Olivenöl, Tomaten, Paprika und Safran. Die Paella kann variiert werden mit Kaninchen- oder Hühnerfleisch, Meeresfrüchten und Gemüse. Eine der bekanntesten Varianten – die *paella valenciana* – kommt aus → Valencia. ▸ U6/Ac

la piñata
Mit Süßigkeiten gefüllte, bunte Figur aus Pappmaché. Mit verbundenen Augen wird mit einem Stock auf die *piñata* eingeschlagen, bis sie zerbricht und die Süßigkeiten herausfallen. Beliebtes Geschenk in → Mexiko, vor allem zu Kindergeburtstagsfeiern und zu Weihnachten. ▸ U5/B

la tortilla española
Omelett aus Eiern, Kartoffeln und Zwiebeln. Neben der → *paella* ist sie ein spanisches Nationalgericht. ▸ Evaluación 3

Valencia Club de Fútbol
Spanischer Fußballverein aus Valencia. Die Heimspiele werden im → *Estadio de Mestalla* ausgetragen. ▸ U6/Ac

el valenciano (dt. Valencianisch)
Romanische Sprache, die in Valencia gesprochen wird. Das Valencianische weist große Ähnlichkeit zum Katalanischen (*el catalán*) auf. ▸ U4

La pronunciación y la ortografía

La pronunciación | Die Aussprache

Las consonantes | Die Konsonanten

[β]	re**v**ista, a **v**eces	[m]	**m**adre, ale**m**án
[b]	**b**oli, ta**b**leta	[n]	a**n**imal, orde**n**ar
[θ]	**c**edé, **z**umo	[ŋ]	i**n**glés, le**n**gua
[tʃ]	mo**ch**ila	[ɲ]	compa**ñ**ero, peque**ñ**o
[d]	**d**esayuno, **d**inero	[p]	cam**p**amento, gru**p**o
[ð]	mo**d**erno, pa**d**re	[ɾ]	pe**r**o, cent**r**o
[f]	**f**amilia, **f**útbol	[r]	pe**rr**o, guita**rr**a
[x]	cole**g**io, **g**ente, video**j**uego	[s]	co**s**a, **s**alón
[g]	**g**olosinas, **g**afas	[t]	**t**ía, estan**t**ería
[ɣ]	lue**g**o, pre**g**untar	[ks]	e**x**perimento
[k]	**qu**iosco, **c**aro, **k**ilo	[j]	**y**o, pla**y**a
[l]	fenomena**l**, **l**aboratorio	[w]	**w**indsurf
[ʎ]	bocadi**ll**o, caba**ll**o		

Las vocales | Die Vokale

[a]	**a**hor**a**
[e]	t**e**atro
[i]	**i**ntel**i**gente
[o]	tamp**oco**
[u]	l**u**gar

Der Vokal u wird in folgenden Fällen nicht ausgesprochen:

- nach q, z. B. ¿**qu**é?, ¿**qu**ién?
- zwischen g und e bzw. i, z. B. **gu**itarra, ju**gu**ete.

Los diptongos | Die Diphthonge

[ai]	h**ay**
[au]	**au**la
[ei]	v**ei**nte
[eu]	**eu**ro
[oi]	h**oy**, v**oy**
[j]	b**i**en, gen**i**al, c**i**udad
[w]	ag**u**a, b**u**eno

Reglas de acento | Betonungsregeln

1 Wörter, die auf n, s oder einen Vokal enden, werden auf der vorletzten Silbe betont.

		ma	dre
		ca	sa
		ga	fas
		cen	tro
	tra	**ba**	jo
	re	**su**	men
cam	pa	**men**	to

2 Wörter, die auf einen Konsonanten (außer n, s) enden, werden auf der letzten Silbe betont.

	pa	**red**
	ge	**nial**
	char	**lar**
In	ter	**net**
a	ni	**mal**

3 Wörter, deren Betonung von diesen Regeln abweicht, haben einen Akzent auf der betonten Silbe.

tam	**bién**		
in	**glés**		
vi	**vís**		
a	**llí**		
sa	**lón**		
	fút	bol	
	fá	cil	
	pá	gi	na
	nú	me	ro

Los signos de puntuación | Die Satzzeichen

17**/**07**/**15

Hola, Ana**:** ¿Qué tal? Yo fenomenal. Ahora **e**stoy en un campamento de verano cerca de Madrid**.** Hace mucho calor… **¡**uf**!** Me gusta mucho estar aquí porque hay piscina**,** talleres, juegos **…** Paso mucho tiempo con Javier **(**de Salamanca**)** y Mario (de Costa Rica)**;** mañana vamos a hacer una excursión al **“**Museo del Prado**”** en Madrid. **L**a última semana vamos a ir a un parque aventura de árboles **–** ¡por primera vez! Genial, ¿no? Y tú, **¿**qué me cuentas**?** Escríbeme un e-mail, porfa…

Hasta pronto, un abrazo,

Mateo

- la barra
- los dos puntos
- los signos de exclamación
- la coma
- la tilde
- el punto y coma
- las comillas
- la minúscula
- el punto
- los puntos suspensivos
- los paréntesis
- el acento o la tilde
- LA MAYÚSCULA
- el guion largo
- los signos de interrogación

La ortografía | Die Rechtschreibung

Las letras mayúsculas y minúsculas | Die Groß- und Kleinschreibung

Im Spanischen werden Substantive in der Regel klein geschrieben. Ausnahmen sind:

Julia García	Julia (Vorname) García (Nachname)	– Eigennamen
Valencia los Pirineos	Valencia (Stadt) die Pyrenäen (Gebirge)	– geographische Bezeichnungen
la Semana Santa Navidad la Nochevieja el Día de las puertas abiertas	die Karwoche Weihnachten Silvester der Tag der offenen Tür	– Feiertage und Feste
Mates	Mathe	– Schulfächer

El español en la clase | Spanisch im Unterricht

Hilfe erbitten

Um Wiederholung bitten

Um Hinweise oder Erklärungen bitten

Indicaciones para los ejercicios | Arbeitsanweisungen in den Übungen

Apunta las palabras.	Notiere die Wörter.
Completa la tabla.	Vervollständige die Tabelle.
Contesta las preguntas.	Beantworte die Fragen.
Corrige las frases falsas.	Korrigiere die falschen Sätze.
Cuenta [...].	Erzähle [...].
Describe la habitación.	Beschreibe das Zimmer.
Elige el resumen correcto.	Wähle die richtige Zusammenfassung aus.
Encuentra las parejas.	Finde die Paare.
Escribe un e-mail.	Schreibe eine E-Mail.
Escucha, lee y repite.	Höre zu, lies mit und sprich nach.
Forma/Formula frases.	Bilde Sätze.
Justifica tu respuesta.	Begründe deine Antwort.
Lee el texto.	Lies den Text.
Mira la escena del DVD.	Schaue dir die Szene auf der DVD an.
Ordena las frases.	Bringe die Sätze in die richtige Reihenfolge.
Prepara un mapa mental.	Erstelle eine Mindmap.
Presenta los resultados a la clase.	Stelle die Ergebnisse der Klasse vor.
Relaciona los dibujos con [...].	Verbinde die Bilder mit [...].
Toma apuntes.	Mache dir Notizen.
Utiliza [...].	Verwende [...].

Los verbos

Hier findest du die Konjugationen oder Konjugationsmuster aller Verben, die du in *¡Apúntate! 1 Nueva Edición* gelernt hast.

1 Los verbos auxiliares | Die Hilfsverben

infinitivo	**ser**	**estar**	**haber**
presente	**soy** **eres** **es** **somos** **sois** **son**	**estoy** est**ás** est**á** estamos estáis est**án**	 **hay**
imperativo	**sé** sed	est**á** estad	

2 Los verbos regulares en -ar/-er/-ir | Die regelmäßigen Verben auf -ar/-er/-ir

infinitivo	**hablar**	**comer**	**vivir**	!
presente	habl**o** habl**as** habl**a** habl**amos** habl**áis** habl**an**	com**o** com**es** com**e** com**emos** com**éis** com**en**	viv**o** viv**es** viv**e** viv**imos** viv**ís** viv**en**	**salir: salgo**, sales ...
imperativo	habl**a** habl**ad**	com**e** com**ed**	viv**e** viv**id**	**salir:** sal

Orthographische Besonderheiten:
Bei Verben auf -ger wird in der 1. Person Singular Präsens das g in ein j verwandelt.

infinitivo	**coger**
presente	cojo coges coge cogemos cogéis cogen
imperativo	coge coged

3 Los grupos de verbos | die Gruppenverben

a Los verbos con diptongación: e → ie | Diphthongierte Verben: e → ie

infinitivo	pensar	querer	!
presente	**pie**nso **pie**nsas **pie**nsa pensamos pensáis **pie**nsan	qu**ie**ro qu**ie**res qu**ie**re queremos queréis qu**ie**ren	**tener: tengo,** tienes... **venir: vengo,** vienes...
imperativo	**pie**nsa pensad	qu**ie**re quered	**tener: ten,** tened **venir: ven,** venid
	ebenso: cerrar, empezar	*ebenso:* preferir	

b Los verbos con diptongación: o → ue | Diphthongierte Verben: o → ue

infinitivo	**contar**	**poder**
presente	c**ue**nto c**ue**ntas c**ue**nta contamos contáis c**ue**ntan	p**ue**do p**ue**des p**ue**de podemos podéis p**ue**den
imperativo	c**ue**nta contad	
	ebenso: encontrar	*ebenso:* llover, dormir

c Los verbos con debilitación vocálica: e → i | Die Verben mit Vokalschwächung: e → i

infinitivo	**seguir**
presente	**sigo** s**i**gues s**i**gue seguimos seguís s**i**guen
imperativo	s**i**gue seguid

4 Los verbos irregulares | Die unregelmäßigen Verben

infinitivo	**hacer**	**ir**	**ver**
presente	**hago** haces hace hacemos hacéis hacen	**voy** **vas** **va** **vamos** **vais** **van**	**veo** **ves** **ve** **vemos** **veis** **ven**
imperativo	**haz** haced	**ve** id	ve ved

Palabrateca

Los países y las lenguas ▸ Unidad 1

el alemán	– Deutsch	**Alemania**	– Deutschland
el español	– Spanisch	**España**	– Spanien
el inglés	– Englisch	**Reino Unido**	– Großbritannien
		Estados Unidos (EEUU)	– Vereinigte Staaten (USA)
el francés	– Französisch	**Francia**	– Frankreich
el turco	– Türkisch	**Turquía**	– Türkei
el ruso	– Russisch	**Rusia**	– Russland
el polaco	– Polnisch	**Polonia**	– Polen
el italiano	– Italienisch	**Italia**	– Italien

En casa ▸ Unidad 2

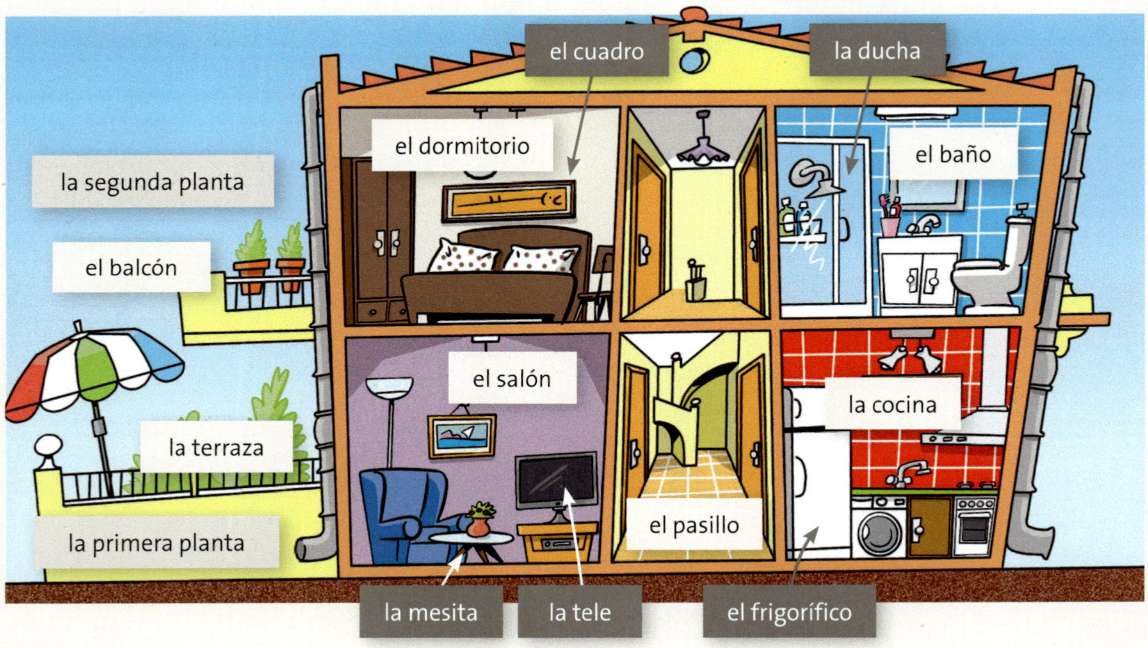

Los números ▸ ab Modul 2

0	cero	**11**	once	**22**	veintidós
1	uno, una, un	**12**	doce	**23**	veintitrés
2	dos	**13**	trece	**26**	veintiséis
3	tres	**14**	catorce	**30**	treinta
4	cuatro	**15**	quince	**31**	treinta y uno/-a, y un
5	cinco	**16**	dieciséis	**32**	treinta y dos
6	seis	**17**	diecisiete	**33**	treinta y tres
7	siete	**18**	dieciocho	**40**	cuarenta
8	ocho	**19**	diecinueve	**50**	cincuenta
9	nueve	**20**	veinte	**60**	sesenta
10	diez	**21**	veintiuno/-a, -ún		

La familia ▸ Unidad 3

el padrastro – der Stiefvater
la madrastra – die Stiefmutter
el hermanastro – der Stiefbruder
la hermanastra – die Stiefschwester
los gemelos, las gemelas – die eineiigen Zwillinge
los mellizos, las mellizas – die zweieiigen Zwillinge

la mujer de [...] – die Frau von [...]
el marido de [...] – der Mann von [...]
los bisabuelos – die Urgroßeltern
el nieto, la nieta – der Enkel, die Enkelin
el sobrino, la sobrina – der Neffe, die Nichte

estar casado, estar casada – verheiratet sein
estar divorciado, estar divorciada – geschieden sein
estar muerto, estar muerta – gestorben sein

Las mascotas ▸ Unidad 3

el hámster

el pez

la serpiente

el periquito

la rata

el ratón

el camaleón

la tarántula

el loro

la tortuga

Mis actividades ▸ ab Modul 4

el tiempo libre:

bailar

sacar fotos

montar a caballo

dibujar

patinar

los instrumentos: tocar...

el violín

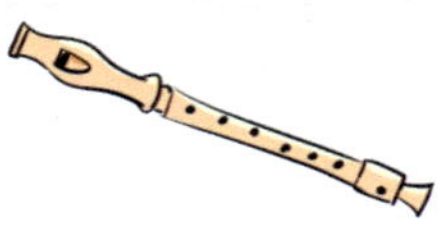
la flauta

la batería

el saxofón

el deporte: jugar al...

balonmano

voleibol

tenis

ajedrez

bádminton

Mi ciudad ▸ Unidades 5, 6 y 7

el estadio

el museo

el castillo

la fuente

el puente

el estanque

el monumento

el río

la iglesia

Comida y bebidas ▸ Unidad 6

fruta:

la manzana

la pera

el plátano

el melocotón

el melón

el limón

verdura:

la cebolla

la patata

la zanahoria

el pepino

el tomate

el pimiento

la comida:

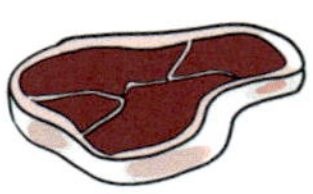
la carne

el pescado

el pollo

el arroz

el pan

el huevo

los churros

la sopa

la ensalada

el postre

las patatas fritas

las bebidas:

el café

la leche

el chocolate

la infusión

Teste deine Grammatikkenntnisse

Unadad 1 ▶ p. 23

1: 1. Quién; 2. Quiénes; 3. quién; 4. quién
2: 1. son; 2. Sois; 3. es: 4. son; 5. eres; 6. somos
3: 1. las cafeterías; 2. los recreos; 3. las clases; 4. los parques; 5. las casas; 6. los vídeos; 7. las profesoras; 8. las tardes
4: 1. el profesor; 2. los chicos; 3. los amigos; 4. el nuevo
5: 1. escuchas; 2. chateamos; 3. hablan; 4. busco; 5. quedáis; 6. charla; 7. estudiamos; 8. charlan; 9. chateo; 10. escucháis; 11. queda; 12. estudiáis; 13. hablas; 14. buscan; 15. charlas; 16. escuchamos; 17. estudia; 18. charlamos

Unidad 2 ▶ p. 39

1: 1. la – la – una; 2. las – un – el; 3. la – un – una
2: 1. estás; 2. Estoy; 3. están; 4. estáis; 5. Estamos; 6. está
3: 1. discutes; 2. bebemos; 3. come; 4. escribís; 5. viven; 6. lee; 7. veo; 8. abres; 9. bebe; 10. vemos; 11. leéis; 12. comen
4: 1. Julia no es de Valencia. 2. No escribes un mensaje. 3. Los hermanos de Ana no discuten. 4. El baño no está al lado de la cocina. 5. Mateo no busca el diario. 6. Ana no habla alemán.

Unidad 3 ▶ p. 61

1: 1. tienes; 2. quiero; 3. quieren; 4. tiene; 5. quiere; 6. tienen; 7. queremos; 8. queréis; 9. tenemos; 10. tengo; 11. quieres; 12. tenéis
2: 1. mis hermanas; 2. tu gato; 3. sus libros; 4. tus primos; 5. su tía; 6. tus abuelas; 7. mis tíos; 8. tu prima; 9. su padre; 10. mis amigas; 11. mi abuelo; 12. sus mascotas
3: 1. divertidos; 2. pequeña – tranquila; 3. inteligentes; 4. interesantes; 5. fiel; 6. fáciles; 7. difíciles; 8. genial
4: 1. también; 2. también; 3. tampoco; 4. tampoco; 5. tampoco; 6. también

Unidad 4 ▶ p. 77

1: 1. sus; 2. vuestros; 3. nuestra; 4. nuestro; 5. sus; 6. vuestras; 7. sus; 8. Mis
2: 1. Cuántas; 2. Cuántos; 3. cuánto; 4. Cuántas
3: 1. Salgo; 2. Tienes que; 3. empieza; 4. Salís; 5. Tenemos que; 6. empiezan; 7. Cierro; 8. piensas
4: 1. esta persona; 2. ese libro; 3. esa silla; 4. este conejo

Unidad 5 ▶ p. 99

1: 1. va al; 2. vas a la; 3. voy al; 4. van al; 5. vais a la; 6. vamos a la; 7. vais al
2: 1. pueden; 2. encuentro; 3. podéis; 4. puede; 5. cuentas; 6. encontramos; 7. encuentra; 8. contáis; 9. puedes
3: 1. a; 2. al; 3. –; 4. a; 5. al; 6. –
4: 1. te gusta; 2. me gustan; 3. le gusta; 4. me gusta; 5. le gusta; 6. te gustan

Unidad 6 ▶ p. 113

1: 1. muchas asignaturas; 2. pocos bocadillos; 3. mucha agua; 4. pocas clases; 5. mucho deporte; 6. pocos días; 7. muchas fotos; 8. poco dinero; 9. muchos juguetes; 10. pocos problemas; 11. mucha música; 12. pocos vídeos; 13. poca gente; 14. mucho tiempo; 15. mucho zumo; 16. pocos libros; 17. pocas amigas; 18. muchas chicas
2: 1. sigues; 2. vienen; 3. salgo; 4. coge; 5. podemos; 6. cojo; 7. quieren; 8. empezáis; 9. vengo; 10. siguen; 11. seguís; 12. sale; 13. podéis; 14. quiero; 15. venimos; 16. queremos; 17. puedo; 18. salís
3: 1. leed; 2. ordena; 3. sal; 4. encuentra; 5. venid; 6. cruzad; 7. sigue; 8. seguid; 9. come; 10. salid

Unidad 7 ▸ p. 122

1: 1. Voy a escuchar mi música favorita. 2. ¿Qué vas a hacer? 3. Mi hermano y yo vamos a visitar a nuestros primos. 4. Alicia va a escribir en su cuaderno. 5. Chicos, ¿vais a ordenar vuestra habitación? 6. Los chicos van a ensayar para el concierto.
2: 1. Mi abuela tiene un caballo que me gusta mucho. 2. Mi hermana esconde las cosas que necesito. 3. Pablo y José son alumnos que estudian mucho. 4. En mi clase hay una chica que toca la guitarra. 5. Mario es un chico que lleva gafas. 6. El fútbol es un deporte que me gusta mucho.
3: 1. porque; 2. Cuando; 3. o; 4. pero; 5. cuando; 6. Por eso; 7. y
4: 1. me; 2. le; 3. te; 4. me; 5. le; 6. te; 7. le
5: 1. primero; 2. Después; 3. luego; 4. Al final

Algo más

Unidad 1

Texto A, 4b: Mädchennamen: Vega, Valeria, Nieves, Victoria; Jungennamen: Iván, Gustavo, Salvador, Javier, Álvaro
Texto B, 2 (p. 134): 1. Es Julia. 2. Es Mateo. 3. Es Nico. 4. Es Ana. 5. Es Mateo. 6. Son Mateo, Nico, Ana y Julia. 7. Es Carmen. 8. Son Mateo, Ana, Julia y Nico.

Unidad 2

Texto A, 5 (p. 135): 1. f; 2. e; 3. a; 4. c; 5. b; 6. d

Unidad 3

Texto A, 7 (p. 137): offene Lösung **Texto A, 8** (p. 137): offene Lösung **Texto B, 8a** (p. 138): offene Lösung

Unidad 4

¡Acércate!, 5b (p. 139): Nuestro – nuestra – vuestra – Nuestros – vuestros – vuestra – nuestras – nuestra – vuestra – nuestro – vuestro
Texto A, 3b (Lösungsvorschlag) (p. 139): 1. Anne cierra la ventana. 2. Mi perro está en casa. 3. Mi amigo es de Hamburg. 4. A veces pienso en mi familia. 5. Siempre llamo a mis amigos. 6. Organizamos el Día de las puertas abiertas. 7. Salimos del colegio a la una. 8. Participan en el grupo de Matemáticas. 9. Hablo con mis primas.

Unidad 5

¡Acércate!, 1b (p. 141): Lösungsvorschlag: Seguro que Marta es tranquila. / Seguro que Lucía es un poco pesada. / Seguro que Alba es maja. / Seguro que Merche es maja. / Seguro que Selma es inteligente. / Seguro que Laura es divertida. Seguro que Íker es un poco despistado. Seguro que Fran es muy majo.
Texto A, 9 (p. 142): ¡Hola, Ana! ¿Cómo estás? ¿Qué quieres hacer? Nosotros vamos al parque. Quedamos a las tres. Hasta luego, (David)

Unidad 6

Texto A, 2 (p. 144): 1. d; 2. c; 3. a; 4. f; 5. b; 6. e **Texto B, 2** (p. 144): offene Lösung
Texto B, 5b (p. 144): offene Lösung **Texto B, 8** (p. 144): venir – ¡ven!; salir – ¡sal!; tener – ¡ten!; hacer – ¡haz!

Unidad 7

¡Acércate!, 1 (p. 145):
Va a pasar las vacaciones en Valencia. / Va a pasar las vacaciones con sus abuelos. → Es Ana.;
Va a pasar las vacaciones en el pueblo. / Va a pasar las vacaciones con su prima. → Es Julia.;
Va a pasar las vacaciones en los Pirineos. / Va a pasar las vacaciones con su padre. → Es Nico.;
Va a pasar las vacaciones en un campamento de verano. / Va a pasar las vacaciones con su hermano/padre. → Es Mateo.
¡Acércate!, 6 (p. 145): offene Lösung

Lista cronológica

Symbole und Abkürzungen

~	bezeichnet die Lücke, in die du das neue Wort einsetzt.
1	bezeichnet ein Wort, das du angleichen musst. Die richtige Form steht am Ende des Teilkapitels.
abc	Bei Verben in blauer Schrift musst du auf unregelmäßige Formen achten.
=	bezeichnet Wörter und Wendungen mit gleicher Bedeutung.
≠	bezeichnet Wörter und Wendungen mit gegensätzlicher Bedeutung.
ing.:	Englisch
⚠	bezeichnet eine sprachliche Besonderheit.

adj.	adjetivo (Adjektiv, *Adj.*)	jdm	jemandem
adv.	adverbio (Adverb)	jdn	jemanden
etw.	etwas	*m.*	masculino (Maskulinum)
f.	femenino (Femininum)	*Pl.*	plural (Plural, *Pl.*)
fam.	familiar (umgangssprachlich, ugs.)	*Sg.*	singular (Singular, *Sg.*)
inf.	infinitivo (Infinitiv, *Inf.*)	*sust.*	sustantivo (Substantiv, *S.*)

¡Hola! ▸ p. 9

Informationen über Orte und Sehenswürdigkeiten in Spanien und Lateinamerika findest du im Kapitel *Cultura* ab S. 157.

¡Hola!	Hallo!	*ing.:* Hello! / ¡~! ¿Qué tal?
soy	ich bin	~ Nico.
soy de	ich bin/komme aus	~ Alemania.
de	aus, von, über	
España ▸ **Cultura, p. 157**	Spanien	*ing.:* Spain
Madrid ▸ **Cultura, p. 157**	Madrid *Hauptstadt Spaniens*	
¿Y tú?	Und du?	Soy de Madrid. ¿~?
también	auch	–Soy de Madrid. ¿Y tú? –Soy de Madrid ~.
Valencia ▸ **Cultura, p. 157**	Valencia *Hauptstadt der Comunidad Valenciana*	
México ▸ **Cultura, p. 157**	Mexiko	
me llamo	ich heiße	~ Ana. ¿Y tú?
y	und	Me llamo Julia ~ soy de Valencia.
Alemania	Deutschland	

Para comunicarse

So sagst du, wie du heißt:
Soy (Ana).
Me llamo (Nico).

So sagst du, woher du kommst:
Soy de (Valencia). ¿Y tú?
También soy de (España).

Unidad 1 ¡Acércate! ▸ p. 10

¿Qué tal?	Wie geht's?	–Ana, ¿~? –Bien, gracias.
¡Buenos días, chicos!	Guten Morgen, Kinder!	
¡Buenos días!	Guten Morgen!, Guten Tag!	= ¡Hola!
el chico, la chica	der Junge, das Mädchen	

el chico =  la chica =  los chicos = 

muy bien	sehr gut	
muy	sehr	
bien *adv.*	gut	–¿Qué tal? –Muy ~, gracias.
¿Y tú?	*hier:* Und dir?	
pues	naja, also	–Hola, ¿qué tal? –~, regular.
regular *adv./adj.*	gewöhnlich, *hier:* es geht so	–¿Qué tal? –~.
¿Cómo te llamas?	Wie heißt du?	–¿~? –Me llamo Mateo.
¿cómo?	wie?	
te llamas	du heißt	
gracias	danke	–¿Qué tal? –Bien, ~.
¡Adiós!	Tschüss!, Auf Wiedersehen!	≠ ¡Hola!, ¡Buenos días!
la mamá *fam.* **(= la madre)**	die Mama *fam.* (= die Mutter)	
¡Hasta luego!	Bis später!, Bis dann!	= ¡Adiós!
fenomenal *adv./adj.*	toll, wunderbar	≠ fatal
más o menos	*hier:* geht so	
mal *adv.*	schlecht	≠ bien
fatal *adv./adj.*	mies, furchtbar	= muy mal

Unidad 1 / Texto A ▸ p. 13

en	in, an, auf	¿Charlamos ~ el recreo?
el, la	der, die, das	Julia es ~[1] amiga de Ana.
el recreo	die Schulpause	En el ~ Ana y Julia hablan con los chicos.
habla	er/sie spricht	
con	mit	Ana habla ~ Julia.
tú	du	~ eres de Alemania, ¿verdad?
eres	du bist	–Nico, ¿~ amigo de Mateo? –¡Sí!
¿verdad?	stimmt's?, nicht wahr?	Tú eres Julia, ¿~?
sí	ja	
es	er/sie ist	Esta es Ana, ~ de México.

el amigo, la amiga	der Freund, die Freundin	Este es Pablo. Es el ~[2] de Nico.
Chicos, ...	Leute, ...	~, ¿qué tal?
este es / esta es	das ist	~[3] Ana.
el nuevo, la nueva	der/die Neue	Mateo es el ~[4].
¿De dónde eres?	Woher bist/kommst du?	
¿de dónde?	woher?	–¿~ eres? –Soy de Alemania.
¿Ah, sí?	Ach ja?	
bueno	okay, gut	
yo	ich	–Soy de Valencia. –¡~ también!
él	er	~ es de Alemania y yo soy de México.
hablas	du sprichst	–¿~ alemán? –Sí, hablo alemán.
el español	Spanisch *Sprache*	
hablo	ich spreche	–Mateo, ¿hablas español? –Sí, ~ español.
hablar ▸ **Los verbos, p. 162**	sprechen	Nico ~[5] alemán y español.
el alemán	Deutsch *Sprache*	Hablo ~ y español. ▸ **Alemania**
⚠ **e (y** *vor i- und hi-***)**	und	Hablo español ~ inglés.
el inglés	Englisch *Sprache*	
¡Venga!	Los!	
¡A clase!	In die Klasse!	Chicos, ¡~!
la clase	die Klasse, das Klassenzimmer, der Unterricht	***ing.:*** class, classroom / En ~ de Inglés los chicos hablan inglés.
ella	sie	–Y ~, ¿quién es? –Es Ana.
¿quién? *Sg.*	wer?	¿~ es el chico?
la profesora de Inglés	die Englischlehrerin	La ~ habla con los chicos.
el profesor, la profesora (= el/la profe *fam.***)**	der Lehrer, die Lehrerin	Carmen es la ~[6] de los chicos.
Inglés	Englisch *Schulfach*	

⚠ Wenn das Schulfach gemeint ist, schreibst du **Alemán** und **Inglés** groß.

Unidad 1 / Texto B ▸ p. 17

los, las	die (*m./w./Pl.*)	
charlar	reden, plaudern	= hablar
la cafetería	die Cafeteria	En el recreo los chicos charlan en la ~.
vosotros, vosotras	ihr (*m./w./Pl.*)	–~[7] sois amigos, ¿verdad? –Sí.
¿Qué hacéis?	Was macht ihr?	Chicos, ¿~[8] por la tarde?
por la tarde	nachmittags	~ Ana y Julia quedan en el parque.
la tarde	der Nachmittag	
a veces	manchmal	~ Mateo queda con Ana en la cafetería.

quedar	sich verabreden	Los chicos ~[9] en casa de Mateo.
el parque	der Park	Los chicos escuchan música en el ~.
o	oder	***ing.:*** or
en casa (de alguien)	(bei jdm) zu Hause	Escuchamos música ~ de Julia.
la casa	das Haus	Esta es la ~ de Nico.
estudiar	lernen	***ing.:*** to study / Ana y Julia ~[10] español.
buscar algo	etw. suchen	Los chicos ~[11] información en Internet.
la información	die Information	
el Internet	das Internet	
escuchar algo	etw. hören	Ana ~[12] música.
la música	die Musik	–¿Qué ~ escuchas? –De todo.
¿qué?	was (für)?	¿~ información buscas?
de todo	alles mögliche	Ana escucha ~.
¿Qué haces?	Was machst du?	–¿~? –Charlo con un amigo.
chatear	chatten	***ing.:*** to chat
el vídeo	das Video	Buscamos ~[13] en Internet.
entonces	dann, also	~, ¿qué haces hoy?
hoy	heute	~ los chicos estudian en casa de Julia.
no	nein	***ing.:*** no ≠ sí
vale	okay, in Ordnung	–¿Quedamos en el parque? –¡~!
claro *adv.*	(na) klar, natürlich	–¿Hablas español? –¡~!
¿quiénes? *Pl.*	wer?	¿~ sois?

⚠ ¿**Quién** es la chica? — **Wer** ist das Mädchen?
¿**Quiénes** son los nuevos? — **Wer** sind die Neuen?

ser ▸ Los verbos, p. 162	sein	–Julia, ¿tú ~[14] de Madrid? –No, ~ de Valencia.

Para comunicarse

So begrüßt du jemanden und verabschiedest dich:
¡Hola! / ¡Buenos días!
¡Hasta luego! / ¡Adiós!

So fragst du, wie es jemandem geht und sagst wie es dir geht:
–¿Qué tal? –(Muy) bien. / Regular. / (Muy) mal. / Fenomenal. / Más o menos. / Fatal.
Gracias. ¿Y tú?

So fragst du, woher jemand kommt:
–¿De dónde eres? –Soy de (Hamburgo).

So stellst du dich oder jemanden vor:
Soy (Ellen). Soy de (Kassel). Hablo (alemán) y (español).
Esta es (Ana). / Este es (Nico).
Es Carmen, la profesora de Inglés.
Pablo también es de Madrid.

1 la **2** amigo **3** Esta es **4** el nuevo **5** habla **6** profesora **7** Vosotros **8** qué hacéis **9** quedan **10** estudian **11** buscan **12** escucha **13** vídeos **14** Eres, soy

Módulo 1 ▸ p. 24

el alfabeto	das Alphabet	
el alumno, la alumna	der Schüler, die Schülerin	Los ~[1] charlan en el recreo.
el boli *fam.* **(= el bolígrafo)**	der Kuli (= Kugelschreiber)	
el cedé, los cedés *Pl.*	die CD	Mateo escucha un ~.
los deberes *Pl.*	die Hausaufgaben	
el cuaderno	das Heft	
el colegio (= el cole *fam.***)**	die Schule *in Spanien:* die Grundschule	
el horario (de clase)	der Stundenplan	
la pizarra	die Tafel, das Whiteboard	
el ejercicio	die Aufgabe, Übung	
el kilo	das Kilo	
el libro	das Buch	
la mesa	der Tisch	
el ordenador	der Computer	
el compañero, la compañera (de clase)	der Mitschüler, die Mitschülerin; der Partner, die Partnerin	Mateo y Nico son ~[2] de clase.
la mochila	der Rucksack	
la puerta	die Tür	
el quiosco	der Kiosk	Ana y Mateo quedan en el ~.
la silla	der Stuhl	
la tableta	das Tablet *Computer*	
el estuche	die Federmappe	
la ventana	das Fenster	
la página web	die Webseite	Ana busca información en la ~ de Madrid.
el examen, los exámenes *Pl.*	die Prüfung, Klassenarbeit	***ing.:*** exam
el desayuno	das Frühstück	
el lápiz, los lápices *Pl.*	der Stift, Bleistift	
¿Cómo se dice ... en español?	Wie sagt man ... auf Spanisch?	¿~ «die Tür» ~?
Se dice	Man sagt	~ «la puerta».
¿Cómo se escribe ...?	Wie schreibt man ...?	¿~ «puerta»?
Se escribe	Man schreibt es	~ pe – u – e – ere – te – a.

1 alumnos **2** compañeros

Unidad 2 ¡Acércate! ▸ p. 26

en mi casa	bei mir zu Hause	
mi, mis *Pl.*	mein, meine	~[1] amigos y yo charlamos en el recreo.
un, una	ein, eine	Mateo busca ~[2] vídeo en Internet.
la pared	die Wand	Los pósteres están en la ~.
el póster	das Poster	En mi habitación hay ~[3] en la pared.
la cama	das Bett	
el armario	der Schrank	
la consola de videojuegos	die Spielkonsole	Mi ~ está en mi habitación.
el escritorio	der Schreibtisch	En el ~ hay una lámpara.
mi lugar favorito	mein Lieblingsplatz	Mi habitación es ~.
el lugar	der Platz, Ort	El parque es el ~ favorito de Ana.
el desastre	die Katastrophe	***ing.:*** disaster / Mi habitación siempre es un ~.
aquí	hier	
siempre	immer	Por la tarde los alumnos ~ estudian.
la estantería	das Regal	En la ~ hay libros de inglés.
la lámpara	die Lampe	
el sillón, los sillones *Pl.*	der Sessel	
la revista	die Zeitschrift	En el quiosco hay ~[4].
la foto *fam.* **(= la fotografía)**	das Foto	Esta es una ~ de Juan.
mi habitación	mein Zimmer	En mi ~ hay dos sillones.
la habitación, las habitaciones *Pl.*	das Zimmer	Esta es la ~ de Mateo. Es un desastre.
hay	es gibt	En el quiosco ~ revistas, libros y bolis.
leo	ich lese	Por la tarde ~ una revista.
¡Es genial!	Das ist genial!	

Unidad 2 / Texto A ▸ p. 29

¿dónde?	wo?	¿~ estás?
estar ▸ Los verbos, p. 162	(da) sein, sich befinden	Ana y Julia ~[5] en la cafetería.

⚠ hay/está:

¿Dónde está mi móvil? Wo ist mein Handy?	**Está en la cocina.** Es ist in der Küche.
¿Qué hay en tu lugar favorito? Was gibt es an deinem Lieblingsplatz?	**En mi lugar favorito hay un sillón y una tableta.** An meinem Lieblingsplatz gibt es einen Sessel und einen Laptop.

el piso	die Wohnung	
el pasillo	das Treppenhaus, der Flur	
el salón, los salones *Pl.*	das Wohnzimmer	El baño está al lado del ~.

no	nicht; kein, keine	Ana ~ es de Alemania, es de México.

> ⚠ **No** kann auf Deutsch sowohl *nein* als auch *nicht* oder *kein* bedeuten.

encima de	über	≠ debajo de
debajo de	unter	≠ encima de / Las revistas están ~ la cama.
¡Ay!	Mensch!, Ach!	
¡Siempre lo mismo!	Immer dasselbe!	
lo mismo	dasselbe	«Porfa» y «por favor» es ~.
Seguro que + *Satz.*	Sicherlich + *Satz.*	–¿Dónde está Nico? –~ está en el parque.
al lado de	neben	El salón está ~[6] baño.
la tele *fam.* **(= la televisión)**	der Fernseher	***ing.:*** television
allí	dort	≠ aquí
¡oye!	hey!, hör mal!	¡~!, ¿dónde está mi consola?
el baño	das Badezimmer	
la cocina	die Küche	
la plaza	der Platz	Mis amigos y yo quedamos en la ~.
delante de	vor, davor	≠ detrás de
la heladería	die Eisdiele	Estamos en la ~.
¿Vamos?	Gehen wir hin?	
pero	aber	
el móvil	das Handy	***ing.:*** mobile phone

Unidad 2 / Texto B ▸ p. 33

compartir algo	etw. teilen	Las hermanas ~[7] habitación.
vivir (en + *sust.***)** ▸ Los verbos, p. 162	(in + *S.*) leben, wohnen	Ana, eres de México pero ~[8] en Valencia, ¿verdad?
la hermana	die Schwester	La ~ de Ana es Lili.
el problema *m.*	das Problem	
ya no	nicht mehr	
ahora	jetzt	~ chateo pero por la tarde estudio.
después del colegio	nach der Schule	~ los chicos quedan en el parque.
después de + *sust.*	nach + *S.*	~[9] recreo los chicos escriben un examen.
tomar algo	etw. nehmen, essen, trinken	
la merienda	die Vesper, der Imbiss *am Nachmittag*	
comer algo ▸ Los verbos, p. 162	etw. essen	Ana y Julia ~[10] en la cafetería.
el bocadillo	das belegte Brötchen	En la cafetería los chicos comen ~[11].
beber algo	etw. trinken	En el recreo los compañeros ~[12] zumo.
el zumo	der Saft	

abrir algo	etw. öffnen, aufmachen	–Mateo, ¿~[13] la puerta, por favor?
preguntar algo	etw. fragen	La profesora ~[14]: «¿Dónde está Nico?»
escribir algo	etw. schreiben	La profesora ~[15] el ejercicio en la pizarra.
leer algo	etw. lesen	Ana ~[16] una revista.
además	außerdem	
esconder algo	etw. verstecken	Mateo ~[17] la consola debajo de la cama.
la cosa	die Sache	
detrás de	hinter	≠ delante de
discutir	diskutieren, streiten	A veces, Ana ~[18] con su hermana.
el diario	das Tagebuch	*ing.:* diary / Ana escribe un ~.
entre... y...	zwischen ... und ...	

¿Dónde está Pepe?

encima de la silla | debajo de la silla | al lado del armario | delante del armario | detrás del armario | entre el armario y la silla

el hermano	der Bruder	
ver algo ▶ Los verbos, p. 163	etw. sehen	
ver la tele	fernsehen	Los chicos ~[19] la tele por la tarde.
el mensaje	die SMS, Nachricht	*ing.:* message
porfa *fam.* **(= por favor)**	bitte	–Lili, ¿bebes tu zumo,~? –¡Sí, mamá!

Para comunicarse

So stellst du dein Zimmer vor:
Esta es mi habitación.
En mi lugar favorito hay (un sillón y una lámpara).
Aquí siempre (chateo con mis amigos).
(Mi habitación) es (genial).

So sagst du, wo sich jemand oder etwas befindet:
–¿Dónde estás? –Estoy aquí, en el salón.
–¿Dónde están mis revistas? –No están en la estantería.
–¿Dónde está el baño? –Allí, al lado de la cocina.

So sagst du, was du nach der Schule machst:
Quedamos en casa de (Julia). Tomamos la merienda, comemos bocadillos y bebemos zumo.
Escuchamos música.
Escribo un mensaje.

So stellst du Fragen:
¿Qué escribís?
¿Quién es?
¿Qué hacéis?

¿Vemos la tele?
¿Escuchamos música?

1 Mis 2 un 3 pósteres 4 revistas 5 están 6 al lado del 7 comparten 8 vives 9 Después del 10 comen 11 bocadillos 12 beben 13 abres 14 pregunta 15 escribe 16 lee 17 esconde 18 discute 19 ven

Módulo 2 ▸ p. 46

Die Zahlen findest du auf S. 164.

el mes, los meses *Pl.*	der Monat	

Los meses del año

enero	Januar	**abril**	April	**julio**	Juli	**octubre**	Oktober
febrero	Februar	**mayo**	Mai	**agosto**	August	**noviembre**	November
marzo	März	**junio**	Juni	**septiembre**	September	**diciembre**	Dezember

el día *m.*	der Tag	***ing.*:** day
la semana	die Woche	

La semana

el lunes	(am) Montag	**el viernes**	(am) Freitag
el martes	(am) Dienstag	**el sábado**	(am) Samstag
el miércoles	(am) Mittwoch	**el domingo**	(am) Sonntag
el jueves	(am) Donnerstag	**el fin de semana**	(am) Wochenende

⚠ **El viernes** es mi cumpleaños. — **Am Freitag** ist mein Geburtstag.
Los viernes chateo con amigos. — **Freitags/Jeden Freitag** chatte ich mit Freunden.

¿Cuándo es tu cumpleaños?	Wann hast du Geburtstag?	
¿cuándo?	wann?	–¿~ cumples catorce años? –En junio.
su cumpleaños	sein/ihr Geburtstag	
el cumple *fam.* **(= el cumpleaños)**	der Geburtstag	El ~ de Nico es el 14 de junio.
Mi cumpleaños es el (7 de septiembre).	Ich habe am (7. September) Geburtstag.	
¿Qué día es hoy?	Welcher Tag ist heute?	–¿~? –Hoy es lunes.
Hoy es (miércoles) (el 24 de enero).	Heute ist (Mittwoch), der (24. Januar).	
Cumple (15 años).	Er/Sie wird (15 Jahre) alt.	Mateo ~[1] trece años.
cumplir ... años	... Jahre alt werden	

Para comunicarse

So gibst du das Datum an:
–¿Qué día es hoy? –Hoy es (lunes), (el 28 de agosto).

So fragst du und sagst du, wann jemand Geburtstag hat:
–¿Cuándo es el cumple(años) de (Mateo)?
–Su cumple(años) es el (8 de abril). Cumple 13 años.

1 cumple

Unidad 3 ¡Acércate! ▸ p. 48

la familia	die Familie	Esta es mi ~: mi madre, mi padre y yo.
mirar algo	etw. anschauen	Los amigos ~[1] las fotos del cumple de Ana.
¡Mira!	Schau mal!	¡~! Este es mi lugar favorito.
estos son, estas son + *sust.*	das sind + *S.*	~[2] mis abuelos. Viven en un pueblo.
los abuelos *Pl.*	die Großeltern	Los ~ son los padres del padre o de la madre.
el abuelo	der Opa, Großvater	Este es mi ~. Vive en Valencia.
la abuela	die Oma, Großmutter	La ~ de Ana es de México.
la tía	die Tante	Mi ~ es la hermana de mi madre o mi padre.
el tío	der Onkel	
el pueblo	das Dorf	Mis abuelos viven en un ~.
los padres *Pl.*	die Eltern	
la madre	die Mutter	«Mamá» y «~» es lo mismo.
tengo	ich habe	~ dos hermanas, ¿y tú?
el padre	der Vater	
el primo, la prima	der Cousin, die Cousine	Mi ~[3] es el hijo de mi tía y mi tío.
la mujer	die Frau, die Ehefrau	La ~ de mi tío es mi tía.
el perro, la perra	der Hund, die Hündin	Juan tiene un ~[4]. Se llama Rufo.
la mascota	das Haustier	–Juan, ¿tienes una ~? –Sí, tengo un perro.
tienes	du hast	
tampoco	auch nicht	≠ también / –No tengo hermanos. –Yo ~.

⚠ Ana escucha música. Lili **también**. ... Lili **auch**.
Mateo no tiene mascotas. Julia **tampoco**. ... Julia **auch nicht**.

Unidad 3 / Texto A ▸ p. 51

tu, tus *Pl.*	dein, deine	¿~[5] abuelos viven en un pueblo?

⚠ **tu** mascota **dein** Haustier
¿Y **tú**? Und **du**?

¿Cuántos años tienes?	Wie alt bist du?	–¿~? –Tengo 13 años.
tener algo (**e** → **ie**) ▸ Los verbos, p. 163	etw. haben	
tener ... años ▸ Los verbos, p. 163	... Jahre alt sein	Julia ~[6] 12 años.

Im Spanischen gibt man das Alter mit dem Verb **tener** (*haben*) an:
Nico **tiene** 13 años. Nico **ist** 13 Jahre alt.

los hermanos *Pl.*	die Geschwister	Ana tiene tres ~.

pequeño, pequeña	klein	≠ grande
interesante	interessant	*ing.:* interesting / Julia lee un libro muy ~.
no tengo	ich habe keine	~ hermanos.
¡Qué + *adj.* / + *sust.*!	Wie + *Adj.*! / Was für ein, eine + *S.*!	Los lunes tengo Matemáticas. ¡~ aburrido!
aburrido, aburrida	langweilig	≠ interesante
como	wie	

⚠ Mi primo es **como** mi hermano. Mein Cousin ist **wie** mein Bruder.
¿**Cómo** te llamas? **Wie** heißt du?

el compañero, la compañera	*hier:* der Lebensgefährte, die Lebensgefährtin	
bastante	ziemlich	La granja de mis abuelos es ~ grande.
tranquilo, tranquila	ruhig	
el hijo, la hija	der Sohn, die Tochter	
el payaso	der Clown	
grande	groß	≠ pequeño, pequeña
majo, maja *fam.*	nett, sympathisch	
un poco	ein bisschen, ein wenig	–¿Nico, hablas inglés? –Sí, ~.
pesado, pesada	nervig	Mi hermana es un poco ~[7].
divertido, divertida	lustig	≠ aburrido, aburrida
inteligente	intelligent, klug	El hermano de Juan es muy ~.
la granja	der Bauernhof	La abuela de Julia tiene una ~.
estricto, estricta	streng	La profesora de Inglés es muy ~[8].
su, sus *Pl.*	sein, seine, ihr, ihre	Ana vive con ~[9] padres.
la historia	die Geschichte	

Unidad 3 / Texto B ▸ p. 55

¿por qué?	warum?	¿~ Nico vive en España?
querer (e → ie) algo ▸ Los verbos, p. 163	etw. wollen	La madre de Julia no ~[10] gatitos.
el animal	das Tier	*ing.:* animal
el caballo	das Pferd	Lili quiere un ~.
la gallina	das Huhn	
el conejo	das Kaninchen	
genial *adj.*	genial, toll	= fenomenal
el conejillo de Indias	das Meerschweinchen	Tengo una mascota, es un ~.
porque	weil	

⚠ ¿**Por qué** quieres un perro? **Porque** los perros son muy inteligentes.

Barcelona ▶ Cultura, p. 157	Barcelona	
se llama	er/sie/es heißt	El perro de Ana ~ Héctor.
el agua *f.*	das Wasser	En la cafetería Ana bebe ~.
seguro *adv.*	bestimmt, sicherlich	–¿Nico está en casa? –Sí, ~.
el gatito	das Kätzchen	
precioso, preciosa	entzückend	
el gato, la gata	der Kater, die Katze	
no sé	ich weiß nicht	–¿Quién es? – ~.
difícil	schwer, schwierig	***ing.:*** difficult / Los exámenes no son ~[11].
por favor	bitte	
el juguete	das Spielzeug	
cariñoso, cariñosa	liebevoll, zärtlich, zutraulich	
fiel	treu	Los perros son muy ~[12].
fácil	leicht	≠ difícil
alérgico, alérgica	allergisch	
en el campo	auf dem Land	Mis tíos viven ~.
el campo	das Land	

Para comunicarse

So stellst du deine Familie vor:
Este es mi (hermano). / Esta es mi (abuela).
Estos son mis (padres). / Estas son mis (primas).
Tengo una familia (grande/pequeña).
Vivimos en (Valencia).
Mi madre es de (Alemania).
Mi hermana es un poco (pesada). Mis hermanos son muy (divertidos).

So erfragst du das Alter und gibst es an:
–¿Cuántos años tienes?
–Tengo (12) años.

So sagst du, was du (nicht) möchtest:
Quiero (una mascota). No queremos (animales en casa).
Quiero ver (los animales). No quiero (compartir habitación).

So erfragst du einen Grund und gibst ihn an:
–¿Por qué (quieres un gato)? –Porque (los gatos son muy cariñosos).

1 miran **2** Estos son **3** primo **4** perro **5** Tus **6** tiene **7** pesada **8** estricta **9** sus **10** quiere **11** difíciles **12** fieles

Módulo 3 ▶ p. 62

la hora	die Uhrzeit, Stunde	***ing.:*** hour
¿Qué hora es?	Wie spät ist es?	–¿~? –Son las cuatro y media.

13:00	14:00	15:20	16:15	17:30	17:35	18:45
Es la una.	Son las dos en punto.	Son las tres y veinte.	Son las cuatro y cuarto.	Son las cinco y media.	Son las seis menos veinticinco.	Son las siete menos cuarto.

la fiesta	die Party, das Fest	
el concierto	das Konzert	
la película (la peli *fam.*)	der Film	
el partido	das Spiel *Match*	El ~ empieza a las ocho y cuarto.
el curso de salsa	der Salsakurs	El ~ termina en una hora.
¿A qué hora ...?	Um wie viel Uhr ...? / Wann ...?	¿~ comemos?
¿A qué hora empieza?	Wann beginnt er/sie/es?	

⚠ **¿A qué hora** empieza la peli? A las siete.
¿Cuándo es tu cumpleaños? Mi cumpleaños es el 7 de julio.

empezar **algo (**e → ie**)** ▸ Los verbos, p. 163	etw. anfangen, beginnen	≠ terminar / ¿A qué hora ~[1] la clase?
A las [cuatro].	Um [vier] Uhr.	El concierto termina ~[2] ocho.
terminar algo	enden, etw. beenden	≠ empezar
la noche	die Nacht, der (späte) Abend	
la mañana	der Morgen	

Para comunicarse

So gibst du die Uhrzeit und die Tageszeit an:
–¿Qué hora es? –Es la una (de la tarde). / Son las once (de la mañana).
–¿A qué hora (empieza el concierto)? –A las ocho (de la tarde).

1 empieza **2** a las

Unidad 4 ¡Acércate! ▸ p. 64

nuestro, nuestra	unser, unsere	~[1] profesora de Inglés es muy divertida.
presentar algo	etw. präsentieren, zeigen	
Pablo Picasso ▸ Cultura, p. 158	*spanischer Maler*	
la portería	die Pförtnerloge	Juan está en la ~ del colegio.
el/la conserje	der Pförtner, die Pförtnerin	
cerrar **algo (**e → ie**)** ▸ Los verbos, p. 163	etw. schließen	≠ abrir / Ana, ¿~[2] la puerta, por favor?
el aula *f.*	das Klassenzimmer	Los chicos tienen clase en el ~ trece.

Lengua Castellana y Literatura (= Lengua *fam.***)**	*etwa:* Spanischunterricht *Schulfach*	
la biblioteca	die Bibliothek	La prima de Ana siempre lee libros en la ~.
además de	neben	~ pelis, hay cedés.
vuestro, vuestra	euer, eure	Chicas, ¿cómo se llama ~[3] profesor?
Educación Física *f.*	Sportunterricht *Schulfach*	
correr	rennen, laufen	
mucho *adv.*	viel, sehr	Corremos ~ en el gimnasio.
el gimnasio	die Turnhalle	***ing.:*** gym
Ciencias Naturales *Pl.* **(= Naturales** *fam.***)**	Naturwissenschaften *Schulfach*	
el laboratorio	das Labor	
despistado, despistada	zerstreut, schusselig	
así	so	
el teatro	das Theater	***ing.:*** theatre
ensayar	üben, proben	Los chicos ~[4] para el concierto.
el grupo (de teatro)	die (Theater-)Gruppe	
la dirección, las direcciones *Pl.*	*hier:* das Sekretariat	
el director, la directora	der Direktor, die Direktorin	Sonsoles es la ~[5] del colegio.
organizar algo	etw. organisieren	Los chicos ~[6] una fiesta.
el Día de las puertas abiertas	der Tag der offenen Tür	
estar abierto, estar abierta ▸ Los verbos, p. 162	geöffnet	La ventana ~[7].
llama a nuestros padres	sie ruft unsere Eltern an	
Esa es otra historia.	Das ist eine andere Geschichte.	

Unidad 4 / Texto A ▸ p. 67

por la mañana	morgens	~ tenemos clase, pero por la tarde estamos en el parque.
desayunar	frühstücken	Nico ~[8] en casa con sus padres.
luego	dann, später, nachher	
salir ▸ Los verbos, p. 162	(hinaus)gehen, ausgehen	
salir de casa ▸ Los verbos, p. 162	aus dem Haus gehen	Julia ~[9] a las ocho de la mañana.
Matemáticas *Pl.* **(= Mates** *fam.***)**	Mathematik *Schulfach*	
¿de qué?	über was?, worüber?	Chicos, ¿~ habláis?
¡Ni idea!	Keine Ahnung!	***ing.:*** No idea! = No sé....
estar en las nubes ▸ Los verbos, p. 162	in Gedanken sein	Ana, ¿~[10]?
favorito, favorita	Lieblings-(+ *S.*)	***ing.:*** favourite / Mi asignatura ~[11] es Mates.

su, sus	ihre (*Pl.*)	Mis hermanos hablan de ~[12] clases.
pensar algo, en algo/alguien (e → ie) ▸ **Los verbos, p. 163**	etw. denken, an etw./jdn denken	Es miércoles pero los chicos ya ~[13] en el fin de semana.
por la noche	abends, nachts	~ Ana chatea con su abuela.
después	danach, später	
el e-mail	die E-Mail	
Querido, Querida...	Lieber, Liebe... *Anrede in einem Brief*	
mañana	morgen	
formar algo	etw. bilden	Carmen ~[14] cinco grupos.
Música	Musikunterricht *Schulfach*	
la asignatura	das Schulfach	Lengua, Matemáticas e Inglés son ~[15].
Las asignaturas:	**Inglés** **Matemáticas (= Mates)** *Pl.* **Lengua** **(Ciencias) Naturales** *Pl.* **Educación Física (Deporte)**	**Ciencias Sociales** **Música** **Religión** **Artes Plásticas**
preferir + *inf.* **(e → ie)** ▸ **Los verbos, p. 163**	etw. lieber (+ *Inf.*) wollen	***ing.:*** to prefer / Yo ~[16] leer un poco.
participar (en algo)	(an etw.) teilnehmen	***ing.:*** participate / En el curso de salsa ~[17] 20 personas.
me da corte + *inf.*	es ist mir peinlich + *Inf.*	~ cantar en el concierto.
cantar	singen	A veces Mateo ~[18] con sus amigos.
el fin de semana, los fines de semana *Pl.*	das Wochenende	El ~ Ana y Julia van a la heladería.
de... a...	von ... bis ... (*Wochentage*)	Tengo clase ~ lunes ~ viernes.
desde la/las... hasta la/las...	von ... bis ... (*Uhrzeit*)	Los chicos tienen clase ~[19] ocho ~ dos.
desde	von	
hasta	bis	
hablar por teléfono	telefonieren	
el teléfono	das Telefon	
el abrazo	die Umarmung; *hier:* Herzliche Grüße *Brief*	

Unidad 4 / Texto B ▸ p. 71

faltar	fehlen	–¿Quién ~[20]? –Ana.
la gente	die Leute	Falta ~ en el grupo de Música.
tener ganas (de) algo / + *inf.* ▸ **Los verbos, p. 163**	Lust auf etw. haben; Lust haben, etw. zu tun	–Ana, ¿~[21] quedar en el parque hoy? –Sí, claro.
Yo paso.	Ich passe.	
ese, esa	dieser, diese da (*m./w./Sg.*)	¿Ves a ~[22] chico allí? Se llama Jorge.
Es que...	Es ist nämlich so, dass ...	–¿Quieres ver el partido con nosotros? –No, ~ tengo que estudiar.

necesitar algo	etw. brauchen	–Chicas, ¿~[23] algo? –No, gracias.
¿Por qué no?	Warum nicht?	
Me da igual.	Das ist mir egal.	
¡Anda! *fam.*	Komm schon!	
ya	schon	–¿Dónde está Mateo? –~ está en casa.
tener que + *inf.* **(e → ie)** ► Los verbos, p. 163	etw. tun müssen	Ana y Lili ~[24] ordenar su habitación.
ordenar algo	etw. aufräumen	
¿cuántos?, ¿cuántas?	wie viel/e?	–¿~[25] hermanos tienes? –No tengo.
las gafas *Pl.*	die Brille *hier:* Schutzbrille	
este, esta	dieser, diese (*m./w./Sg.*)	
sí	*hier:* doch, schon	
de repente	plötzlich	
llegar (a)	kommen, ankommen (in)	La profesora ~[26] a la clase.
para	für	Los alumnos estudian ~ el examen.
¿Qué pasa?	Was ist los?, Was gibt's?	
el programa *m.*	das Programm	
la visita	der Besuch	La ~ a la biblioteca es a las nueve.
el fútbol	der Fußball *Sportart*	***ing.:*** football
Don Quijote ► Cultura, p. 158	*Hauptfigur des Romans von Miguel de Cervantes*	
el concierto final	das Abschlusskonzert	

Para comunicarse

So beschreibst du deine Schule:
Mi colegio se llama (Pablo Picasso).
Este es (el laboratorio). / Esta es (la biblioteca).
Aquí tenéis (el aula de Lengua).
Hay (un teatro).

So sprichst du über deinen Schulalltag:
Por la mañana desayuno.
A las siete y media empieza la clase (de Lengua).
Por la tarde (quedo con amigos).
Por la noche (leo revistas).

So schreibst du eine E-Mail:
Hola, Julia:
Querido Mateo:
Besos, ... / Un abrazo, ... / Saludos, ...

So lehnst du etwas ab:
¡Yo paso!
No sé.
Es que prefiero participar (en el grupo de teatro).
Me da corte (cantar).
No, no tengo ganas.

So stimmst du jemandem zu:
Bueno, ¿por qué no?
Bueno, vale.
Sí, (claro).

1 Nuestra 2 cierras 3 vuestro 4 ensayan 5 directora 6 organizan 7 está abierta 8 desayuna 9 sale de casa 10 estás en las nubes 11 favorita 12 sus 13 piensan en 14 forma 15 asignaturas 16 prefiero 17 participan 18 canta 19 desde las...hasta las... 20 falta 21 tienes ganas de 22 ese 23 necesitáis 24 tienen que 25 Cuántos 26 llega

Módulo 4 ▶ p. 84

¿Qué te gusta hacer?	Was machst du gerne?	
te gusta + *inf.*	dir gefällt + *Inf.*	–¿~ correr? –Sí, me gusta.
hacer **algo** ▶ Los verbos, p. 163	etw. machen	–¿Qué ~[1] por la tarde? –~ deporte.
el tiempo libre	die Freizeit	¿Qué haces en tu ~?
el tiempo	die Zeit	*ing.:* time / –Ana, ¿quedamos en el parque hoy? –No sé, no tengo ~.
libre *adj.*	frei	
jugar **a algo**	etw. spielen *Sport*	En mi tiempo libre me gusta ~ al fútbol.
el pádel ▶ Cultura, p. 158	das Padel *Sportart*	
Me gusta mucho.	Das gefällt mir sehr.	
a mí no	mir nicht	–Me gusta leer libros. –~.
a mí (no) me gusta + *inf.*	mir gefällt (nicht) + *Inf.*	
gustar a alguien	jdm gefallen, etw. mögen, etw. gerne tun	
hacer **deporte** ▶ Los verbos, p. 163	Sport treiben	–¿Te gusta ~? –Sí, corro.
el deporte	der Sport	–¿Qué ~ te gusta? –Me gusta jugar al fútbol.
a mí tampoco	mir auch nicht	≠ a mí también / –A mí no me gusta ver la tele. –~.
tocar + *instrumento*	spielen *Instrument*	Mateo ~[2] el piano.

⚠ **jugar** al fútbol Fußball **spielen**   **tocar** el piano Klavier **spielen**

el piano	das Klavier	*ing.:* piano / Me gusta tocar el ~.
a mí también	mir auch	≠ a mí tampoco / –A mí me gusta cantar en el concierto. –~.
No me gusta (nada).	Das gefällt mir (gar) nicht.	
casi	fast	
a mí sí	mir schon	≠ a mí no / –A mí no me gusta correr. –¡~!
el cómic, los cómics *Pl.*	der Comic	–A mí me gusta leer ~[3].
¿Y a ti?	Und dir?	

Para comunicarse

So sprichst du über deine Hobbys:
¿Qué te gusta hacer?
¿Te gusta jugar al (pádel)?
Me gusta tocar (el piano). ¿Y a ti?

So sagst du, was dir (nicht) gefällt:
A mí me gusta (mucho) (hacer deporte).
A mí también. / A mí tampoco.
A mí no. / A mí sí.
A mí no me gusta (correr).
¿Cantar? No, a mí no me gusta nada.

1 haces, Hago 2 toca 3 cómics

Unidad 5 ¡Acércate! ▸ p. 86

el pelo	das Haar	La prima de Mateo tiene el ~ largo.
corto, corta	kurz	Me gusta el pelo ~[1].
negro, negra	schwarz	
rizado, rizada	lockig	
castaño, castaña	braun	Nico tiene el pelo ~[2].
liso, lisa	glatt	
largo, larga	lang	
rubio, rubia	blond	≠ castaño, castaña / Mi hermana es ~[3] pero yo soy castaña.
¿Qué tal + *sust.***?**	Wie ist + *S.*?	–¿~ el curso de salsa? –¡Es genial!
alto, alta	groß *Menschen*, hoch *Berge/Gebäude*	≠ bajo, baja / La mamá de Julia es ~[4].
llevar algo	etw. tragen *Kleidung*	Julia ~[5] gafas.
el aparato de dientes	die Zahnspange	
¿cuál?, ¿cuáles?	welche?, welcher?, welches?	–¿~[6] es tu asignatura favorita? –Mates.
bajo, baja	klein	≠ alto, alta / Mi prima no es alta, es muy ~[7].
guapo, guapa	hübsch	

Unidad 5 / Texto A ▸ p. 89

ir (a) ▸ Los verbos, p. 163	gehen (zu, nach)	A las ocho y media los chicos ~[8] al colegio.
a	zu, nach, an	Por la tarde, Nico va ~ casa de Mateo.
la playa	der Strand	El sábado las amigas van a la ~.
el centro comercial	das Einkaufszentrum	Hay un ~ al lado del cine.
el cine	das Kino	Quiero ir al ~. ¿Vamos?
poder (o → ue) ▸ Los verbos, p. 163	können	Paso. No ~[9] ir al cine. Tengo que estudiar.
el polideportivo	das Sportzentrum	En el ~ puedes jugar al fútbol.
el dinero	das Geld	–¿Ana, vamos al cine hoy? –No, no tengo ~.
el baloncesto	der Basketball *Sportart*	
la idea	die Idee	*ing.:* idea
las Fallas ▸ Cultura, p. 158	die Fallas *Frühlingsfest in Valencia*	
las clases de guitarra	der Gitarrenunterricht	
la guitarra	die Gitarre	Pablo toca la ~.
tres veces por semana	drei Mal pro Woche	Nico hace deporte ~.
la vez, las veces *Pl.*	das Mal	
por	*hier:* pro	
temprano *adv.*	früh, zeitig	¡Mamá, es muy ~!
todavía	noch (immer)	

comprar algo	etw. kaufen	Ana ~[10] un regalo para su hermana.
el regalo	das Geschenk	
¿adónde?	Wohin?	≠ ¿De dónde?
el centro	das Zentrum	*ing.:* centre

Unidad 5 / Texto B ▶ p. 93

la sorpresa	die Überraschung	*ing.:* surprise
estar **enfermo,** estar **enferma** ▶ Los verbos, p. 162	krank sein	Julia no puede cantar en el concierto porque ~[11].
la tienda	das Geschäft	Mis padres tienen una ~ en el centro.
encontrar **algo (o → ue)** ▶ Los verbos, p. 163	etw. finden	≠ buscar / –Mamá, no ~[12] mi cuaderno. – Está en tu escritorio.
estar **seguro,** estar **segura** *adj.* ▶ Los verbos, p. 162	sicher sein	
¿Qué le gusta a...?	Was gefällt ...?	
le gusta + *inf.*	ihm, ihr gefällt + *Inf.*	~ jugar al baloncesto.
¡Qué va!	Quatsch!	
le gusta + *sust.*, **le gustan** + *sust.*	ihm, ihr gefällt + *S.*; ihm, ihr gefallen + *S.*	~[13] los libros interesantes.
gracioso, graciosa	witzig	Los periquitos son ~[14].
contar **algo (o → ue)** ▶ Los verbos, p. 163	etw. erzählen	
te gusta + *sust.*, **te gustan** + *sust.*	dir gefällt + *S.*, dir gefallen + *S.*	¿~[15] la música?
el balón	der Ball	¿Quién tiene el ~?
me gusta + *sust.*, **me gustan** + *sust.*	mir gefällt + *S.*, mir gefallen + *S.*	~[16] las golosinas.
la piñata ▶ Cultura, p. 158	die Piñata *mit Süßigkeiten gefüllte Pappfigur*	En una ~ hay golosinas.
guay *fam.*	toll	= genial, fenomenal
la figura	die Figur	*ing.:* figure
el cartón, los cartones *Pl.*	der Karton, die Pappe	La piñata es de ~.
las golosinas	die Süßigkeiten	A Ana le gustan mucho las ~.
el trabajo	die Arbeit	
estar **cansado,** estar **cansada** ▶ Los verbos, p. 162	müde sein	Después del cole Mateo ~[17].
estar **contento,** estar **contenta** ▶ Los verbos, p. 162	zufrieden sein	Después de Deportes, Ana ~[18].
buscar a alguien	jdn suchen	En la fiesta Ana ~[19] a Julia.
el rato	die Weile	En un ~ comemos.
encontrar **a alguien** ▶ Los verbos, p. 163	jdn finden	≠ buscar a alguien / Mateo no ~[20] a su amigo.

el jardín, los jardines *Pl.*	der Garten	
¡Feliz cumpleaños!	Alles Gute zum Geburtstag!	= ¡Felicidades!
¡Felicidades!	Herzlichen Glückwunsch!	

Para comunicarse

So beschreibst du das Aussehen von jemandem:
El chico es alto. / La chica es alta.
Tiene el pelo castaño/negro/rubio.
Tiene el pelo liso/rizado.
Tiene el pelo corto/largo.
Lleva aparato de dientes / gafas.
El chico es muy guapo. / La chica es muy guapa.

So machst du Vorschläge und verabredest dich:
¿Qué hacemos el fin de semana? / ¿Adónde vamos?
¿Vamos (al cine)? / Podemos ir al polideportivo.
¿Por qué no (vamos a la playa)?
¿A qué hora quedamos?
A (las diez) es muy temprano. Entonces a (las once).

So sagst du, was jemandem gefällt:
Me gusta (el deporte).
Me gustan (las golosinas).
¿Te gusta (el balón)?
¿Qué le gusta a (Pablo)?
Le gusta leer / jugar al fútbol.
Le gusta la piñata.
No le gustan mucho los libros. Prefiere los cómics.

So gratulierst du jemandem zum Geburtstag:
¡Feliz cumpleaños!
¡Felicidades!

1 corto **2** castaño **3** rubia **4** alta **5** lleva **6** Cuál **7** baja **8** van **9** puedo **10** compra **11** está enferma **12** encuentro **13** Le gustan **14** graciosos **15** Te gusta **16** Me gustan **17** está cansado **18** está contenta **19** busca **20** encuentra

Unidad 6 ¡Acércate! ▸ p. 100

visitar a alguien	jdn besuchen	Juan ~[1] a su hermano Mateo.
pronto	bald	
por eso	deswegen	Tengo que estudiar. ~ no puedo ir al cine.
el folleto	das Prospekt	En el ~ encuentras información sobre los museos de la ciudad.
para + *inf.*	um zu + *Inf.*	Julia va al centro ~ comprar un regalo.
el paseo	der Spaziergang	
por	durch	Mateo organiza un paseo ~ Valencia.
la ciudad	die Stadt	≠ el campo / ¿Prefieres vivir en el campo o en la ~?
la Ciudad de las Artes y de las Ciencias ▸ Cultura, p. 157	*Museumskomplex in Valencia*	
el museo	das Museum	Hoy Nico visita un ~ moderno en el centro.
moderno, moderna	modern	
mucho, mucha *adj.*	viel, viele	
la obra de arte	das Kunstwerk	
la obra	das Werk	
el arte	die Kunst	*ing.:* art
el experimento	das Experiment	*ing.:* experiment

la película 3D	der 3D Film	
Oceanográfico ▶ **Cultura, p. 158**	*Aquarium in Valencia*	
el acuario	das Aquarium	
aprender	lernen	¿A ti te gusta ~ español?
sobre	über	
el animal marino	das Meerestier	En el acuario aprendes mucho sobre los ~[2].
pasar la noche	übernachten	
dormir (o → ue) ▶ **Los verbos, p. 163**	schlafen	A Julia le gusta ~ mucho los fines de semana.
el tiburón, los tiburones *Pl.*	der Haifisch	Hay ~[3] en el Oceanográfic.
la Playa de la Malvarrosa ▶ **Cultura, p. 158**	*Strand in Valencia*	
tomar el sol	sonnenbaden	A Ana le gusta ~ en la playa.
el sol	die Sonne	
nadar	schwimmen	¿Te gusta ~ en el mar?
el mar	das Meer	Ana y Julia nadan en el ~.
la paella valenciana ▶ **Cultura, p. 158**	die valencianische Paella *Reisgericht aus Valencia*	
la Plaza de la Virgen ▶ **Cultura, p. 158**	*Platz im Zentrum von Valencia*	
histórico, histórica	historisch	
el edificio	das Gebäude	Esta ciudad tiene muchos ~[4] modernos.
antiguo, antigua	alt	≠ moderno, moderna
el Mercado Central ▶ **Cultura, p. 158**	*Lebensmittelmarkt in Valencia*	
el hambre *f.*	der Hunger	Tengo ~. ¿A qué hora comemos?
poco, poca *adj.*	wenig, wenige	≠ mucho, mucha
el mercado	der Markt	
caro, cara	teuer	No compro un balón. Es muy ~[5].
el Jardín del Turia ▶ **Cultura, p. 158**	*Stadtpark in Valencia*	
ideal	ideal	
ir en bicicleta ▶ **Los verbos, p. 163**	Fahrrad fahren	Ana siempre ~[6] al colegio.
la bicicleta (= la bici *fam.***)**	das Fahrrad	***ing.:*** bicycle
el Estadio de Mestalla ▶ **Cultura, p. 157**	*Stadion in Valencia*	
el estadio	das Stadion	Vamos al ~ para ver el partido.
el Valencia Club de Fútbol ▶ **Cultura, p. 158**	*Fußballverein aus Valencia*	

Unidad 6 / Texto A ▸ p. 103

dejar algo	etw. lassen	
entrar	hereinkommen	≠ salir
la calle	die Straße	Vivo en la ~ Velázquez, 35.
enfrente de	gegenüber von	
ir en autobús (= bus *fam.***)** ▸ Los verbos, p. 163	Bus fahren	Julia ~[7] al centro.
ir en metro ▸ Los verbos, p. 163	Metro fahren	Mateo ~[8] al museo.
imposible	unmöglich	*ing.:* impossible / Es ~ ir a pie al museo.
ir a pie ▸ Los verbos, p. 163	zu Fuß gehen	
lejos *adv.*	weit (weg)	El colegio está muy ~. No podemos ir a pie.
la tercera calle	die dritte Straße	
seguir (e → i) ▸ Los verbos, p. 163	weitergehen	Chicos, ¡~[9] la calle todo recto!
seguir (con algo)	(mit etw.) weitermachen	Chicos, ¡~[9] la calle todo recto!
¿Qué te pasa?	Was ist los mit dir?	–¿~? –Estoy cansado y tengo sed.
tener sed ▸ Los verbos, p. 163	Durst haben	Ana ~[10], por eso bebe un zumo.
la botella (de)	die Flasche	
¡Disculpa!	Entschuldige!	~, ¿dónde está el centro?
por aquí	hier (in der Nähe)	¿Hay un quiosco ~?
cerca (de) *adv.*	in der Nähe (von)	≠ lejos
cruzar algo	etw. überqueren	Para ir al parque tienes que ~ la calle.
todo recto	geradeaus	–¿Dónde está el colegio? –¡Sigue ~!
la segunda calle	die zweite Straße	
girar	abbiegen	Ana, ¡~[11] la primera calle a la derecha!
a la derecha (de)	rechts (von)	≠ a la izquierda
coger algo ▸ Los verbos, p. 162	*hier:* abbiegen, *auch:* etw. nehmen	Tenéis que ~ la segunda calle a la derecha.
la primera calle	die erste Straße	
a la izquierda (de)	links	≠ a la derecha / El acuario está ~[12] museo.
mono, mona *fam.*	niedlich	Tu gatito es muy ~[13].
Adéu! *valenciano*	Tschüss!	= ¡Adiós!
tener cuidado (con) ▸ Los verbos, p. 163	aufpassen	
más	mehr	
sacar algo (de)	etw. herausholen (aus)	¡~[14] vuestros libros, por favor!
¿Qué pinta tenéis?	Wie seht ihr denn aus?	
pasar	hineingehen	–¿Puedo entrar? –Sí, claro, ¡~[15]!

Unidad 6 / Texto B ▸ p. 107

¿Algo más?	Noch etwas?	–¿~? –No, gracias.

la chica de la botella de agua	das Mädchen mit der Wasserflasche	
venir (e → ie) ▸ **Los verbos, p. 163**	kommen	–¿A qué hora ~[16] Ana? –Viene a las tres.
por cierto	übrigens	~, mañana no hay clase.
sobre todo	vor allem	~ me gusta ir en bicicleta.
bonito, bonita	schön, hübsch	
pasar	verbringen *Zeit*	Julia ~[17] la tarde en el parque.
el barrio	das Stadtviertel	¿Cuál es tu ~ favorito en tu ciudad?
la actividad	die Aktivität, Beschäftigung	Hay muchas ~[18] para jóvenes.
el/la joven, los jóvenes *Pl.*	der Jugendliche, die Jugendliche	Los ~[19] están en la playa.
el jamón	der Schinken	Ana va al mercado para comprar ~ y queso.
el queso	der Käse	¿Prefieres los bocadillos de ~ o de jamón?
el vendedor, la vendedora	der Verkäufer, die Verkäuferin	
el helado	das Eis	Los chicos comen un ~ en la playa.
¿Y para ti?	Und für dich?	
la tortilla ▸ **Cultura, p. 158**	die Tortilla *Kartoffelomelett*	
¿Y de beber?	Und zu trinken?	–¿~? –Un zumo, por favor.
la naranja	die Orange	–Buenos días, un kilo de ~[20], por favor.
¿Cuánto es?	Wie viel macht das?	
el euro	der Euro	
el céntimo	der Cent	
Aquí tiene.	Bitte. *beim Bezahlen*	–Son 20 euros. –~.
¡haz!	mach!	
algo	etwas	
¡sal!	geh raus!	Aquí no pueden pasar perros. Rufo, ¡~!
¡ten cuidado!	sei vorsichtig!	
¡ven!	komm!	¡~!, vamos a la heladería.

Para comunicarse

So stellst du eine Stadt vor:
En el centro histórico hay muchos edificios.
En el (Jardín del Turia) puedes ir en bicicleta.

So forderst du jemanden auf, etwas zu tun:
¡Bebe un poco! ¡Discutid después!

So bestellst du etwas in einer Cafeteria:
Un bocadillo y un zumo de naranja, por favor.
¿Cuánto es? Aquí tiene, gracias.

So fragst du nach dem Weg und beschreibst ihn:
Disculpa, ¿hay un quiosco por aquí cerca?
Sí, claro. Cruza la calle. En la primera/segunda calle gira a la derecha. Sigue todo recto.

So sagst du, was dir an deinem Wohnort (nicht) gefällt:
(Valencia) me gusta mucho porque hay (playa).
No me gusta porque no hay (parques).

1 visita 2 animales marinos 3 tiburones 4 edificios 5 caro 6 va en bicicleta 7 va en autobús 8 va en metro 9 seguid 10 tiene sed 11 gira 12 a la izquierda del 13 mono 14 Sacad 15 pasa 16 viene 17 pasa 18 actividades 19 jóvenes 20 naranjas

Unidad 7 ¡Acércate! ▸ p. 114

por fin	endlich	
las vacaciones *Pl.*	die Ferien, der Urlaub	*ing.:* vacation
ir a + *inf.* ▸ Los verbos, p. 163	etw. tun werden	En las vacaciones Julia ~[1] ir al pueblo.
el campamento de verano	das Sommercamp	Mateo va a ir a un ~.
el campamento	das Ferienlager	
el verano	der Sommer	
Es una pasada. *fam.*	Es ist fantastisch.	= ¡Es genial!
la piscina	das Schwimmbad	¿Prefieres nadar en una ~ o en el mar?
el taller	der Workshop	En el campamento hay un ~.
el juego	das Spiel	
la última semana	die letzte Woche	~ de las vacaciones Mateo va a pasar en Madrid.
el año	das Jahr	Este ~ Ana no va a viajar a México.
viajar (a)	reisen (nach)	Julia quiere ~ a Mallorca.
no importa	das macht nichts, egal	
por primera vez	zum ersten Mal	Los abuelos de Ana van a venir ~.
los Pirineos *Pl.* ▸ Cultura, p. 157	die Pyrenäen	
escalar	klettern	En los Pirineos Nico puede ~.
hacer camping ▸ Los verbos, p. 163	zelten	*ing.:* camping
Mallorca ▸ Cultura, p. 157	*größte der Balearischen Inseln im Mittelmeer*	
¿Sí, diga?	Ja, hallo? *am Telefon*	–¿~? –Hola, soy Mateo, ¿está Nico?
lo siento	es/das tut mir leid	
de acuerdo	einverstanden	
llamar a alguien	jdn anrufen	

Unidad 7 / Texto A ▸ p. 117

el recuerdo	der Gruß	¡Muchos ~[2] de Valencia!
le	ihm, ihr	
mandar algo (a alguien)	(jmd) etw. schicken	
la postal	die Postkarte	
la carta	der Brief	
recuerdos desde	Grüße aus *Brief, Postkarte*	
hace mucho calor	es ist sehr heiß	≠ hace frío
el calor	die Hitze, Wärme	
cuando	(immer) wenn	

⚠ ¿**Cuándo** tocas el piano? — **Wann** spielst du Klavier?
Toco **cuando** tengo tiempo. — Ich spiele, **(immer) wenn** ich Zeit habe.

el Retiro ▸ **Cultura, p. 158**	*Park in Madrid*	
el estanque	der Teich	En el Retiro hay un ~ muy grande.
alquilar	mieten	En el parque también puedes ~ bicicletas.
la barca	das Boot	En el estanque puedes alquilar ~[3].
me	mir	
te	dir	
la cobertura (de móvil)	der Handyempfang	En el campo a veces hay poca ~.
Por aquí todo bien.	Hier ist alles in Ordnung.	
hace sol	die Sonne scheint	Cuando ~, vamos a la playa.
hace mal tiempo	das Wetter ist schlecht	≠ hace buen tiempo
el tiempo	das Wetter	
la sala de juegos	der Spieletreff	
un beso	Küsschen *Brief, E-Mail*	
el saludo	der Gruß, *hier:* Liebe Grüße *Brief, E-Mail*	
Escarrilla ▸ **Cultura, p. 157**	*Dorf in den Pyrenäen*	
hace frío	es ist kalt	≠ hace mucho calor
el frío	die Kälte	≠ el calor
llover (o → ue) ▸ **Los verbos, p. 163**	regnen	Cuando ~[4], no salgo de casa.
hace buen tiempo	das Wetter ist gut	≠ hace mal tiempo
primero *adv.*	zuerst	~ estudio y después voy al parque.
ir en piragua ▸ **Los verbos, p. 163**	Kanu fahren	
la excursión, las excursiones *Pl.*	der Ausflug	*ing.:* excursion
el bosque	der Wald	En el ~ hay muchos animales.
pescar	angeln, fischen	
la hoguera	das Lagerfeuer	Por la noche hacemos una ~.

Para comunicarse

So sprichst du über deine Pläne/Ferien:
¿Qué vais a hacer en las vacaciones?
La última semana voy a visitar a (mis abuelos).
Primero (vamos a ir en piragua). Después (vamos a pescar) y al final (vamos a hacer una hoguera).
Cuando (hace mal tiempo vamos al polideportivo).

So schreibst du eine Postkarte / einen Brief:
Hola, Ana: / Querido Nico:
Muchos recuerdos / Saludos (desde Madrid).
Hasta pronto. / Un abrazo / Un beso [...].

So telefonierst du:
¿Sí, diga?
Hola, (Julia), soy yo. Oye, ...
Adiós, hasta luego.

So sprichst du über das Wetter:
Hace calor/frío/sol. / Hace buen/mal tiempo.
Llueve.

1 va a **2** recuerdos **3** barcas **4** llueve

A

a zu, nach, an U5/A; **~ la derecha (de)** rechts (von); **~ la izquierda (de)** links U6/A
a veces manchmal U1/B
abierto/-a (estar) geöffnet sein U4/Ac
el **abrazo** die Umarmung; Herzliche Grüße *Brief* U4/A
abril der April M/2
abrir algo etw. öffnen U2/B
el/la **abuelo/-a** der Opa, die Oma U3/A
los **abuelos** *pl.* die Großeltern U3/Ac
aburrido/-a langweilig U3/A
la **actividad** die Aktivität, Beschäftigung U6/B
el **acuario** das Aquarium U6/Ac
además außerdem U2/B; **~ de** neben U4/Ac
¡Adiós! Tschüss!, Auf Wiedersehen! U1/Ac
¿adónde? wohin? U5/A
agosto der August M/2
el **agua** *f.* das Wasser U3/B
ahora jetzt U2/B
al final schließlich U7/A
al lado de neben U2/A
el **alemán** Deutsch *Sprache* U1/A
Alemania Deutschland ¡Hola!
alérgico/-a allergisch U3/B
el **alfabeto** das Alphabet M/1
algo etwas U6/B; **¿~ más?** Noch etwas? U6/B
allí dort U2/A
alquilar mieten U7/A
alto/-a groß, hoch U5/Ac
el/la **alumno/-a** der/die Schüler/in M/1
el/la **amigo/-a** der/die Freund/in U1/A
¡Anda! *fam.* Komm schon! U4/B
el **animal** das Tier U3/B; el **~ marino** das Meerestier U6/Ac
el **año** das Jahr U7/Ac; **cumplir [...] años** [...] Jahre alt werden M/2
antiguo/-a alt U6/Ac
el **aparato de dientes** die Zahnspange U5/Ac
aprender lernen U6/Ac
aquí hier U2/Ac; **por ~** hier (in der Nähe) U6/A; **~ tiene.** *Beim Bezahlen* Bitte. U6/B
el **armario** der Schrank U2/Ac
el **arte** die Kunst U6/Ac
las **Artes Plásticas** Kunst *Schulfach* U4/A
así so U4/Ac
la **asignatura** das Schulfach U4/A
el **aula** *f.* das Klassenzimmer U4/Ac
el **autobús** der Bus U6/A

B

bajo/-a klein U5/Ac
el **balón** der Ball U5/B
el **baloncesto** der Basketball *Sportart* U5/A
el **baño** das Badezimmer U2/A
la **barca** das Boot U7/A
el **barrio** das Stadtviertel U6/B
bastante ziemlich U3/A
beber algo etw. trinken U2/B
un **beso** Küsschen *Brief* U7/A
la **biblioteca** die Bibliothek U4/Ac
la **bicicleta (= la bici** *fam.***)** das Fahrrad U6/Ac; **ir en ~** Fahrrad fahren U6/Ac
bien *adv.* gut U1/Ac
el **bocadillo** das belegte Brötchen U2/B
el **boli** *fam.* **(= el bolígrafo)** der Kuli (= Kugelschreiber) M/1
bonito/-a schön U6/B
el **bosque** der Wald U7/A
la **botella (de)** die Flasche U6/A
bueno okay, gut U1/A
¡Buenos días! Guten Morgen!, Guten Tag! U1/Ac
buscar algo etw. suchen U1/B; **~ a alguien** jdn suchen U5/B

C

el **caballo** das Pferd U3/B
la **cafetería** die Cafeteria U1/B
la **calle** die Straße U6/A
el **calor** die Hitze, Wärme U7/A; **hace mucho ~** es ist sehr heiß U7/A
la **cama** das Bett U2/Ac
el **campamento** das Ferienlager U7/Ac
el **campo** das Land U3/B
cansado/-a (estar) müde sein U5/B
cantar singen U4/A
cariñoso/-a liebevoll, zutraulich U3/B
caro/-a teuer U6/Ac
la **carta** der Brief U7/A
el **cartón** die Pappe, der Karton U5/B
la **casa** das Haus U1/B; **en ~ (de alguien)** (bei jdm) zu Hause U1/B
casi fast M/4
castaño/-a braun U5/Ac
el **cedé** die CD M/1
el **céntimo** der Cent U6/B
el **centro** das Zentrum U5/A; el **~ comercial** das Einkaufszentrum U5/A
cerca (de) *adv.* in der Nähe (von) U6/A
cerrar algo (e → ie) etw. schließen U4/Ac
charlar reden, plaudern U1/B
chatear chatten U1/B
la **chica** das Mädchen U1/Ac
el **chico** der Junge U1/Ac; **Chicos, ...** Leute, ... U1/A
las **Ciencias Naturales** Naturwissenschaften U4/A
las **Ciencias Sociales** Gesellschaftskunde *Schulfach* U4/A
el **cine** das Kino U5/A
la **ciudad** die Stadt U6/Ac
claro *adv.* (na) klar, natürlich U1/B
la **clase** die Klasse, das Klassenzimmer, der Unterricht U1/A; **¡A ~!** Ab in die Klasse! U1/A
la **cobertura de móvil** der Handyempfang U7/A
la **cocina** die Küche U2/A
coger algo abbiegen, etw. nehmen U6/A
el **colegio (= el cole** *fam.***)** die Schule M/1
comer algo etw. essen U2/B
el **cómic** der Comic M/4

como wie U3/A
¿cómo? wie? U1/Ac; **¿~ se dice/escribe [...] en español?** Wie sagt/schreibt man [...] auf Spanisch? M/1; **¿~ te llamas?** Wie heißt du? U1/Ac
el/la **compañero/-a (de clase)** der/die Mitschüler/in; der/die Partner/in M/1; der/die Lebensgefährte/-in U3/A
compartir algo etw. teilen U2/B
comprar algo etw. kaufen U5/A
con mit U1/A
el **concierto** das Konzert M/3; el **~ final** das Abschlusskonzert U4/B
el **conejillo de Indias** das Meerschweinchen U3/B
el **conejo** das Kaninchen U3/B
el/la **conserje** der/die Pförtnerin U4/Ac
la **consola de videojuegos** die Spielkonsole U2/Ac
contar algo (o → ue) etw. erzählen U5/B
contento/-a (estar) zufrieden sein U5/B
correr rennen, laufen U4/Ac
corto/-a kurz U5/Ac
la **cosa** die Sache U2/B
cruzar algo etw. überqueren U6/A
el **cuaderno** das Heft M/1
¿cuál/es? welche/r?, welches? U5/Ac
cuando (immer) wenn U7/A
¿cuándo? wann? M/2
¿Cuánto es? Wie viel macht das? U6/B
¿cuántos/-as? wie viel/e? U4/B; **¿~ años tienes?** Wie alt bist du? U3/A
el **cuarto** das Viertel *Uhrzeit* M/3
el **cumple** *fam.* **(= el cumpleaños)** der Geburtstag M/2; **¡Feliz ~!** Alles Gute zum Geburtstag! U5/B
cumplir [...] años [...] Jahre alt werden M/2
el **curso de salsa** der Salsakurs M/3

D

de aus, von, über ¡Hola!; **~ ... a ...** von ... bis ... U4/A; **~ acuerdo** einverstanden U7/Ac; **¿~ dónde?** woher? U1/A; **¿~ qué?** über was?, worüber? U4/A; **~ repente** plötzlich U4/B; **~ todo** alles mögliche U1/B
debajo de unter U2/A
los **deberes** *pl.* die Hausaufgaben M/1
dejar algo etw. lassen U6/A
delante de vor, davor U2/A
el **deporte** der Sport M/4; hacer **~** Sport treiben M/4
derecha (a la ~ de) rechts (von) U6/A
el **desastre** die Katastrophe U2/Ac
desayunar frühstücken U4/A
el **desayuno** das Frühstück M/1
desde von U4/A; **~ la/s ... hasta la/s ...** von ... bis ... *Uhrzeit* U4/A
despistado/-a zerstreut, schusselig U4/Ac
después danach, später U4/A; **~ de** + *sust.* nach + *S.* U2/B
detrás de hinter U2/B
el **día** *m.* der Tag M/2; el **~ de las puertas abiertas** der Tag der offenen Tür U4/Ac
el **diario** das Tagebuch U2/B
diciembre der Dezember M/2
difícil schwer, schwierig U3/B
el **dinero** das Geld U5/A
la **dirección** das Sekretariat U4/Ac
el/la **director/a** der/die Direktor/in U4/Ac
¡Disculpa! Entschuldige! U6/A
discutir diskutieren, streiten U2/B
divertido/-a lustig U3/A
el **domingo** der Sonntag M/2
¿dónde? wo? U2/A; **¿de ~?** woher? U1/A
dormir (o → ue) schlafen U6/Ac

E

e (y *vor i- und hi-***)** und U1/A
el **edificio** das Gebäude U6/Ac
Educación Física Sportunterricht U4/Ac
el **ejercicio** die Aufgabe, Übung M/1
el der, die, das U1/A
él er U1/A
ella sie U1/A
el **e-mail** die E-Mail U4/A
empezar algo (e → ie) etw. anfangen, beginnen M/3
en in, an, auf U1/A; **~ casa (de alguien)** (bei jdm) zu Hause U1/B; **~ punto** Punkt *Uhrzeit* M/3
encima de über U2/A
encontrar algo (o → ue) etw. finden U5/B; **~ a alguien** jdn finden U5/B
enero der Januar M/2
enfermo/-a (estar) krank sein U5/B
enfrente de gegenüber von U6/A
ensayar üben, proben U4/Ac
entonces dann, also U1/B
entrar hereinkommen U6/A
entre ... y ... zwischen ... und ... U2/B
Es que ... Es ist nämlich so, dass ... U4/B
Es una pasada. *fam.* Es ist fantastisch. U7/Ac
escalar klettern U7/Ac
esconder algo etw. verstecken U2/B
escribir algo etw. schreiben U2/B
el **escritorio** der Schreibtisch U2/Ac
escuchar algo etw. hören U1/B
ese, esa diese/r da *(Sg.)* U4/B
España Spanien ¡Hola!
el **español** Spanisch *Sprache* U1/A
el **estadio** das Stadion U6/Ac

el **estanque** der Teich U7/A
la **estantería** das Regal U2/Ac
estar (da) sein, sich befinden U2/A; **~ en las nubes** in Gedanken sein U4/A
este, esta diese/r *(Sg.)* U4/B
estricto/-a streng U3/A
el **estuche** die Federmappe M/1
estudiar lernen U1/B
el **euro** der Euro U6/B
el **examen** die Prüfung/ Klassenarbeit M/1
la **excursión** der Ausflug U7/A
el **experimento** das Experiment U6/Ac

F

fácil leicht U3/B
las **Fallas** *Frühlingsfest in Valencia* U5/A
faltar fehlen U4/B
la **familia** die Familie U3/Ac
fatal *adv./adj.* mies, furchtbar U1/Ac
favorito/-a Lieblings- + (*Subst.*) U4/A
febrero der Februar M/2
¡Felicidades! Herzlichen Glückwunsch! U5/B
¡Feliz cumpleaños! Alles Gute zum Geburtstag! U5/B
fenomenal *adv./adj.* toll, wunderbar U1/Ac
fiel treu U3/B
la **fiesta** die Party, das Fest M/3
la **figura** die Figur U5/B
el **fin de semana** das Wochenende U4/A
el **folleto** das Prospekt U6/Ac
formar algo etw. bilden U4/A
la **foto** *fam.* (**= la fotografía**) das Foto U2/Ac
el **frío** die Kälte U7/A; **hace ~** es ist kalt U7/A
el **fútbol** der Fußball *Sportart* U4/B

G

las **gafas** *pl.* die Brille U4/B
la **gallina** das Huhn U3/B
el **gatito** das Kätzchen U3/B
el/la **gato/-a** der Kater, die Katze U3/B
genial *adj.* genial, toll U3/B
la **gente** die Leute U4/B
el **gimnasio** die Turnhalle U4/Ac
girar abbiegen U6/A
las **golosinas** die Süßigkeiten U5/B
gracias danke U1/Ac
gracioso/-a witzig U5/B
grande groß U3/A
la **granja** der Bauernhof U3/A
el **grupo (de teatro)** die (Theater-)Gruppe U4/Ac
guapo/-a hübsch U5/Ac
guay *fam.* toll U5/B
la **guitarra** die Gitarre U5/A
gustar a alguien jdm gefallen, etw. mögen, etw. gerne tun M/4

H

la **habitación** das Zimmer U2/Ac
hablar sprechen U1/A; **~ por teléfono** telefonieren U4/A
hacer algo etw. machen M/4; **~ camping** zelten U7/Ac; **~ deporte** Sport treiben M/4
el **hambre** *f.* der Hunger U6/Ac
hasta bis U4/A; **¡~ luego!** Bis später/dann! U1/Ac
hay es gibt U2/Ac
la **heladería** die Eisdiele U2/A
el **helado** das Eis U6/B
el/la **hermano/-a** der Bruder, die Schwester U2/B
los **hermanos** *pl.* die Geschwister U3/A
el/la **hijo/-a** der Sohn, die Tochter U3/A
la **historia** die Geschichte U3/A
histórico/-a historisch U6/Ac
la **hoguera** das Lagerfeuer U7/A
¡Hola! Hallo! ¡Hola!
la **hora** die Uhrzeit, Stunde M/3; **¿A qué ~ [...]?** Um wie viel Uhr [...]? / Wann [...]? M/3; **¿Qué ~ es?** Wie spät ist es? M/3
el **horario (de clase)** der Stundenplan M/1
hoy heute U1/B

I

la **idea** die Idee U5/A
ideal ideal U6/Ac
imposible unmöglich U6/A
la **información** die Information U1/B
Inglés Englisch *Schulfach* U1/A
el **inglés** Englisch *Sprache* U1/A
inteligente intelligent, klug U3/A
interesante interessant U3/A
el **Internet** das Internet U1/B
ir (a) gehen (zu, nach) U5/A; **~ a pie** zu Fuß gehen U6/A; **~ en bicicleta** Fahrrad fahren U6/Ac; **~ en autobús** Bus fahren U6/A; **~ en metro** Metro fahren U6/A; **~ en piragua** Kanu fahren U7/A
izquierda (a la ~ de) links (von) U6/A

J

el **jamón** der Schinken U6/B
el **jardín** der Garten U5/B
el/la **joven** der/die Jugendliche U6/B
el **juego** das Spiel U7/Ac
el **jueves** der Donnerstag M/2
jugar a algo etw. spielen *Sport* M/4
el **juguete** das Spielzeug U3/B
julio der Juli M/2
junio der Juni M/2

K

el **kilo** das Kilo M/1

L

la der, die, das U1/A
el **laboratorio** das Labor U4/Ac
la **lámpara** die Lampe U2/Ac
el **lápiz** der Stift, Bleistift M/1
largo/-a lang U5/Ac
le ihm, ihr U7/A
leer algo etw. lesen U2/B
lejos *adv.* weit (weg) U6/A
Lengua Castellana y Literatura (**= Lengua** *fam.*) Spanischunterricht U4/Ac

libre *adj.* frei M/4
el **libro** das Buch M/1
liso/-a glatt U5/Ac
llamar a alguien jmd anrufen 7/Ac
llegar (a) (an)kommen U4/B
llevar algo etw. tragen *Kleidung* U5/Ac
llover (o → ue) regnen U7/A
lo mismo dasselbe U2/A
lo siento es/das tut mir leid U7/Ac
los, las die *(m./w./Pl.)* U1/B
luego dann, später, nachher U4/A
el **lugar** der Platz, Ort U2/Ac
el **lunes** der Montag M/2

M

la **madre** die Mutter U3/Ac
majo/-a *fam.* nett, sympatisch U3/A
mal *adv.* schlecht U1/Ac
la **mamá** *fam.* **(= la madre)** die Mama *fam.* (= die Mutter) U1/Ac
mañana morgen U4/A
la **mañana** der Morgen M/3; **por la ~** morgens U4/A
mandar algo (a alguien) (jmd) etw. schicken U7/A
el **mar** das Meer U6/Ac
el **martes** der Dienstag M/2
marzo der März M/2
más mehr U6/A
más o menos geht so U1/Ac
la **mascota** das Haustier U3/Ac
Matemáticas *pl.* **(= Mates** *fam.*) Mathematik U4/A
el **mayo** der Mai M/2
me mir U7/A; **~ da corte** + *inf.* es ist mir peinlich + *Inf.* U4/A; **~ da igual.** Das ist mir egal. U4/B; **~ llamo** ich heiße ¡Hola!
media halb *Uhrzeit* M/3
menos vor *Uhrzeit* M/3
el **mensaje** die SMS, Nachricht U2/B
el **mercado** der Markt U6/Ac
la **merienda** der Imbiss *am Nachmittag*; die Vesper U2/B
el **mes** der Monat M/2
la **mesa** der Tisch M/1
el **metro** die Metro U6/A
México Mexiko ¡Hola!
mi/s *pl.* mein/e U2/Ac
el **miércoles** der Mittwoch M/2
mirar algo etw. anschauen, **¡Mira!** Schau mal! U3/Ac
la **mochila** der Rucksack M/1
moderno/-a modern U6/Ac
mono/-a *fam.* niedlich U6/A
el **móvil** das Handy U2/A
mucho *adv.* viel, sehr U4/Ac
mucho/-a *adj.* viel/e U6/Ac
la **mujer** die (Ehe-)Frau U3/Ac
el **museo** das Museum U6/Ac
la **música** die Musik U1/B
Música Musikunterricht U4/A
muy sehr U1/Ac

N

nadar schwimmen U6/Ac
la **naranja** die Orange U6/B
Naturales *fam.* Naturwissenschaften U4/Ac
necesitar algo etw. brauchen U4/B
negro/-a schwarz U5/Ac
¡Ni idea! Keine Ahnung! U4/A
no nicht, kein/e U2/A; nein U1/B; **~ importa** das macht nichts, egal U7/Ac; **~ sé** ich weiß nicht U3/B; **a mí ~** mir nicht M/4
la **noche** die Nacht, der (späte) Abend M/3; **por la ~** abends, nachts U4/A
noviembre der November M/2
nuestro/-a unser/e *(Sg.)* U4/Ac
el/la **nuevo/-a** der/die Neue U1/A

O

o oder U1/B
la **obra** das Werk U6/A; **la ~ de arte** das Kunstwerk U6/Ac
octubre der Oktober M/2
el **ordenador** der Computer M/1
ordenar algo etw. aufräumen U4/B
organizar algo etw. organisieren U4/Ac
¡oye! hey!, hör mal! U2/A

P

el **pádel** das Padel *Sportart* M/4
el **padre** der Vater U3/Ac
los **padres** *pl.* die Eltern U3/Ac
la **paella valenciana** die valencianische Paella *Reisgericht* U6/Ac
la **página web** die Webseite M/1
para für U4/B; **~** + *inf.* um zu + *Inf.* U6/Ac; **¿Y ~ ti?** Und für dich? U6/B
la **pared** die Wand U2/Ac
el **parque** der Park U1/B
participar (en algo) (an etw.) teilnehmen U4/A
el **partido** das Spiel *Match* M/3
pasar hineingehen U6/A; verbringen *Zeit* U6/B; **~ la noche** übernachten U6/Ac; **Yo paso.** Ich passe. U4/B
el **paseo** der Spaziergang U6/Ac
el **pasillo** das Treppenhaus, der Flur U2/A
el **payaso** der Clown U3/A
la **película (la peli** *fam.*) der Film M/3; la **~ 3D** der 3D Film U6/Ac
el **pelo** das Haar U5/Ac
pensar algo, en algo/alguien (e → ie) etw. denken, an etw./jdn denken U4/A
pequeño/-a klein U3/A
pero aber U2/A
el/la **perro/-a** der Hund, die Hündin U3/Ac
pesado/-a nervig U3/A
pescar angeln, fischen U7/A
el **piano** das Klavier M/4
la **piñata** die Piñata *mit Süßigkeiten gefüllte Pappfigur* U5/B
la **piragua** das Kanu U7/A
los **Pirineos** *pl.* die Pyrenäen U7/Ac
la **piscina** das Schwimmbad U7/Ac
el **piso** die Wohnung U2/A
la **pizarra** die Tafel, das Whiteboard M/1
la **playa** der Strand U5/A
la **plaza** der Platz U2/A
poco/-a *adj.* wenig/e U6/Ac; **un ~** ein bisschen U3/A
poder (o → ue) können U5/A
el **polideportivo** das Sportzentrum U5/A

por pro U5/A; durch U6/Ac; **~ aquí** hier (in der Nähe) U6/A; **~ cierto** übrigens U6/B; **~ eso** deswegen U6/Ac; **~ favor** bitte U3/B; **~ fin** endlich U7/Ac; **~ la mañana** morgens U4/A; **~ la noche** abends, nachts U4/A; **~ la tarde** nachmittags U1/B; **~ primera vez** zum ersten Mal U7/Ac; **¿~ qué?** warum? U3/B
porfa *fam.* (= **por favor**) bitte U2/B
porque weil U3/B
la **portería** die Pförtnerloge U4/Ac
el **póster** das Poster U2/Ac
precioso/-a entzückend U3/B
preferir + *inf.* **(e → ie)** etw. lieber (+ *Inf.*) wollen U4/A
preguntar algo etw. fragen U2/B
presentar algo etw. präsentieren, zeigen U4/Ac
la **primera calle** die erste Straße U6/A
primero *adv.* zuerst U7/A
el/la **primo/-a** der/die Cousin/e U3/Ac
el **problema** *m.* das Problem U2/B
el/la **profesor/a** (= **el/la profe** *fam.*) der/die Lehrer/in U1/A
el **programa** das Programm U4/B
pronto bald U6/Ac
el **pueblo** das Dorf U3/Ac
la **puerta** die Tür M/1
pues naja, also U1/Ac

Q

¡Qué + *adj.* / + *sust.***!** Wie + *Adj.*! / Was für ein, eine + *S.*! U3/A; **¡~ va!** Quatsch! U5/B
¿qué? was (für)? U1/B; **¿~ hora es?** Wie spät ist es? M/3; **¿~ pasa?** Was ist los?, Was gibt's? U4/B; **¿~ pinta tenéis?** Wie seht ihr denn aus? U6/A; **¿~ tal?** Wie geht's? U1/Ac; **¿~ tal** + *sust.***?** Wie ist + *S.*? U5/Ac; **¿~ te gusta hacer?** Was machst du gerne? M/4; **¿~ te pasa?** Was ist los mit dir? U6/A
quedar sich verabreden U1/B
querer algo / + *inf.* **(e → ie)** etw. wollen, etw. + *Inf.* + wollen U3/B
Querido/-a ... Liebe/r ... U4/A
el **queso** der Käse U6/B
¿quién/es? wer? U1/A, B
el **quiosco** der Kiosk M/1

R

el **rato** die Weile U5/B
el **recreo** die Schulpause U1/A
el **recuerdo** der Gruß U7/A
el **regalo** das Geschenk U5/A
regular *adv./adj.* gewöhnlich, es geht so U1/Ac
la **revista** die Zeitschrift U2/Ac
rizado/-a lockig U5/Ac
rubio/-a blond U5/Ac

S

el **sábado** der Samstag M/2
sacar algo (de) etw. herausholen (aus) U6/A
la **sala de juegos** der Spieletreff U7/A
salir (hinaus)gehen; ausgehen U4/A; **~ de casa** aus dem Haus gehen U4/A
el **salón** das Wohnzimmer U2/A
el **saludo** der Gruß U7/A
(no) sé ich weiß (nicht) U3/B
Se dice/escribe [...]. Man sagt/schreibt es [...]. M/1
se llama er/sie/es heißt U3/B
seguir (e → i) weitergehen; weitermachen U6/A
la **segunda calle** die zweite Straße U6/A
seguro *adv.* bestimmt U3/B; **~ que** + *Satz.* Sicherlich + *Satz.* U2/A
seguro/-a (estar) sicher sein U5/B
la **semana** die Woche M/2; **la última ~** die letzte Woche U7/Ac
septiembre der September M/2
ser sein U1/B
sí ja U1/A; doch, schon U4/B; **¿~, diga?** Ja, hallo? *am Telefon* U7/Ac; **a mí ~** mir schon M/4
siempre immer U2/Ac
la **silla** der Stuhl M/1
el **sillón** der Sessel U2/Ac
sobre über U6/Ac; **~ todo** vor allem U6/B
el **sol** die Sonne U6/Ac; **hace ~** die Sonne scheint U7/A; **tomar el ~** sonnenbaden U6/Ac
la **sorpresa** die Überraschung U5/B
su/s *sg.* sein/e, ihr/e U3/A; *pl.* ihre U4/A

T

la **tableta** das Tablet *Computer* M/1
el **taller** der Workshop U7/Ac
también auch ¡Hola!; **a mí ~** mir auch M/4
tampoco auch nicht U3/Ac; **a mí ~** mir auch nicht M/4
la **tarde** der Nachmittag U1/B; **por la ~** nachmittags U1/B
te dir U7/A; **~ llamas** du heißt U1/Ac
el **teatro** das Theater U4/Ac
la **tele** *fam.* (= **la televisión**) der Fernseher U2/A
el **teléfono** das Telefon U4/A
temprano *adv.* früh, zeitig U5/A
tener ~ algo (e → ie) etw. haben U3/A; **~ [...] años** [...] Jahre alt sein U3/A; **~ cuidado (con)** aufpassen U6/A; **~ ganas (de) algo** + *inf.* Lust auf etw. haben; Lust haben, etw. zu tun U4/B; **~ que** + *inf.* etw. tun müssen U4/B; **~ sed** Durst haben U6/A
la **tercera calle** die dritte Straße U6/A
terminar (algo) (etw.) (be)enden M/3
la **tía** die Tante U3/Ac
el **tiburón** der Haifisch U6/Ac

el **tiempo** das Wetter U7/A; die Zeit M/4; **el ~ libre** die Freizeit M/4; **hace buen/mal ~** das Wetter ist gut/schlecht U7/A
la **tienda** das Geschäft U5/B
el **tío** der Onkel U3/Ac
tocar spielen *Instrument* M/4
todavía noch (immer) U5/A
todo recto geradeaus U6/A
tomar algo etw. nehmen, essen, trinken U2/B; **~ el sol** sonnenbaden U6/Ac
la **tortilla** die Tortilla *Kartoffelomelett* U6/B
el **trabajo** die Arbeit U5/B
tranquilo/-a ruhig U3/A
tu/s *pl.* dein/e U3/A
tú du U1/A

U

la **última semana** die letzte Woche U7/Ac
un, una ein, eine U2/Ac
un poco ein bisschen U3/A

V

las **vacaciones** *pl.* die Ferien, der Urlaub U7/Ac
vale okay, in Ordnung U1/B
el/la **vendedor/a** der/die Verkäufer/in U6/B
¡Venga! Los! U1/A
venir (e → ie) kommen U6/B
la **ventana** das Fenster M/1
ver algo etw. sehen U2/B; **~ la tele** fernsehen U2/B
el **verano** der Sommer U7/Ac
¿verdad? stimmt's?, nicht wahr? U1/A
la **vez** das Mal U5/A; **por primera ~** zum ersten Mal U7/Ac; **a veces** manchmal U1/B
viajar (a) reisen (nach) U7/Ac
el **vídeo** das Video U1/B
el **viernes** der Freitag M/2
la **visita** der Besuch U4/B
visitar a alguien jdn besuchen U6/Ac
vivir (en + *sust.***)** (in + *S.*) leben, wohnen U2/B
vosotros/-as ihr U1/B
vuestro/-a euer, eure U4/Ac

Y

y und /¡Hola!; **¿~ para ti?** Und für dich? U6/B
ya schon U4/B; **~ no** nicht mehr U2/B
yo ich U1/A

Z

el **zumo** der Saft U2/B

Deutsch-spanisches Wörterbuch

A

abbiegen coger algo, girar U6/A
Abend la noche M/3
abends por la noche U4/A
aber pero U2/A
Abschlusskonzert el concierto final U4/B
Aktivität la actividad U6/B
allergisch alérgico/-a U3/B
Alles Gute zum Geburtstag ¡Feliz cumpleaños! U5/B
alles mögliche de todo U1/B
Alphabet el alphabeto M/1
also entonces U1/B; pues U1/Ac
alt antiguo/-a U6/Ac; **[...] Jahre ~ werden** cumplir [...] años M/2
an en U1/A; a U5/A
anfangen (etw.) empezar algo (e → ie) M/3
angeln pescar U7/A
anrufen (jmd) llamar a alguien 7/Ac
anschauen (etw.) mirar algo U3/Ac
April el abril M/2
Aquarium el acuario U6/Ac
Arbeit el trabajo U5/B
auch también ¡Hola!; **~ nicht** tampoco U3/Ac
auf en U1/A
Auf Wiedersehen! ¡Adiós! U1/Ac
Aufgabe el ejercicio M/1
aufpassen tener cuidado (con) U6/A
aufräumen (etw.) ordenar algo U4/B
August agosto M/2
aus de ¡Hola!
Ausflug la excursión U7/A
ausgehen salir U4/A
außerdem además U2/B

B

Badezimmer el baño U2/A
bald pronto U6/Ac
Ball el balón U5/B
Basketball el baloncesto U5/A
Bauernhof la granja U3/A
beenden (etw.) terminar (algo) M/3
befinden (sich) estar U2/A
beginnen (etw.) empezar algo (e → ie) M/3
Beschäftigung la actividad U6/B
bestimmt seguro *adv.* U3/B
Besuch la visita U4/B
besuchen (jdn) visitar a alguien U6/Ac
Bett la cama U2/Ac
Bibliothek la biblioteca U4/Ac
bilden (etw.) formar algo U4/A
bis hasta U4/A; **~ später/dann!** ¡Hasta luego! U1/Ac; **von ... ~ ...** *Wochentage* de ... a ... U4/A
ein bisschen un poco U3/A
bitte por favor U3/B; porfa *fam.* U2/B; *beim Bezahlen* Aquí tiene. U6/B
Bleistift el lápiz *pl.* M/1
blond rubio/-a U5/Ac
Boot la barca U7/A
brauchen (etw.) necesitar algo U4/B
braun castaño/-a U5/Ac
Brief la carta U7/A
Brille las gafas *pl.* U4/B
Brötchen (belegt) el bocadillo U2/B
Bruder el hermano U2/B
Buch el libro M/1
Bus el autobús U6/A; **~ fahren** ir en autobús U6/A

C

Cafeteria la cafetería U1/B
CD el cedé M/1
Cent el céntimo U6/B
chatten chatear U1/B
Clown el payaso U3/A
Comic el cómic M/4
Computer el ordenador M/1
Cousin/e el/la primo/-a U3/Ac

D

danach después U4/A
danke gracias U1/Ac
dann entonces U1/B; luego U4/A
Das ist mir egal. Me da igual. U4/B
dasselbe lo mismo U2/A
davor delante de U2/A
dein/e tu/s *pl.* U3/A
denken (etw., an etw./jdn) pensar algo, en algo/alguien (e → ie) U4/A
der, die, das el, la U1/A
deswegen por eso U6/Ac
Deutsch el alemán U1/A
Dezember diciembre M/2
Deutschland Alemania ¡Hola!
die *(Pl.)* los, las U1/B
Dienstag el martes M/2
diese/r *(Sg.)* este, esta U4/B; **~ da** *(Sg.)* ese, esa U4/B
diese *(Pl)* estos, estas U4/B; **~ da** *(Pl.)* esos, esas U4/B
dir te U7/A
Direktor/in el/la directora/a U4/Ac
diskutieren discutir U2/B
doch sí U4/B
Donnerstag el jueves M/2
Dorf el pueblo U3/Ac
dort allí U2/A
dritte Straße la tercera calle U6/A
du tú U1/A
durch por U6/Ac
Durst haben tener sed U6/A

E

egal no importa U7/Ac
ein, eine un, una U2/Ac
Einkaufszentrum el centro comercial U5/A
einverstanden de acuerdo U7/Ac
Eis el helado U6/B
Eisdiele la heladería U2/A
Eltern los padres *pl.* U3/Ac
E-Mail el e-mail U4/A
enden terminar M/3
endlich por fin U7/Ac
Englisch *Schulfach* Inglés U1/A; **~** *Sprache* el inglés U1/A
Entschuldige! ¡Disculpa! U6/A
entzückend precioso/-a U3/B
er él U1/A
erste Straße la primera calle U6/A
erzählen (etw.) contar algo (o → ue) U5/B
es geht so regular *adv./adj.* U1/Ac
es gibt hay U2/Ac
Es ist nämlich so, dass Es que ... U4/B
es/das tut mir leid lo siento U7/Ac
essen (etw.) comer algo U2/B; **~ etw.** tomar algo U2/B
etwas algo U6/B
euer, eure vuestro/-a U4/Ac
Euro el euro U6/B
Experiment el experimento U6/Ac

F

fahren ir U6/Ac; **Bus ~** ir en autobús U6/A; **Fahrrad ~** ir en bicicleta U6/Ac; **Kanu ~** ir en piragua U7/A; **Metro ~** ir en metro U6/A
Fahrrad la bicicleta (= la bici *fam.*) U6/Ac
Familie la familia U3/Ac
fast casi M/4
Februar febrero M/2
Federmappe el estuche M/1
fehlen faltar U4/B
Fenster la ventana M/1
Ferien las vacaciones *pl.* U7/Ac
Ferienlager el campamento U7/Ac
fernsehen ver la tele U2/B
Fernseher la tele *fam.* (= la televisión) U2/A
Fest la fiesta M/3
Figur la figura U5/B
Film la película (la peli *fam.*) M/3; **3D ~** la película 3D U6/Ac
finden (etw./jdn) encontrar algo / a alguien (o → ue) U5/B
fischen pescar U7/A
Flasche la botella (de) U6/A
Flur el pasillo U2/A
Foto la foto *fam.* U2/Ac
fragen (etw.) preguntar algo U2/B
(Ehe-)Frau la mujer U3/Ac
frei libre *adj.* M/4
Freitag el viernes M/2
Freizeit el tiempo libre M/4
Freund/in el/la amigo/-a U1/A
früh temprano *adv.* U5/A
Frühstück el desayuno M/1
frühstücken desayunar U4/A
für para U4/B; **Und ~ dich?** ¿Y para ti? U6/B
furchtbar fatal *adv./adj.* U1/Ac
Fußball *Sportart* el fútbol U4/B

G

Garten el jardín U5/B
Gebäude el edificio U6/Ac
Geburtstag el cumple *fam.* (= el cumpleaños) M/2; **Alles Gute zum ~!** ¡Feliz cumpleaños! U5/B
gefallen (jdm) gustar a alguien M/4
gegenüber von enfrente de U6/A
gehen (zu, nach) ir (a) U5/A; **(hinaus)~** salir U4/A; **zu Fuß ~** ir a pie U6/A
geht so más o menos U1/Ac
Geld el dinero U5/A
geöffnet sein estar abierto/-a U4/Ac
geradeaus todo recto U6/A
gerne tun (etw.) gustar a alguien (hacer algo) M/4
Geschäft la tienda U5/B
Geschenk el regalo U5/A
Geschichte la historia U3/A
Geschwister los hermanos *pl.* U3/A
Gesellschaftskunde *Schulfach* las Ciencias Sociales U4/A
gewöhnlich regular *adv./adj.* U1/Ac
Gitarre la guitarra U5/A
glatt liso/-a U5/Ac
groß grande U3/A; **~** *Menschen* alto/-a U5/Ac
Großeltern los abuelos *pl.* U3/Ac
Großmutter la abuela U3/Ac
Großvater el abuelo U3/Ac
die (Theater-)Gruppe el grupo (de teatro) U4/Ac
Gruß el recuerdo U7/A; el saludo U7/A; **Grüße aus** *Brief* recuerdos desde U7/A
gut bien *adv.* U1/Ac; bueno U1/A; **das Wetter ist ~** hace buen tiempo U7/A; **Guten Morgen/Tag!** ¡Buenos días! U1/Ac

H

Haar el pelo U5/Ac
haben (etw.) tener algo (e → ie) U3/A
Haifisch el tiburón U6/Ac
halb *Uhrzeit* media M/3
Hallo! ¡Hola! ¡Hola!
Handy el móvil U2/A
Handyempfang la cobertura de móvil U7/A
Haus la casa U1/B; **(bei jdm) zu Hause** en casa (de alguien) U1/B
Hausaufgaben los deberes *pl.* M/1
Haustier la mascota U3/Ac
Heft el cuaderno M/1
heiß (es ist sehr ~) hace mucho calor U7/A
heiße (ich) me llamo ¡Hola!; **heißt (du)** te llamas U1/Ac; **heißt (er/sie/es)** se llama U3/B
herausholen (etw. aus) sacar algo (de) U6/A
hereinkommen entrar U6/A
Herzlichen Glückwunsch! ¡Felicidades! U5/B
heute hoy U1/B
hier aquí U2/Ac; **~ (in der Nähe)** por aquí U6/A
hinausgehen salir U4/A
hineingehen pasar U6/A
hinter detrás de U2/B
historisch histórico/-a U6/Ac
Hitze el calor U7/A
hoch alto/-a U5/Ac
hör mal! ¡oye! U2/A
hören (etw.) escuchar algo U1/B
hübsch bonito/-a U6/B; guapo/-a U5/Ac
Huhn la gallina U3/B
Hund, die Hündin el/la perro/-a U3/Ac
Hunger el hambre *f.* U6/Ac

I

ich yo U1/A; **~ passe.** Yo paso. U4/B; **~ weiß nicht** no sé U3/B
ideal ideal U6/Ac
Idee la idea U5/A
ihm, ihr le U7/A
ihr *(Pl.)* vosotros/-as U1/B
ihr/e su/s *sg.* U3/A; **ihre** su, sus *pl.* U4/A
Imbiss *am Nachmittag* la merienda U2/B
immer siempre U2/Ac; **(~) wenn** cuando U7/A
in en U1/A; **~ der Nähe (von)** cerca (de) *adv.* U6/A; **~ Gedanken sein** estar en las nubes U4/A
Information la información U1/B
intelligent inteligente U3/A
interessant interesante U3/A
Internet el Internet U1/B

J

ja sí U1/A; **~, hallo?** *am Telefon* ¿Sí, diga? U7/Ac

Jahr el año U7/Ac; **[...] Jahre alt sein** tener [...] años U3/A; **[...] Jahre alt werden** cumplir [...] años M/2
Januar enero M/2
jetzt ahora U2/B
Jugendliche el/la joven U6/B
Juli julio M/2
Junge el chico U1/Ac
Juni junio M/2

K

kalt (es ist ~) hace frío U7/A
Kälte el frío U7/A
Kaninchen el conejo U3/B
Kanu la piragua U7/A; **~ fahren** ir en piragua U7/A
(Post) Karte la postal U7/A
Karton el cartón U5/B
Käse el queso U6/B
Katastrophe el desastre U2/Ac
Kater, die Katze el/la gato/-a U3/B
Kätzchen el gatito U3/B
kaufen (etw.) comprar algo U5/A
kein/e no U2/A
Keine Ahnung! ¡Ni idea! U4/A
Kilo el kilo M/1
Kino el cine U5/A
Kiosk el quiosco M/1
(na) klar claro *adv.* U1/B
Klasse la clase U1/A; **In die ~!** ¡A clase! U1/A
Klassenarbeit el examen M/1
Klassenzimmer el aula *f.* U4/Ac
Klavier el piano M/4
klein pequeño/-a U3/A; *Menschen* bajo/-a U5/Ac
klettern escalar U7/Ac
klug inteligente U3/A
kommen venir (e → ie) U6/B; **(an)~** llegar (a) U4/B; **Komm schon!** ¡Anda! *fam.* U4/B
können poder (o → ue) U5/A
Konzert el concierto M/3
krank sein estar enfermo/-a U5/B
Küche la cocina U2/A
Kuli (= Kugelschreiber) el boli *fam.* (= el bolígrafo) M/1
Kunst el arte U6/Ac; **~** *Schulfach* las Artes Plásticas U4/A
Kunstwerk la obra de arte U6/Ac
kurz corto/-a U5/Ac
Küsschen *Brief* un beso U7/A

L

Labor el laboratorio U4/Ac
Lagerfeuer la hoguera U7/A
Lampe la lámpara U2/Ac
Land el campo U3/B
lang largo/-a U5/Ac
langweilig aburrido/-a U3/A
lassen (etw.) dejar algo U6/Ac
laufen correr U4/Ac
leben (in + *S.*) vivir (en + *sust.*) U2/B
Lebensgefährte/-in el/la compañero/-a U3/A
Lehrer/in el/la profesor/a (= el/la profe *fam.*) U1/A
leicht fácil U3/B
lernen aprender U6/Ac; estudiar U1/B
lesen (etw.) leer algo U2/B
letzte Woche la última semana U7/Ac
Leute la gente U4/B; **Leute, ...** Chicos, ... U1/A
Liebe/r ... Querido/-a ... U4/A
liebevoll cariñoso/-a U3/B
Lieblings- + (*Subst.*) favorito/-a U4/A
links a la izquierda (de) U6/A
lockig rizado/-a U5/Ac
Los! ¡Venga! U1/A
Lust auf etw. haben / etw. zu tun tener ganas (de) algo / + *inf.* U4/B
lustig divertido/-a U3/A

M

machen (etw.) hacer algo M/4; **das macht nichts** no importa U7/Ac
Mädchen la chica U1/Ac
Mai mayo M/2
Mal la vez U5/A; **zum ersten ~** por primera vez U7/Ac
Mama *fam.* **(= die Mutter)** la mamá *fam.* (= la madre) U1/Ac
Man sagt/schreibt es[...]. Se dice/escribe [...]. M/1
manchmal a veces U1/B
Markt el mercado U6/Ac
März marzo M/2
Mathematik *Schulfach* Matemáticas *pl.* U4/A
Meer el mar U6/Ac
Meerestier el animal marino U6/Ac
Meerschweinchen el conejillo de Indias U3/B
mehr más U6/A
mein/e mi/s *pl.* U2/Ac
Metro el metro U6/A; **~ fahren** ir en metro U6/A
Mexiko México ¡Hola!
mies fatal *adv./adj.* U1/Ac
mieten alquilar U7/A
mir me U7/A; **~ auch** a mí también; **~ auch nicht** a mí tampoco; **~ nicht** a mí no; **~ schon** a mí sí M/4
mit con U1/A
Mittwoch el miércoles M/2
Mitschüler/in el/la compañero/-a (de clase) M/1
modern moderno/-a U6/Ac
Monat el mes M/2
Montag el lunes M/2
Morgen la mañana M/3
morgen mañana 4/A
morgens por la mañana U4/A
müde sein estar cansado/-a U5/B
Museum el museo U6/Ac
Musik la música U1/B
Musikunterricht Música U4/A
müssen (etw. tun ~) tener que + *inf.* U4/B
Mutter la madre U3/Ac

N

nach a U5/A; **~ + *S.*** después de + *sust.* U2/B
nachher luego U4/A
Nachmittag la tarde U1/B
nachmittags por la tarde U1/B
Nachricht el mensaje U2/B
Nacht la noche M/3
nachts por la noche U4/A
naja pues U1/Ac
natürlich claro *adv.* U1/B
Naturwissenschaften *Schulfach* (Ciencias) Naturales *pl.* U4/Ac
neben al lado de U2/A; además de U4/Ac
nehmen (etw.) coger algo U6/A; tomar algo U2/B
nein no U1/B
nervig pesado/-a U3/A
nett majo/-a *fam.* U3/A
Neue el/la nuevo/-a U1/A

nicht no U1/B; no U2/A; **ich weiß ~** no sé U3/B; **~ mehr** ya no U2/B; **~ wahr?** ¿verdad? U1/A
niedlich mono/-a *fam.* U6/A
noch (immer) todavía U5/A
Noch etwas? ¿Algo más? U6/B
November noviembre M/2

O

oder o U1/B
öffnen (etw.) abrir algo U2/B
okay bueno U1/A; vale U1/B
Oktober octubre M/2
Oma la abuela U3/Ac
Onkel el tío U3/Ac
Opa el abuelo U3/Ac
Orange la naranja U6/B
organisieren (etw.) organizar algo U4/Ac
Ort el lugar U2/Ac

P

Padel *Sportart* el pádel M/4
Pappe el cartón U5/B
Park el parque U1/B
Partner/in el/la compañero/-a (de clase) M/1
Party la fiesta M/3
peinlich (es ist mir ~ + *Inf.*) me da corte + *inf.* U4/A
Pferd el caballo U3/B
Pförtner/in el/la conserje U4/Ac
Pförtnerloge la portería U4/Ac
Platz el lugar *Ort* U2/Ac; la plaza U2/A
plaudern charlar U1/B
plötzlich de repente U4/B
Poster el cartel U2/Ac
Postkarte la postal U7/A
präsentieren (etw.) presentar algo U4/Ac
pro por U5/A
proben ensayar U4/Ac
Problem el problema *m.* U2/B
Programm el programa U4/B
Prospekt el folleto U6/Ac
Prüfung el examen M/1
Punkt *Uhrzeit* en punto M/3
Pyrenäen los Pirineos U7/Ac

Q

Quatsch! ¡Qué va! U5/B

R

rechts (von) a la derecha (de) U6/A
reden charlar U1/B
Regal la estantería U2/Ac
regnen llover (o → ue) U7/A
reisen (nach) viajar (a) U7/Ac
rennen correr U4/Ac
Rucksack la mochila M/1
ruhig tranquilo/-a U3/A

S

Sache la cosa U2/B
Saft el zumo U2/B
Salsakurs el curso de salsa M/3
Samstag el sábado M/2
Schau mal! ¡Mira! U3/Ac
schicken (jmd etw.) mandar algo (a alguien) U7/A
Schinken el jamón U6/B
schlafen dormir (o → ue) U6/Ac
schlecht mal *adv.* U1/Ac; **das Wetter ist ~** hace mal tiempo U7/A
schließen (etw.) cerrar algo (e → ie) U4/Ac
schließlich al final U7/A
schon sí U4/B; *bereits* ya U4/B
schön bonito/-a U6/B
Schrank el armario U2/Ac
schreiben (etw.) escribir algo U2/B
Schreibtisch el escritorio U2/Ac
Schule el colegio (= el cole *fam.*) M/1
Schüler/in el/la alumno/-a M/1
Schulfach la asignatura U4/A
Schulpause el recreo U1/A
schusselig despistado/-a U4/Ac
schwarz negro/-a U5/Ac
schwer difícil U3/B
Schwester la hermana U2/B
Schwimmbad la piscina U7/Ac
schwimmen nadar U6/Ac
sehen (etw.) ver algo U2/B
sehr mucho *adv.* U4/Ac; muy U1/Ac
sein ser U1/B; **(da) ~** estar U2/A
sein/e su/s *sg.* U3/A
Sekretariat la dirección U4/Ac
September septiembre M/2
Sessel el sillón U2/Ac
sicher sein estar seguro/-a *adj.* U5/B
Sicherlich + *Satz.* Seguro que + *Satz.* U2/A
sie ella U1/A
singen cantar U4/A
SMS el mensaje U2/B
so así U4/Ac
Sohn el hijo U3/A
Sommer el verano U7/Ac
Sonne el sol U6/Ac; **die ~ scheint** hace sol U7/A
sonnenbaden tomar el sol U6/Ac
Sonntag el domingo M/2
Spanien España ¡Hola!
Spanisch el español U1/A
Spanischunterricht *Schulfach* Lengua Castellana y Literatura (= Lengua *fam.*) U4/Ac
später después U4/A; luego U4/A
Spaziergang el paseo U6/Ac
Spiel el juego U7/Ac; *Match* el partido M/3
spielen (etw.) jugar a algo M/4; *Instrument* tocar M/4
Spieletreff la sala de juegos U7/A
Spielkonsole la consola de videojuegos U2/Ac
Spielzeug el juguete U3/B
Sport el deporte M/4; **~ treiben** hacer deporte M/4
Sportunterricht *Schulfach* Educación Física U4/Ac
Sportzentrum el polideportivo U5/A
sprechen hablar U1/A
Stadion el estadio U6/Ac
Stadt la ciudad U6/Ac
Stadtviertel el barrio U6/B
Stift el lápiz M/1
stimmt's? ¿verdad? U1/A
Strand la playa U5/A
Straße la calle U6/A
streiten discutir U2/B
streng estricto/-a U3/A
Stuhl la silla M/1
Stunde la hora M/3
Stundenplan el horario (de clase) M/1
suchen (etw.) buscar algo U1/B; **~ (jdn)** buscar a alguien U5/B
Süßigkeiten las golosinas U5/B
sympathisch majo/-a *fam.* U3/A

T

Tablet *Computer* la tableta M/1
Tafel la pizarra M/1

Tag el día *m.* M/2; **Guten ~!** ¡Buenos días! U1/Ac; **~ der offenen Tür** el Día de las puertas abiertas U4/Ac
Tagebuch el diario U2/B
Tante la tía U3/Ac
Teich el estanque U7/A
teilen (etw.) compartir algo U2/B
teilnehmen (an etw.) participar (en algo) U4/A
Telefon el teléfono U4/A
telefonieren hablar por teléfono U4/A
teuer caro/-a U6/Ac
Theater el teatro U4/Ac
Tier el animal U3/B
Tisch la mesa M/1
Tochter la hija U3/A
toll fenomenal *adv./adj.* U1/Ac; genial *adj.* U3/B; guay *fam.* U5/B
tragen (etw.) *Kleidung* llevar algo U5/Ac
treu fiel U3/B
trinken (etw.) beber algo U2/B
Tschüss! ¡Adiós! U1/Ac
Tür la puerta M/1
Turnhalle el gimnasio U4/Ac

U

üben ensayar U4/Ac
über *örtlich* encima de U2/A; sobre U6/Ac
über was? ¿de qué? U4/A
übernachten pasar la noche U6/Ac
überqueren (etw.) cruzar algo U6/A
Überraschung la sorpresa U5/B
übrigens por cierto U6/B
Übung el ejercicio M/1
Uhrzeit la hora M/3
Um wie viel Uhr [...]? ¿A qué hora [...]? M/3
um zu + *Inf.* para + *inf.* U6/Ac
Umarmung el abrazo U4/A
und y ¡Hola!; e (y *vor i- und hi-*) U1/A
unmöglich imposible U6/A
unser/e *(Sg.)* nuestro/-a U4/Ac
unter debajo de U2/A
Unterricht la clase U1/A
Urlaub las vacaciones *pl.* U7/Ac

V

Vater el padre U3/Ac
verabreden (sich) quedar U1/B
verbringen pasar U6/B
Verkäufer/in el/la vendedor/a U6/B
verstecken (etw.) esconder algo U2/B
Vesper la merienda U2/B
Video el vídeo U1/B
viel mucho *adv.* U4/Ac
viel/e mucho/-a *adj.* U6/Ac
Viertel *Uhrzeit* el cuarto M/3
Volk el pueblo U3/Ac
von de ¡Hola!; desde U4/A; **~ ... bis ...** *Wochentage* de ... a ... U4/A; **~ ... bis ...** *Uhrzeit* desde la/s ... hasta la/s ... U4/A
vor delante de U2/A; *Uhrzeit* menos M/3; **~ allem** sobre todo U6/B

W

Wald el bosque U7/A
Wand la pared U2/Ac
Wann [...]? *Uhrzeit* ¿A qué hora [...]? M/3
wann? ¿cuándo? M/2
Wärme el calor U7/A
warum? ¿por qué? U3/B
was (für)? ¿qué? U1/B; **~ für ein/e + *S.*!** ¡Qué + *sust.*! U3/A; **~ ist los?** ¿Qué pasa? U4/B; **~ ist los mit dir?** ¿Qué te pasa? U6/A
Wasser el agua *f.* U3/B
Webseite la página web M/1
weil porque U3/B
Weile el rato U5/B
weit (weg) lejos *adv.* U6/A
weitergehen seguir (e → i) U6/A
weitermachen (mit etw.) seguir (con algo) 6/A
welche/r?, welches? ¿cuál/es? U5/Ac
wenig/e poco/-a *adj.* U6/Ac; **ein ~** un poco U3/A
wer? ¿quién? *sg.* U1/A; ¿quiénes? *pl.* U1/B
Werk la obra U6/Ac
Wetter el tiempo U7/A; **das ~ ist gut** hace buen tiempo U7/A; **das ~ ist schlecht** hace mal tiempo U7/A
Whiteboard la pizarra M/1
wie como U3/A
wie? ¿cómo? U1/Ac; **~ alt bist du?** ¿Cuántos años tienes? U3/A; **~ geht's?** ¿Qué tal? U1/Ac; **~ ist + *S.*?** ¿Qué tal + *sust.*? U5/Ac; **~ sagt/schreibt man [...] auf Spanisch?** ¿Cómo se dice/escribe [...] en español? M/1; **~ spät ist es?** ¿Qué hora es? M/3; **~ viel macht das?** ¿Cuánto es? U6/B
Wie + *Adj.*! ¡Qué + *adj.*! U3/A
wie viel/e? ¿cuántos/-as? U4/B
witzig gracioso/-a U5/B
wo? ¿dónde? U2/A
Woche la semana M/2; **letzte ~** la última semana U7/Ac
Wochenende el fin de semana U4/A
woher? ¿de dónde? U1/A
wohin? ¿adónde? U5/A
wohnen (in + *S.*) vivir (en + *sust.*) U2/B
Wohnung el piso U2/A
Wohnzimmer el salón U2/A
wollen (etw./etw. + *Inf.*) querer algo / + *inf.* (e → ie) U3/B; **etw. lieber ~** preferir + *inf.* (e → ie) U4/A
Workshop el taller U7/Ac
worüber? ¿de qué? U4/A

Z

Zahnspange el aparato de dientes U5/Ac
zeigen (etw.) presentar algo U4/Ac
Zeit el tiempo M/4
zeitig temprano *adv.* U5/A
Zeitschrift la revista U2/Ac
zelten hacer camping U7/Ac
Zentrum el centro U5/A
zerstreut despistado/-a U4/Ac
ziemlich bastante U3/A
Zimmer la habitación U2/Ac
zu a U5/A; **~ Hause (bei jdm)** en casa (de alguien) U1/B
zuerst primero *adv.* U7/A
zufrieden sein estar contento/-a U5/B
zutraulich cariñoso/-a U3/B
zweite Straße la segunda calle U6/A
zwischen ... und ... entre ... y ... U2/B

Grammatische Begriffe

spanisch	deutsch	Beispiel
el adjetivo	das Adjektiv	**pequeño**, **pequeña**, **difícil**
el adverbio	das Adverb	**bien**
el adverbio temporal	das Zeitadverb	**primero**, **luego**, **después**
el artículo determinado	der bestimmte Artikel	**el** profesor, **las** casas
el artículo indeterminado	der unbestimmte Artikel	**un** chico, **una** amiga
la conjunción	die Konjunktion	**y**, **o**, **pero**, **porque**
la consonante	der Konsonant	b, c, l, r
el determinante demostrativo	der Demonstrativbegleiter	**este** libro, **esas** hermanas
el determinante indefinido	der indefinite Begleiter	**muchos** edificios, **poca** gente
el determinante posesivo	der Possessivbegleiter	**mi** madre, **vuestro** perro
femenino, femenina	weiblich	**la** amig**a**
la forma irregular	die unregelmäßige Form	**soy**, **hago**, **¡sal!**
el futuro inmediato	das unmittelbare Futur	**voy a leer**
el género	das Geschlecht	**el** libro (masculino), **la** clase (femenino)
el imperativo	der Imperativ	**¡charla!**, **¡haz!**
el infinitivo	der Infinitiv	**hablar**, **ser**, **tener**
masculino, masculina	männlich, maskulin	**el** víde**o**
la negación	die Verneinung	**No** soy de Valencia.
el número	Zahl, Numerus	la mesa (singular), las sillas (plural)
la oración relativa	Relativsatz	El libro **que lees** es interesante.
la persona	die Person	[yo] hablo (1. Person Singular)
el plural	der Plural	**las** cama**s**
la preposición	die Präposition	**en**, **a**, **de**, **delante de**, **para**
el pronombre de complemento indirecto	das indirekte Objektpronomen	**me**, **te**, **le**
el pronombre demostrativo	das Demonstrativpronomen	**este** es..., **esos** son...
el pronombre interrogativo	das Fragewort	**¿dónde?**, **¿qué?**, **¿cuándo?**
el pronombre personal sujeto	das Subjektpronomen	**yo**, **tú**, **él**, **ella**
el pronombre relativo	das Relativpronomen	**que**
el singular	der Singular	un armario, una estantería
el sustantivo	das Substantiv	el **póster**, la **mascota**
el verbo	das Verb	**hablar**, **comer**, **escribir**
el verbo modal	das Hilfsverb; Modalverb	**poder** hablar, **tener que** estudiar
la vocal	der Vokal	a, e, i , o, u

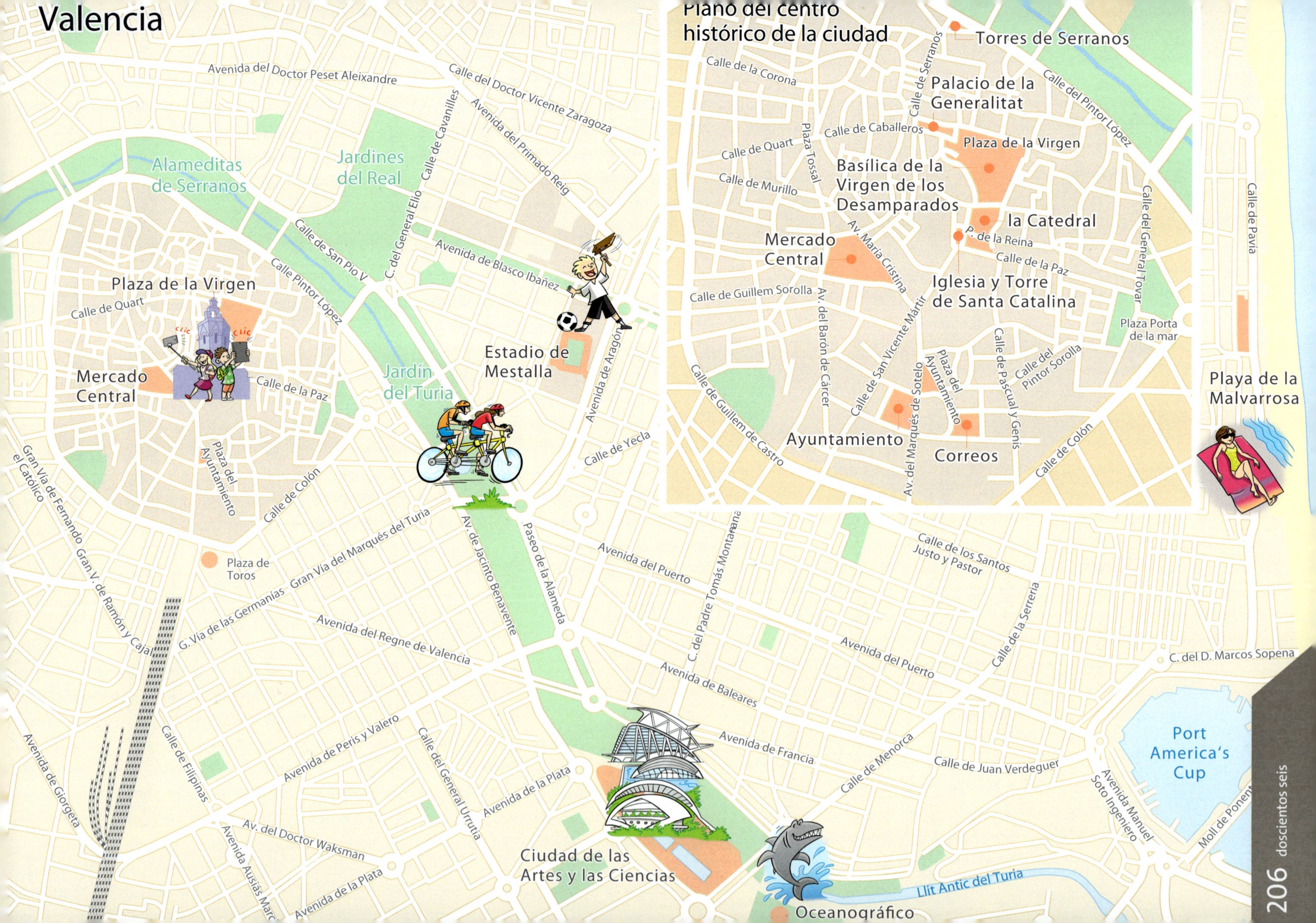

Valencia
Alameditas de Serranos
Jardines del Real
Jardín del Turia
Plaza de la Virgen
Mercado Central
Plaza del Ayuntamiento
Plaza de Toros
Estadio de Mestalla
Ciudad de las Artes y las Ciencias
Oceanográfico
Port America's Cup
Playa de la Malvarrosa
Llit Antic del Turia
Avenida del Doctor Peset Aleixandre
Calle del Doctor Vicente Zaragoza
Avenida del Primado Reig
Calle de Cavanilles
C. del General Elio
Avenida de Blasco Ibañez
Calle de San Pio V
Calle Pintor López
Calle de Quart
Calle de la Paz
Calle de Colón
Gran Vía de Fernando el Católico
Gran V. de Ramón y Cajal
G. Vía de las Germanías
Gran Vía del Marqués del Turia
Av. de Jacinto Benavente
Paseo de la Alameda
Avenida de Aragón
Calle de Yecla
Avenida del Puerto
C. del Padre Tomás Montañana
Avenida del Regne de Valencia
Avenida de Baleares
Avenida de Francia
Calle de Menorca
Calle de Juan Verdeguer
Calle de la Serrería
Calle de los Santos Justo y Pastor
C. del D. Marcos Sopena
Avenida Manuel Soto Ingeniero
Moll de Ponent
Avenida de Peris y Valero
Calle del General Urrutia
Avenida de la Plata
Av. del Doctor Waksman
Avenida Ausiàs March
Calle de Filipinas
Avenida de Giorgeta
Calle de Pavía
Plano del centro histórico de la ciudad
Torres de Serranos
Palacio de la Generalitat
Plaza de la Virgen
Basílica de la Virgen de los Desamparados
la Catedral
Mercado Central
Iglesia y Torre de Santa Catalina
Ayuntamiento
Correos
Calle de la Corona
Calle de Serranos
Calle de Caballeros
Plaza Tossal
Calle de Quart
Calle de Murillo
Av. María Cristina
P. de la Reina
Calle de la Paz
Calle de Guillem Sorolla
Av. del Barón de Cárcer
Calle de San Vicente Mártir
Calle de Guillem de Castro
Av. del Marqués de Sotelo
Plaza del Ayuntamiento
Calle de Pascual y Genís
Calle del Pintor Sorolla
Calle de Colón
Calle del General Tovar
Plaza Porta de la mar
Calle del Pintor López

Bildquellenverzeichnis

Cornelsen Schulverlage/Lucentum Digital SL/Chema Bazán: **S. 9–15, S. 26–29, S. 48** *Familienfotos,* **S. 48** *Familienfotos,* **S. 50, S. 59** *Collage: Fotos oben + Mitte links; Familienbild unten: Vater und Mutter,* **S. 64–65, S. 82** *Portraits,* **S. 114** *unten links + rechts,* **S. 115** *oben links + unten rechts,* **S. 134** – Cornelsen Schulverlage/Volkhard Binder **S. 121** *Karte unten* – Cornelsen Schulverlage/Martha-Grizel Delgado-Rodriguez: **S. 94** *Übung 3a* – Cornelsen Schulverlage/Ute Gebel: **S. 133** *unten* – Cornelsen Schulverlage/Christin Klöppner **S. 129** –
A1PIXTODAY: **S. 100** *unten links* VWPics/Lucas Vallecillos – Bayard Jeunesse: **S. 43** OKAPI diciembre 2008/enero 2009 – ClipDealer: **S. 100** *oben* Cornel Stefan Achirei, **S. 121** *oben* LianeM – Colourbox: **S. 83** *Meerschweinchen* Ковалев Василий; *Goldfisch,* **S. 131** *Kamera; Sonnenbrille; Sweatshirt; Müsliriegel; Taschenlampe; Schirmmütze,* **S. 138** *Goldfisch* – Corbis/Image Source: Cover – Editorial de la flor S. R. L./NIK alias Cristian G. Dzwonik: **S. 81** *rechts,* **S. 128** – Fotolia: **S. 37** Photographee.eu, **S. 44** *Platz* luisfpizarro; *Flasche* alperdostal; *Mais* Tim UR2; *Kaffee* sabine hürdler; *Schokolade* www.highspeed-fotos.de; *Gitarre* Nikolai Sorokin; *Tomate* Mara Zemgaliete; *Paella* neirfy, **S. 54** *obere Reihe v. l. n. r.: 1* ellisia; *3* PHOTOMORPHIC PTE. LTD; *untere Reihe v. l. n. r.: 1* Bruno D'Andrea; *2* Jorg Hackemann, **S. 57** *Übung 3b: 1* mdxphoto; *5* MilsiArt; *6* Erich Muecke; *8* virgonira, **S. 59** *oben: Hund auf Fotoposter* MilsiArt; *Junge mit Fotoposter* www.ChristianSchwier.de; *Collage unten: Mitte rechts* gosphotodesign, **S. 75** *oben* Monkey Business; *unten Bild im Fotoalbum* www.ChristianSchwier.de; *Fotoalbum im Hintergrund* picsfive, **S. 82** *Türklingel rechts* LianeM, **S. 83** *Pferd* virgonira; *Hamster* Azaliya; *Katze* Oksana Tkachuk; *Kaninchen* fotomaster; *Wellensittich* vitals; *Hund* FotoJagodka; *Maus* Vera Kuttelvaserova, **S. 92** *Emoticons v. o. n. u.: 1+2+4* DigiClack, **S. 97** *oben Hintergrund Karte* senoldo; *unten* www.Christian-Schwier.de, **S. 101** *oben links* fusolino; *oben rechts* LIPSKIY PAVEL; *unten links* philipus, **S. 111** *oben 3 Fotos in Collage* Pictures4you; *unten: Personen mit Collage* Alexander Raths; *2 Fotos in Collage* Pictures-4you, **S. 114** *oben rechts* Tono Balaguer; *unten Mitte* Sean Pavone, **S. 115** *Mitte links* Sergiy Nykonenko; *oben rechts* Cherry-Merry, **S. 117** *oben links (Briefmarke)* Rozol; *oben rechts* mrks_v; *unten* smuki, **S. 127** *Übung 13: oben* Friedberg; *Mitte* Jürgen Fälchle; *Übung 14: links* Sergio Martínez; *rechts v. o. n. u.: 1* CUKMEN; *2* Buriy; *3* Valeria Tarleva; *4* Angel Simon; *5* serg1000, **S. 131** *oben* Soloviova Liudmyla; *unten: Feldflasche* Werner Fellner; *Rucksack* by-studio; *Taschenmesser* krasyuk, **S. 133** *Flaggen: Spanien* Regormark; *Mexiko* promesaartstudio, **S. 138** *v. l. n. r.: 1* eyetronic; *2* lifeonwhite.com; *4* Oksana Tkachuk; *5* www.CreativeNature.nl; *6* Eric Isselée; *7* vitals, **S. 144** Woodapple, **S. 146** *Flaggen: oben links* Regormark; *oben rechts* ADESIGN; *unten rechts* BEMPhoto, **S. 157** *oben* philipus; *unten* risquemo, **S. 158** Tono Balaguer, **S. 164** *Flaggen v. o. n. u.:* Regormark; *3* ADESIGN; *5* Claudio Divizia; *6* BEMPhoto; *7* BEMPhoto; *8* BEMPhoto; *9* Claudio Divizia – Glow Images: **S. 94** *Übung 4* Cultura – LaGalera50/Bono Bidari: **S. 81** *links* – mauritius images/Alamy: **S. 100** *unten rechts* Kevin Foy, **S. 115** *unten links* Peter Noyce ESPS – Schapowalow: **S. 114** *oben links* 4Corners/Sebastian Wasek – Shutterstock: **S. 44** *Telefon* Osipovfoto; *Welle* Neamov, *Elefant* Johan Swanepoel, **S. 45** *oben* Aleksandr Bryliaev; *unten* Nomad_Soul, **S. 48** *Handyrahmen* Sergey Peterman, **S. 49** *Handyrahmen* cobalt88, **S. 54** *obere Reihe v. l. n. r.: 2* BestPhotoPlus; *4* Monika Wisniewska; *5* AVAVA; *6* Sabelnikov; *untere Reihe v. l. n. r.: 3* India Picture; *4* Stuart Monk; *5* John Roman Images; *6* Liz Van Steenburgh, **S. 57** *Übung 3b: 2* design56; *3* Shestakoff; *4* Daboost; *7* zentilia, **S. 59** *Familienbild unten: Sohn* John Roman Images; *Familienbild unten: Tochter* BestPhotoPlus, **S. 83** *Schildkröte* bogdan ionescu, **S. 92** *Emoticon v. o. n. u.: 3* Yayayoyo, **S. 120** *v. l. n. r.: 1* DFree; *2* ZRyzner; *3* Lucky Team Studio; *4* Denis Makarenko; *5* Helga Esteb; *6* katatonia82, **S. 131** *unten: Regenjacke* sagir; *Sonnencreme* seen, **S. 132** *oben* Arena Photo UK; *Mitte links* Iakov Filimonov; *Mitte rechts* Lemon Tree Images; *unten links* FCG; *unten rechts* SandiMako, **S. 133** *oben links* Migel; *oben rechts* AGCuesta, **S. 146** *Flagge unten links* Paul Stringer, **S. 164** *Flaggen v. o. n. u.: 1* Paul Stringer; *4* SmileStudio – VALENCIA CF.COM/Lázaro de la Peña: **S. 101** *unten rechts*

¡Apúntate! 1 Lehrerfassung
Nueva edición

Lehrwerk für den Spanischunterricht

Im Auftrag des Verlages erarbeitet von:
Joachim Balser, Isabel Calderón Villarino, Alexander Grimm, Heike Kolacki und Ulrike Lützen

und der Redaktion Spanisch
Grizel Delgado, Ute Gebel und Christin Klöppner
Projektleitung: Heike Malinowski
Lehrerfassung erarbeitet von: Claudia Kolitzus

Beratende Mitwirkung:
David Alonso Muñiz, Amparo Elices Macías, Dr. Barbara Köberle, Bàrbara Roviró, Sandra Sawellion, Manuel Vila Baleato, Frauke Wegener-Höllings, Lucía Westerholt und Mirjam Wimmer

Illustrationen: Rafael Broseta und Laurent Lalo
Karten: Dr. Volkhard Binder (Spanien- und Lateinamerikakarten), Christian Görke (Valenciakarte)
Umschlagfoto: Corbis/Image Source
Gesamtgestaltung und technische Umsetzung: werkstatt für gebrauchsgrafik, Berlin
Technische Umsetzung Lehrerfassung: Corngreen GmbH, Leipzig

Begleitmaterialien zu ¡Apúntate! 1 Nueva Edición:

Schülerbuch:	ISBN 978-3-06-024837-7
Handreichungen für den Unterricht:	ISBN 978-3-06-024842-1
Arbeitsheft (Gymnasium):	ISBN 978-3-06-024838-4
Arbeitsheft (Differenzierende Ausgabe):	ISBN 978-3-06-121188-2
Audio-CD:	ISBN 978-3-06-024845-2
Video-DVD:	ISBN 978-3-06-024844-5

www.cornelsen.de

Soweit in diesem Lehrwerk Personen fotografisch abgebildet sind und ihnen von der Redaktion fiktive Namen, Berufe, Dialoge und Ähnliches zugeordnet oder diese Personen in bestimmte Kontexte gesetzt werden, dienen diese Zuordnungen und Darstellungen ausschließlich der Veranschaulichung und dem besseren Verständnis des Inhalts.

1. Auflage, 2. Druck 2019

Alle Drucke dieser Auflage sind inhaltlich unverändert
und können im Unterricht nebeneinander verwendet werden.

Druck: Grafisches Centrum Cuno GmbH & Co.KG, Calbe

ISBN: 978-3-06-121187-5